ОТ АВТОРА

Однажды, в пору нашей работы в журнале «Юность», мой земляк и старший друг, писатель-фронтовик Борис Полевой спросил: «Старик, вы ведете дневники?» Я удивленно ответил, что никогда не вел и не веду.

— Напрасно. У вас интересная жизнь. Память всего не удержит. А придет время писать мемуары, пожалеете, что ничего не записывали...

— Меня, — говорю, — еще в юности расхолодил Михаил Михайлович Пришвин. Выступая перед участниками Всесоюзного совещания молодых писателей, он сказал нам, что никогда не вел дневники, ибо память сама сохранит все самое главное. А то, что позабудется, значит, было не очень важным...

Много позже я узнал, что старый писатель хитрил. Дневники он все-таки вел. Но Полевой в чем-то меня тогда убедил. И я стал вести дневник. Однако в силу своей занятости делал это нерегулярно, а потом и совсем забросил. И сейчас, когда действительно настало время мемуаров, пишу почти обо всем по памяти. Заглядывать, кроме своей души, мне некуда.

Мы все жили и продолжаем жить в одно время, и у всех у нас много общего, и потому личная судьба каждого — это неожиданный ответ на многие вопросы, таящиеся где-то в глубине души незнакомого тебе человека. Правда, иногда мемуары — это всего лишь скрытые происки мелкого тщеславия, когда может показаться, что твоя жизнь и твоя персона представляют невероятный интерес для всего человечества... Я далек от таких мыслей. Но если мой опыт и моя природная откровенность заставят кого-то задуматься не только о своем прошлом, но и поразмышлять о настоящем и будущем, то я буду доволен вспыхнувшим между нами взаимопониманием.

Кроме того, мемуары предполагают еще одну грань читательского интереса. Это рассказы о незаурядных личностях, о знаменитых современниках, с кем автору довелось по жизни общаться, дружить, работать...

У меня, например, таких встреч было великое множество. Назову только несколько имен — Михаил Шолохов, Галина Вишневская, Мстислав Ростропович, Джина Лолобриджида, Чингиз Айтматов, Зураб Церетели, Булат Окуджава, Мирей Матье, Андрей Вознесенский, Иосиф Кобзон, Евгений Евтушенко, Алла Пугачева... Звездный список можно еще и еще продолжать.

Как говорит народная мудрость, чужая душа — потемки. Однако я бы уточнил — потемки, когда на нее не падает свет вашей доброты и интереса... А поскольку многое на земле повторяется, то в каждой судьбе найдутся крупицы и твоей жизни, дорогой читатель... А это значит, что книга, которую я представляю на ваш суд, может чему-то научить и даже от чего-то предостеречь.

Андрей Дементьев
2008 год

ВСЕМУ НАЧАЛО – ОТЧИЙ ДОМ

ТВЕРСКИЕ ВПЕЧАТЛЕНИЯ

Всем лучшим в себе я обязан родителям. А потом уже книгам, школе, учителям и творческому азарту. Мой отец — Дмитрий Никитович — был родом из бедной крестьянской семьи. Переехав из деревни Старый Погост в Тверь, выучился на гримера и работал в театре. Потом стал дамским парикмахером и пользовался большим успехом у женщин. Во-первых, потому что был молод и красив, а во-вторых, потому что стал отменным мастером.

Однажды в церкви он увидел свою будущую жену Марию — очень привлекательную и скромную девушку. И вскоре посватался к ней. Ему отказали.

В это время он брал уроки гипноза. И попытался проверить магию на своей избраннице. Приходил к церкви, когда там шла служба. Он знал, что Маша с родителями в Храме, и мысленно вызывал ее на улицу. Мама рассказывала потом, что она всегда чувствовала его приход, испытывая тревожное беспокойство, и в конце концов под разными предлогами выходила на улицу.

Они любили друг друга, но ее родители были против их союза. До сих пор не понимаю — почему. Красивая пара, оба из простых семей, работящие... Когда отец вновь пришел свататься, суровая Екатерина Игнатьевна — так звали мою будущую бабушку — бросила в жениха кастрюлю с кипятком. Отец понял, что надеяться больше не на что. И тогда он выкрал невесту и увез ее в деревню Старый Погост, что располагалась в двенадцати километрах от Твери. Чтобы избежать скандала и позора, родители Маши смирились и устроили пышную свадьбу... Маме тогда едва исполнилось 18 лет, а отцу было 24 года.

Спустя несколько лет отец вдруг решил поменять профессию и поступил в Тимирязевскую сельскохозяйственную академию, которую закончил с отличием и вернулся из Москвы в Тверь агрономом.

Но в семье нашей главенствовала мама. Она и фамилию оставила себе девичью — Орлова. Отец так сильно ее любил, что каждое желание или просьба жены были для него радостным обязательством.

Я родился в день Святого Андрея Первозванного, и родители назвали меня Андреем. В те годы в Твери это имя было не очень популярным. Может быть, потому, что в атеистическую эпоху называть детей в честь святых было не принято. Но меня крестили, и я навсегда остался верным своим именинам.

Помню, как одна наша гостья при мне сказала моему отцу: «И чего ты назвал сына Андреем? Есть много хороших русских имен — Иван, Василий, Кузьма...» Отец что-то ответил, а я — шестилетний малыш — сразу невзлюбил эту тетю.

Отец нередко брал меня в свои поездки по колхозам, чтобы я мог познать деревню не только по рыбалке и грибным походам, но и по нелегким крестьянским будням. Как-то на поле к нам подошла молодая и очень миловидная женщина и спросила меня: «Мальчик, а как тебя зовут?» Совершенно неожиданно для себя я ответил: «Вася...» Отец весело засмеялся и потрепал меня по вихрам. « Андрей он у нас...» — сказал он гордо той женщине (как я потом узнал — председателю местного колхоза), и она тоже засмеялась... С тех пор я никогда не позволял себе таких шуток. А в школе даже возгордился, что моего имени ни у кого из ребят не было.

Жили родители дружно. Это сказывалось на моем характере, воспитании и настроении. С самых ранних моих лет отец каждый вечер читал мне перед сном хорошие книги — сказки Пушкина, «Маугли», Лермонтова, Жюля Верна... Благодаря отцу я рано пристрастился к чтению. Он следил за выбором книг, поощрял мой интерес к русской и зарубежной классике. Изо дня в день незаметно и ненавязчиво воспитывал во мне доброту. Ее он ценил в людях превыше всего. И еще уважение к старшим, к чужому труду.

Каждое лето, уезжая на школьные каникулы к бабушке, я учился косить, окучивать картошку и собирать урожай в нашем большом огороде. Ничего не прошло даром. До сих пор я хорошо чувствую психологию крестьянина, понимаю и ценю деревенский труд, уважаю простых людей, умеющих и печь сложить, и корову подоить, и дом построить. Поэтому так много в моих книгах стихов о жизни земляков, о красоте сельской природы и красоте человеческой души. Именно потому для меня очень высок и светел образ простого труженика, я всегда осуждал и осуждаю в своей поэзии все, что калечит, угнетает и унижает моего лирического героя, списанного с добрых людей.

Наш дом, который хранится сейчас лишь на старых семейных фотографиях и в песне «Отчий дом», что написали мы вместе с Женей Мартыновым, тоже волжанином, навсегда остался для меня началом судьбы, биографии и первых радостей и испытаний.

Помню, однажды ночью, на второй день после начала Великой Отечественной войны, к нам пришли хмурые люди в зеленых фуражках, все перерыли в нашей маленькой комнатке и увели с собой отца. Он обернулся на пороге и, увидев, что я не сплю, грустно улыбнулся мне.

Потом сказал, обращаясь к плачущей маме: «Это недоразумение. Я скоро вернусь...» Но вернулся он только через несколько лет — поседевший, состарившийся. Как бывшего политзаключенного, его никуда не брали на работу. Тогда он смастерил точильную машину и стал брать в парикмахерских ножницы, в магазинах ножи и с утра до вечера точил их. Заказов было много, но денег всегда не хватало... Я уже поступил в пединститут и одновременно учился в Московском заочном полиграфическом. Время было тяжелое, и жили мы бедно. Мне очень хотелось скорее стать самостоятельным и помогать родителям...

Шли годы. Отца реабилитировали, как и четверых его братьев, двое из которых не вернулись из лагеря. Трагически погиб и мой дед Григорий Платонович, человек могучего здоровья и силы. На лесозаготовках он случайно попал под рухнувшую сосну. Двадцать дней сердце его продолжало биться в раздавленной груди. Было ему 64 года... А до войны все мы жили одной большой семьей — дед, бабушка, я с отцом и мамой, ее братья. Каждое воскресенье по вечерам семья собиралась за праздничным столом, приходили гости. Было шумно и весело. Потом мама с дедом пели русские народные песни и романсы. Особенно мне нравился в их исполнении «Вечерний звон». У деда был сильный баритональный тенор. И хотя он нигде не учился, владел голосом искусно. Потому-то его часто приглашали петь в церковном хоре. А мама пела в любительской опере и даже участвовала в различных фестивалях. Они и приобщили меня к музыке.

Уже позже я стал собирать пластинки с любимыми певцами. И больше всех любил Сергея Яковлевича Лемешева. Многие его арии и романсы знал наизусть. Каждый день в нашем доме надрывался старенький патефон... Природа тоже наградила меня хорошим голосом. Я занимал первые места на детских конкурсах и фестивалях. Меня приняли в музыкальную школу. Учителя видели во мне будущего певца. Моя любимая учительница пения Вера Ниловна обучала меня игре на фортепьяно. Все ждали переходного возраста, когда установится голос, и в мои семнадцать лет педагоги устроили прослушивание. Я исполнил несколько русских и неаполитанских песен. Директор музыкального училища — маленький добрый старичок, предложил мне поступить на вокальное отделение. Но что-то меня остановило. Может быть, погрустневшие глаза моей учительницы, в которых я прочел легкое разочарование, как бы обманутые надежды... И я отказался поступать в училище, потому что понял — выдающегося певца из меня не получится. А при моей любви к музыке быть заурядным исполнителем не хотелось.

В детстве я был, как и все мальчишки, непоседливым и азартным. Помню, как-то свалился с крыши нашего дома (и чего меня туда понесло?!) и очень неудачно упал лицом на острое полено. Маме позвонили на работу. Она тут же прибежала — бледная, рыдающая, схватила меня на руки и понеслась в больницу. Кажется, мне было тогда лет пять. Несколько дней я не мог открыть опухший рот и ничего не ел. Переломов, к счастью, медики не обнаружили.

Однако на этом мои приключения не кончились. Рядом с нашим домом высилась крутая гора, которую мы называли Куклиновкой. Однажды, на спор, я покатился с нее на санках спиной вперед. Санки перевернулись и железная скоба сломала мне нос. И опять мама бежала со мной в больницу. Плакала, убивалась и все смотрела на мое изменившееся лицо. Ей казалось, как она позже рассказывала, что ее сын теперь навсегда будет уродом. И опять все обошлось.

Однажды ясным весенним утром я чуть не погиб под трамваем, когда по глупости и мальчишеской лихости прыгнул в несущийся на всей скорости вагон. Спасло меня увлечение гимнастикой — я удержался на натренированных руках от падения под колеса. Выжался и отпрянул в сторону. И отделался лишь ушибами да многодневным стрессом.

Потом целый месяц ходил в школу пешком, боясь трамвая.

Позже, уже став студентом Литинститута, я провалился под лед, когда переходил Волгу, и мои зимние каникулы чуть не стали последними в жизни. Удивительно, но когда я барахтался в мерзлой воде среди крошившихся льдин, вдруг вспомнилось, как наш школьный учитель физкультуры — бывший фронтовик учил своих подопечных, как надо вести себя, если провалишься в полынью. Главное, чтобы не затащило под лед. Тогда конец. И потому я изо всех сил бил ногами по воде, пытаясь плыть по ледяному крошеву, осторожно вытаскивая себя на более крепкий слой льда. Это случилось в центре города, напротив кинотеатра «Звезда», где было много народу, которому я устроил захватывающее водное шоу. Когда я уже отполз по льду в безопасное место, прибежали с длинным шестом мальчишки, и мы общими усилиями достали из воды мою новую пыжиковую шапку, которую мне только что подарила мама.

Если бы не эти ребята, я бы еще раз полез в реку, чтобы достать мамин подарок.

Но мама о случаях с трамваем и купанием в Волге так никогда и не узнала. Я боялся ее волновать.

В тяжелые военные годы мы очень голодали. Мама собирала свои наряды, простенькие украшения и драгоценности, и мы с ней отправлялись в деревню менять скудное барахло на хлеб и картошку. Обо всем этом рассказано в моих стихах и потому не стану повторяться.

Как-то, лет в четырнадцать, я написал ей прощальное письмо, надел чистую рубашку и, когда бабушка отправилась в магазин, вставил в горящую электроплитку где-то найденный боевой патрон и прислонил к нему грудь. Но судьба распорядилась иначе. Видимо, что-то забыв, бабушка тут же вернулась и открыла дверь. Я отпрянул. Раздался выстрел, и пуля пробила форточку. Бабушка, по-моему, ничего не поняла и опять ушла. Я не знаю, почему мне тогда вдруг не захотелось жить. Может быть, из-за этих бесконечных военных голоданий, когда ни о чем, кроме хлеба, я уже не мог думать. Может, просто возраст, попал в кризис и душа с ним не совладала. Помню только, что в первые минуты после выстрела я с ужасом подумал, а что стало бы с мамой и вообще с моими близкими, если бы этому несчастью суждено было случиться. Страшно подумать... Но, слава Богу, опять все обошлось.

Я рано начал ухаживать за девочками. Маму мои увлечения беспокоили. И не напрасно, потому что постоянная влюбленность и частые свидания отвлекали от школы, от книг и немного отчуждали нас друг от друга. Мне, конечно, хотелось хорошо выглядеть, прилично одеваться, что было совершенно естественно для моих пятнадцати — шестнадцати лет.

Но время было трудное — война — и романтические настроения разбивались о жестокий быт. Помню, как я стыдился большущих отцовских валенок с галошами, в которых мне приходилось в распутицу приходить на свидания. Да и одежонка у меня была потрепанной, не по росту, с довоенных времен.

В то время школу разделили на мужскую и женскую. Мы дружили классами — наш 8-а с девочками из семнадцатой школы, в которой мы до того учились все вместе. Приезжая в Тверь, я прихожу на берег Волги, на то самое «энское место», где наши юные королевы учили нас — неуклюжих мальчишек — зимними вечерами танцевать вальс и танго. Без музыки, под общее мелодичное мычание. До сих пор не знаю, почему уроки танцев проходили не весной, не летом, а именно в зимнюю стужу. Но нам было тепло — от дружбы, от взаимных симпатий, от нашей юности. Мама знала об этих «танцульках» и в один из новогодних праздников устроила для моих школьных друзей вечеринку. Мы уплетали поджаристую картошку с солеными огурцами, пили травяной чай, а потом танцевали под старенький патефон. Когда все разошлись, я ничего не сказал маме, а просто нежно ее обнял. Как хорошо было нам от этого молчаливого взаимопонимания!..

Всех своих девочек, в которых влюблялся, я непременно приводил в наш дом, знакомил с мамой. Кто-то ей нравился, кто-то нет. Но эта потребность искреннего общения сохранилась во мне на всю жизнь. Прошли через ее оценивающий мудрый взгляд и все мои жены. С интервалами в долгие годы...

В детстве меня редко наказывали. Правда, однажды был случай, когда мы с моим двоюродным братом Борисом залезли в соседский сад нарвать яблок. Хотя у бабушки были свои яблони, но чужие яблоки ведь всегда вкуснее. Хозяин сада дядя Коля влепил нам с братом по оплеухе, а потом нажаловался моему отцу. Тот еще добавил, а мне, как старшему, больно надрал уши. В деревне существовала такая круговая порука взрослых — воспитывать детей сообща.

А второй раз я получил ремня вообще ни за что. Мой одноклассник с нашей улицы позвал полакомиться любимым мороженым и халвой. «А деньги?» — спросил я. Он показал смятую трешку. Мы всласть «покутили», а вечером выяснилось, что трешка им была взята из дома без спроса. На этот раз меня отстегала мама. Но больше меня так никогда не наказывали.

Особо доверительные отношения у меня сложились с маминым братом Борисом. Это был еще очень молодой человек, неженатый, красивый, склонный к авантюризму и любивший всех разыгрывать. Как-то со своим другом Валентином они купили крупную живую рыбину и понесли ее домой бабушке. По дороге рыба стала засыпать, а им очень хотелось всех удивить живой громадиной. И неподалеку от нашего дома они пустили ее в огромную лужу, образовавшуюся после дождя на Сенной площади. Рыба вильнула хвостом и ушла в мутную воду. Тогда эти два фраера при галстуках и в костюмах сняли модные ботинки, засучили брюки и стали с двух сторон ловить уплывшую добычу. Собралось много народа. Их замучили советами, пока они наконец не выловили одуревшее от шума и бурлящей воды будущее бабушкино жаркое.

Мы дружили с Борисом всю жизнь. И когда дядя Боря уже обзавелся семьей и у него родились сыновья, он оставался по-прежнему заводным, веселым, до всего любопытным. На фронте его тяжело ранили и списали под чистую. Он уехал в Курган, где в дни оккупации Твери обосновалась его жена Зина с детьми. Мы редко виделись, но симпатии мои к нему от этих разлук не угасли. Он умер от полученных ран далеко не старым человеком.

Еще в нашей большой семье был самый мой близкий друг — младший мамин брат Сережа... Разница в возрасте у нас была небольшая — около четырех лет. По своим годам и по виду он «не тянул» на полноценного дядю и потому я считал его своим братом. Мы играли с ним в дворовый футбол, учились в одной школе, одинаково тяжело болели скарлатиной и вместе ездили с ребятами на картошку. Однажды, в азарте игры я случайно задел его дедушкиной шашкой, которую тот привез с японской войны, и отбил ему кусок переднего зуба... Сережа не побил меня, не наговорил обидных слов, а просто ушел в дом и спрятал там злополучную шашку. И никогда не вспоминал о моей неловкости. Так и остался он на наших семейных фотографиях — шестнадцатилетним улыбчивым парнем с печальными глазами и с памятной щербинкой... Мой дядя — Сережа Орлов — погиб под Орлом в 42-м году в неполных восемнадцать лет. Много позже, познакомившись в Литературном институте с поэтом Сергеем Орловым, я испытывал почти мистическое чувство некоей сопричастности этих двух фронтовиков...

Мне приснился мой старший брат,
Что с войны не пришел назад.
Мне приснилось, что он вернулся —
Невредимый и молодой.
Маме радостно улыбнулся:
— Я проездом... А завтра в бой. —

Мать уткнулась ему в ладони...
— Что ты, мама! Ну, как вы здесь? —

По глазам угадав, что в доме,
Хлеба нету, да горе есть.

— Угостить тебя даже нечем.
Если б знала — сменяла б шаль...
— Что ты! Разве я шел за этим?!

— Не за этим... А все же жаль,
Что вот так я встречаю сына.

Брат достал фронтовой паек,
На две равные половины
Поделил он его, как мог.
— Это вам... —
И, взглянув на брата,
Я набросился на еду.

— А теперь мне пора обратно.
А теперь я ТУДА пойду.
Завтра утром идти в атаку.
В ту, последнюю для меня.

И тогда я во сне заплакал,
Не укрыв его от огня.

Эти стихи о Сереже я написал много лет спустя.

...Мы учились в разрушенном городе, в промерзшем классе, когда в чернильницах замерзали чернила, и все, начиная с учителей, сидели в довоенных шубах, шинелях или телогрейках. Помню, как в студеный декабрьский день учительница литературы — молодая красивая женщина — вошла в класс и неожиданно сняла пальто. Было так холодно, что мы почли за подвиг ее решимость. А на самом деле ей просто захотелось побыть среди нас в новенькой, видимо, с довоенных времен хранившейся цветной кофточке, потому что накануне у нее был праздник.

Заехал на несколько часов ее муж, чья часть стояла неподалеку от города Калинина, только что освобожденного от фашистов... С этого радостного признания она и начала свой урок.

Вообще война как-то очень сблизила людей. И нас с учителями — тоже. Никто не называл их «училками», не давал им прозвищ. Мы были одной большой семьей, потому что жили на краю гибели. Жили бедами, отчаяньем и надеждой военной поры. Все голодали. Помню, как по весне я ходил рвать крапиву, чтобы бабушка сварила из нее щи. По натуре добрый и жалостливый мальчишка, я убил однажды из рогатки воробья, ощипал и положил его в тот котел. Мне постоянно хотелось есть. Возраст требовал полноценного питания, чтобы мужать, крепнуть, набирать силу. Но шла изнурительная война. Страна голодала и мы вместе с ней...

Горькие времена!
Худенький мальчик, где ж ты?
В сутки — лишь горсть зерна.
Триста граммов надежды...

Всем классом мы ходили по весне сажать картошку нашим учителям, чтобы как-то помочь им выжить в то голодное время. А осенью собирали урожай. Они устраивали для нас праздничные обеды, где царским блюдом была картошка, а также лук и огурцы. Летом мы заготавливали дрова, чтобы хотя бы в самые лютые морозы чуть-чуть согреть школу. В те военные будни никто из нас не пропускал уроки. И не только потому, что мы повзрослели. Но больше потому, что в школе давали каждому серую булочку и стакан сладкого чая. Пропустить такое было невозможно.

Вечерами я уходил в читальный зал, что помещался на моей улице. Читал запоем все — классику, детективы, стихи, пьесы Шекспира.

Читальня помещалась в старом доме.
В ту пору был он вечерами слеп.
Знакомая усталая мадонна
Снимала с полки книгу,
Словно хлеб.

Когда я закончил восьмой класс, война уже катилась к границам Германии. Конечно, мы все — мальчишки сороковых — мечтали попасть на фронт. Но годы не пускали. И, чтобы почувствовать себя взрослее и самостоятельнее, я решил сдать экстерном следующий класс и сразу перейти в десятый. Уговорил еще четверых одноклассников, и мы стали заниматься. И это было так нелегко. Потому что нас манила Волга с ее лодками и рыбалкой, с золотым песком городского пляжа и тихой водой. А в кинотеатре «Звезда» шли не увиденные нами фильмы. Но мы с утра до позднего вечера корпели над учебниками, ходили на консультации к преподавателям и завидовали своим сверстникам. Помню, в одно из воскресений я решал задачки по алгебре с нашей математичкой Марией Матвеевной у нее дома. Мы знали, что она одинока. Единственная дочь была на фронте. Урок уже заканчивался, когда в дверь кто-то постучал. Вошла усталая женщина с большой почтовой сумкой и протянула письмо. Мария Матвеевна тут же начала читать и, вскрикнув, опустилась на стул. Я бросился к ней: «Что случилось?» Но говорить она не могла, а только плакала и стонала. Я понял, что пришла беда. Через силу она сказала: «Доченька моя погибла. Вот друзья ее пишут, как это произошло...» И снова заплакала. Я стоял возле своей любимой учительницы, держал ее за руку и не знал, что делать — успокаивать или молча быть рядом. Потом подумал, что надо мне уйти, чтобы она побыла одна, поплакала. Да и сам я едва сдерживал слезы.

И вдруг Мария Матвеевна, словно почувствовав, что я собираюсь уходить, сказала: «Останься, Андрюша. Давай заниматься. А то я сойду с ума...»

Вот какие были у нас учителя.

А вскоре Мария Матвеевна умерла. Умерла от горя. Мы провожали ее всем классом и гроб несли на руках. Шел снег. Девчонок на похоронах не было, потому что мы учились в мужской школе. Пришли только ее коллеги — молодые и не молодые русские женщины, столько пережившие в те невыносимые годы.

Уже много позже, вспоминая школу и своих замечательных педагогов, я написал стихи:

Не смейте забывать учителей.
Все лучшее в нас — все от их усилий.
Учителями славится Россия.
Ученики приносят славу ей.

Не смейте забывать учителей!

ЛИТЕРАТУРНЫЙ ИНСТИТУТ

У ВХОДА НА ПАРНАС

Вот уже несколько последних лет, провожая очередной старый год, я не досчитываюсь кого-то из близких, сверстников, друзей, «товарищей по оружию»... Всякий раз, проезжая по Тверскому бульвару, я смотрю на родной дом — Литинститут — наш Лицей — и вспоминаю далекие студенческие годы. Как и тогда, в небольшом сквере напротив трехэтажного старинного здания одиноко стоит памятник Александру Ивановичу Герцену. Сколько перевидал он на своем веку молодых гениев и случайных литературных пижонов, в разные годы учившихся здесь.

Мой путь к аудиториям Литературного института был не из легких. В 1949 году я учился в Калининском пединституте (ныне Тверской государственный университет). Перешел на последний курс. Учителем быть не хотелось и потому заочно сдавал экзамены в Московском полиграфическом. И там тоже перешел на четвертый курс.

Именно в это время в Калинин приехал молодой поэт Сергей Наровчатов, который проводил у нас семинар начинающих авторов. Московский гость был уже известен своей первой книгой «Костер», названной так по заглавному стихотворению, которое многие из нас знали наизусть. Сергей Сергеевич представлял ту самую великую фронтовую поэзию, что дала отечественной литературе замечательных мастеров — Юлию Друнину, Михаила Луконина, Сергея Орлова, Евгения Винокурова, Семена Гудзенко, Николая Старшинова...

Наровчатов выделил меня из большой группы начинающих авторов и посоветовал поступать в Литинститут. Честно сказать, я был несказанно обрадован и горд. Литературный институт для меня в те годы казался недосягаемым Олимпом. Но я поверил своему наставнику и поехал с документами и стихами в Москву. Сергей Сергеевич дал мне телефон поэта Михаила Луконина, очень известного в послевоенные годы, с которым, как я понял, они дружили. И сказал, что Луконин ждет моего звонка. Мы встретились с Михаилом Кузьмичом в сквере перед Литературным институтом. Он прочел 13 моих стихотворений и тут же написал рекомендацию. Среди стихов было одно, посвященное классику отечественной поэзии XVIII века Гавриле Романовичу Державину, которое особо заинтересовало моего нового наставника. Он попенял мне, что я не «обыграл» в стихах тот факт из биографии Державина, что будущий поэт родился недоношенным и его несколько недель выхаживали в хлебной опаре... «Запомните на будущее, — сказал мне тогда Луконин, — поэзия очень любит факты, художественные детали, которые в сюжетных стихах могут играть особую роль».

Я расстался с Лукониным окрыленным. Но впереди предстоял творческий конкурс. Заочный. Документы приняли, приемные экзамены я сдал, творческий конкурс (15 поэтических фигур на одно место) выдержал. Но вдруг выяснилось, что на первый курс мне нельзя, ибо я выпускник другого вуза, а для зачисления на третий или четвертый нужно согласие ректора пединститута на мое отчисление. Тогдашний тверской ректор П.П. Полянский меня не отпустил.

Конечно, мне было очень обидно. Но я решил не отступать перед всеми этими формальностями, которые могли убить мою многолетнюю мечту. И поехал в Министерство высшего образования добиваться правды. Все оказалось значительно сложнее. Тогдашний заместитель министра (фамилию его я запомнил на всю жизнь — Афанасьев) тут же подписал мне бумагу, по которой я мог быть переведен из Калининского института в Литературный, но, узнав, что я студент четвертого курса, попросил меня привезти ему официальное согласие Полянского. Оказывается, для подобных случаев было специальное распоряжение министра. А потому нужную мне бумагу Афанасьев оставил у себя. На другой день я опять явился пред грозны очи тверского ректора. И снова Полянский не дал согласия на мое отчисление из пединститута. Я был в отчаянии. Еще бы! Экзамены сданы, творческий конкурс преодолен, а студентом желаемого вуза я стать не мог.

До начала занятий оставалось всего несколько дней. Ректор Литературного института Василий Семенович Сидорин пообещал, что как только будет разрешение министерства, меня зачислят на третий курс. Я мотался ночными поездами из Калинина в Москву и обратно (электричек на этом направлении тогда не было, и дорога в один конец занимала пять-шесть часов) и с утра уже сидел в приемной Афанасьева. Его секретарша, глядя на мой измученный вид и сочувствуя моему отчаянию, пропускала меня к шефу без очереди. К счастью, он оказался приятелем проректора тверского института, к которому я по его совету и отправился. И тот подписал мое заявление.

Полянский узнал о нашей «авантюре», но сделать уже ничего не мог, потому что в паспорте у меня появился штамп об отчислении студента Дементьева с четвертого курса вверенного ему вуза.

И опять я Москве. Афанасьев радостно вручил мне свою резолюцию — «Перевести...» «Талантам надо помогать», — сказал он мне на прощание. Я поехал в Калинин собирать вещи и поздно вечером 31 августа 1949 года явился на Тверской бульвар, 25 в надежде застать Сидорина и отдать ему все документы. Мне повезло. Он оказался на месте и очень удивился моему столь позднему визиту. Но тут же подписал приказ о моем зачислении на третий курс. И вот я студент единственного в мире Литературного института имени А.М. Горького при Союзе писателей СССР.

В маленьких аудиториях, где занималось по 25—30 прозаиков и поэтов, сидели нынешние классики — Расул Гамзатов, Юрий Бондарев, Григорий Бакланов, Юрий Трифонов, Константин Ваншенкин, Юлия Друнина... Еще совсем молодые, хотя прошли фронт. А мы, приехавшие сюда из школы или, как я, из студенческих будней, были моложе их на Великую Отечественную. Но все были на «ты», потому что пока перед ее Величеством Литературой каждый из нас не имел преимуществ.

Я попал в семинар Михаила Луконина, который, как я уже писал выше, дал мне рекомендацию для поступления в Литинститут и потому особенно внимательно относился к моему творчеству. В этом же семинаре занимались Юля Друнина, Володя Соколов, Сергей Орлов. К моменту прихода Михаила Кузьмича в Литературный институт ему только что исполнилось тридцать лет. Несмотря на свой простецкий вид и постоянное добродушие, Луконин был человеком очень интеллигентным и образованным. Ко всем студентам, исключая фронтовиков, с кем его связывала недавняя военная пора, обращался на «вы». Стихи его пользовались широкой известностью, особенно фронтовые. Мы все знали тогда его крылатые строки:

В этом зареве ветровом
Выбор был небольшой,
Но лучше прийти с пустым рукавом,
Чем с пустой душой.

В том же 1949 году он опубликовал поэму « Рабочий день», за которую получил Сталинскую премию. Тогда это было знаком высшего признания. Но Михаил Кузьмич не выпячивал себя в литературной среде, был внимателен и уважителен к своим коллегам... А скольким молодым он помог выйти на широкую дорогу поэзии!

И потом, когда Луконин ушел из института, нашим семинаром стал руководить Евгений Аронович Долматовский. В отличие от Михаила Кузьмича, он строго проводил обсуждения наших творений. Долматовский был больше педагог, чем поэт на наших занятиях. Луконин увлекал своей непосредственностью и лирическим азартом. И обоих я вспоминаю с благодарностью и печалью...

Особым вниманием у нас пользовался семинар по творчеству А.С. Пушкина, который вел замечательный человек и крупный ученый Сергей Михайлович Бонди, известный тем, что сумел прочесть все рукописи Александра Сергеевича, которые долгие годы не были прочитаны из-за неразборчивого почерка великого поэта. Однажды Бонди ушел из института прямо с экзаменов, когда кто-то из студентов назвал при нем лицейские стихи Пушкина слабыми. И не появлялся до тех пор, пока виновный не закончил институт и не уехал в свою родную вотчину. Но это из давних студенческих легенд, а в наши времена Сергей Михайлович аккуратно приходил на занятия и так интересно рассказывал о жизни и творчестве Пушкина, что все мы сидели на его лекциях как завороженные.

Помню, как в институтской стенгазете я поместил стихотворение «Болдинская осень», написанное к 150-летию Пушкина. Сергей Михайлович прочел его при мне, когда мы стояли у только что вывешенного листка, и сказал несколько добрых слов. Я был счастлив. «Сам Бонди оценил...»

Я мало писал в те годы. Наверстывал упущенное — ходил по театрам, зачитывался современной поэзией, журналами, много занимался, слушал лекции мастеров — К. Симонова, А. Твардовского, И. Эренбурга, М. Исаковского, С. Маршака... Бывал на всех литературных вечерах. И постоянно влюблялся — то в юных москвичек, то в красивых землячек. А еще самозабвенно дружил. И самыми близкими друзьями в студенческие времена стали мои сверстники — поэты из Грузии, Абхазии, Азербайджана и Армении. Они учили меня ценить дружбу, разбираться в винах, любить море и «вешать лапшу» на уши профессорам, когда доставался плохой билет на экзаменах.

Отар Куправа, Наби Хазри, Ваагн Каренц, Костя Ломиа, Алеша Ласуриа, Иса Гусейнов — замечательные имена послевоенной многонациональной литературы. Многих уже нет среди нас...

А тогда мы все были молоды, веселы, талантливы и беззаботны. Институт не готовил из нас писателей. Просто нам создали благоприятную обстановку и среду, чтобы поощрить талант, помочь в творчестве и воспитать художественный вкус. Все остальное зависело от нас самих.

Некоторые спохватывались, что выбрали не тот

вуз, и уходили. Или просто их переводили в другие институты.

Я тоже боялся быть исключенным. Но по другой причине. Дело в том, что вся моя большая семья была репрессирована. Как я уже рассказывал, дед погиб в лагере. Отец сидел по 58-й статье, два его брата не вернулись из тюрем, два других отсидели свое. Правда, их всех потом реабилитировали. Но тогда еще страной управлял Сталин. И дети отвечали за своих отцов. А я при поступлении скрыл эти факты, потому что уже дважды мне возвращали документы из приемных комиссий, когда я честно писал о родственниках. Причем отец же мне и посоветовал ничего не сообщать, зная, что я уже не однажды обжигался.

В то время общежитие наше располагалось в Переделкине. Я обосновался с однокурсниками на бывшей даче Маршака. Каждое утро мы ездили электричкой на занятия и вечером возвращались обратно. На дорогу уходило много времени. Столовой у нас не было. Билеты мы покупали за свои деньги, которых у студентов и без того не хватало. В общем, условия были неважные. И тогда мы написали письмо Сталину, в котором просили как-то изменить наш быт. Вместе с нами учились и ребята из других стран — из Греции, Албании, Кореи, Болгарии, Чехословакии, Польши... Они тоже подписали это письмо. И грянул скандал. Письмо перехватили, передали в партком института. На срочном партийном собрании начальство призвало к ответу зачинщиков. А я был среди них. Александр Трифонович Твардовский, который шефствовал над нашим институтом, как секретарь Союза писателей, поддержал нас. Поддержали и многие преподаватели. Особенно фронтовики. Секретарь парткома писатель В. Смирнов подал в отставку. Письмо отнесли в Кремль. Вскоре все в нашей жизни изменилось. За нами закрепили автобус, Литфонд оплачивал проезд. В Переделкине появилась студенческая столовая, где студенты получали бесплатно и завтрак, и ужин. Мы воспряли.

Жили мы весело. На переделкинской лужайке, которую обозвали Неясной поляной, по выходным все играли в футбол. Высоченный Роберт Рождественский стоял в защите. Пройти его было невозможно без опасности что-нибудь сломать. Нынешний главный редактор петербургского журнала «Нева» Борис Никольский охранял ворота. Грузинский поэт Отар Куправа считался лучшим нападающим...

Помню, как на избирательном участке, что располагался в нашем институте, пробираясь к столу, чтобы проголосовать за очередного кандидата в Верховный Совет, мой однокурсник выкрикнул свое имя и фамилию пожилой активистке — «Салам Кадыр-заде Дадаш оглы...» В ответ она раздраженно сказала: «Представляйтесь, пожалуйста, по одному...» С ним же произошла и другая смешная история. В день приезда в Москву он назначил свидание какой-то девушке, видимо, тоже приезжей. «А где?» — спросила она. «В московском метро», — пояснил Салам. И только потом увидел, что на каждой станции написано — Московское метро.

Однажды с Отари мы поехали ко мне в гости в Калинин. Билеты мы, естественно, не брали. Дорого. По дороге контролеры нас высадили на маленькой станции под романтическим названием «Березки». Мы разожгли в лесу костер и три часа до следующего поезда читали друг другу стихи. Звучала то русская, то грузинская речь... Светила луна и догорали ветки в костре. Может быть, именно в тот осенний вечер я почувствовал, как талантлив мой друг... И когда на другой день мы покидали наш дом, Отари произнес шуточный тост — «За временную ликвидацию». Отец спросил, что, мол, это значит. Блеснув своей белозубой улыбкой, гость сказал: «Это значит только одно — мы вернемся».

Но вместе нам вернуться не удалось... Через несколько лет мой друг ушел из жизни. А еще раньше — замечательный абхазский писатель Алексей Ласуриа, с которым мы сидели в аудитории за одним столом, скончался от инфаркта. Когда я приехал в Сухуми и пришел на кладбище почтить память своих друзей, вспомнилась наша далекая юность, Литературный институт и веселая наивность поэтов...

Мы очень нежно дружили в Литинституте. И самым близким другом для меня в те годы был Отари Куправа — веселый, остроумный и добрый парень. Учился он, правда, неровно, потому что на лекциях писал бесконечные подстрочники своих стихов для перевода их на русский язык. И много времени посвящал всяким увлечениям — кино, литературным вечерам и любовным свиданиям. Помню, как-то перед весенней сессией он неожиданно предложил: «Давай эстетику сдадим досрочно. Каникулы продлим... И потом, это психологически точно. Если студенты намерены сдать экзамен досрочно, профессор подумает, что мы прекрасно знаем предмет. И ему будет приятно, и нам хорошо...» А надо сказать, что этот курс нам читал очень известный тогда профессор Асмус, который был демократичен и не зверствовал на экзаменах. Мы договорились и поехали к нему домой. Он жил одиноко в небольшом двухэтажном особняке, построенном после войны «фашистскими оккупантами», то бишь пленными немцами. Помню, в кабинете у него стоял большой телескоп и фортепьяно. Отари сразу обратил внимание на юную пышную домработницу, которая принесла нам чай, и поначалу отвлекся от билета. Я отвечал первый и получил четверку.

Но когда подошла очередь Отари, я понял по его лицу, что вытянутый им билет ничего общего со вчерашним оптимизмом не имеет. Он начал что-то очень невнятно говорить, а потом вдруг сказал Асмусу: «Простите, профессор, я очень плохо знаю русский язык, можно я буду отвечать по-грузински?» Хозяин кабинета добродушно рассмеялся и, взяв у Отари зачетку, поставил ему удовлетворительную оценку.

Когда мы вышли на улицу, мой друг радостно подтолкнул меня: «Ну, что я тебе говорил?»

Однажды мы с Отари подрались. В доме, что выходил окнами на Тверской бульвар, жила его сестра Мзеона со своим мужем. Наш институт располагался рядом, и мы нередко после лекций приходили к ним в гости. Как-то хозяева уехали на несколько дней в Сухуми, и Отари переселился в квартиру сестры. Помню, я зашел к нему и застал у него нашу общую знакомую Люду — русскую красивую девушку, за которой Отари активно ухаживал. Она ему очень нравилась. Думаю, что и он ей. И началось грузинское застолье — с тостами, с кавказским вином... Немного захмелев, Отари вдруг не очень любезно обратился к своей гостье и позволил себе нерыцарские выражения. Я его оборвал и предупредил, что он находится в обществе женщины. В тот момент мне показалось особенно обидным, что распоясался он в присутствии русской девушки. «Поди, при грузинке ты бы так не посмел себя вести...» — подумал я. И завелся. И первым ударил своего друга в грудь. Он упал, но тут же поднялся. Когда после его кулака я влетел головой в железную спинку кровати, из глаз у меня посыпались искры... Люда встала между нами. Однако я успел еще раз сильно саданут Отари в солнечное сплетение.

Он согнулся и долго не мог выпрямиться, а я отстранил Люду и в ярости покинул поле сражения. В тот же вечер я пошел в театр имени Пушкина, благо он был по соседству, но до сих пор не могу вспомнить, что за спектакль тогда смотрел...

Утром позвонил Отари. Как ни в чем не бывало он сказал мне: «Ты обратил внимания, что вчера ни ты, ни я не ударили друг друга в лицо. Потому что братья... Прости, но я жду тебя в нашем кафе на Тверском...» Ну, как я мог сердиться на него! Я засмеялся и отправился на мужское свидание. Мы помирились. Отари признал, что был не прав, и в моем присутствии попросил прощения у Люды. Но, как я понял, она простила его еще раньше... Больше у нас никогда не было ссор.

Уже много лет спустя, став председателем Государственной экзаменационной комиссии Литинститута, три года ходил я на экзамены, читал дипломные работы выпускников и часто ловил себя на мысли, что не оскудела родная земля талантами. И один из них — ныне редактор «Московского комсомольца» Павел Гусев — блистательно защитился по теме «Дневники Пришвина».

И сейчас во многих городах России, в странах ближнего и дальнего зарубежья пишут свои книги мои молодые коллеги. Успехов им!

ПОЭЗИЯ ПРИХОДИТ ПОУТРУ

В 1958 году в Смоленске проходил фестиваль молодых поэтов России. Мне посчастливилось попасть в семинар классика отечественной поэзии — Михаила Васильевича Исаковского. За несколько лет до этого события, еще в Литературном институте я слушал его лекции о песенном творчестве. Исаковский тогда был невероятно популярен. Автор знаменитой на весь мир «Катюши», он создал много других замечательных песен — «Летят перелетные птицы», «Враги сожгли родную хату», «В лесу прифронтовом», «Снова замерло все до рассвета», «Вдоль деревни», «Дан приказ: ему на запад», «Огонек».

Мэтр плохо видел, носил темные очки и на первый взгляд казался неприветливым человеком. На самом деле, как я убедился позже, он был очень добр.

Так случилось, что спустя многие годы мы попали с Исаковским в одну больницу. Он тяжело болел. Я приходил к нему в палату и подолгу засиживался. Меня поражали его оптимизм и мужество. Никаких жалоб, ни слова о болезни. Только стихи, воспоминания, желание «поговорить за жизнь», которой у Михаила Васильевича оставалось в обрез. Каждый вечер он ждал меня, узнавал по шагам, потому что уже почти не видел.

Но тогда в Смоленске все было иначе. Мы понемногу знакомились друг с другом. Вторым нашим руководителем оказался мало мне известный писатель Сергей Баруздин. Походкой, сутулостью и усами он походил на Горького. Был очень строг к нам. Почему-то сразу выделил меня, хотя и разругал мою новую книгу, рукопись которой я перед этим сдал в Калининское издательство. Я послал телеграмму, чтобы книгу задержали, и, вернувшись домой, пересоставил ее, добавив новые стихи и выбросив разруганные Баруздиным. Тогда-то и началась моя дружба с будущим редактором одного из лучших журналов «Дружба народов». Мы вместе трудились и отдыхали в Доме творчества «Малеевка», вместе встречали праздники — то в Москве, то у нас в Калинине. Я привозил ему стихи, ездил от журнала в командировки. Очень известный в те годы поэт Ярослав Васильевич Смеляков, который ведал в редакции поэзией, однажды напечатал большую подборку моих стихов, среди которых была «Баллада о матери», ставшая впоследствии известной песней.

И хотя мы долгое время были с Баруздиным на «вы», он очень доверительно строил наши отношения: присылал мне свои книги, хлопотал о санаторной путевке, когда я серьезно заболел, даже приехал в Калинин поговорить с врачами относительно моего лечения в Москве, и часто звонил мне. Приезжая в столицу, я останавливался у Баруздиных дома. Люся — жена Сережи — тонкая умная женщина — поддерживала эту дружбу, потому что чувствовала, как я дорожу нашими отношениями и пытаюсь благотворно влиять на неуравновешенность ее мужа. В то время он сильно выпивал, хотя здоровье у него было не очень крепкое, подорванное еще войной... А я тогда вообще не брал в рот спиртного и старался отвлечь Сергея от вредной привычки. Впрочем, это не очень помогало. Каждый день в обед он брал в Доме литераторов свой неизменный бокал коньяка с апельсиновым соком и вечером неоднократно повторял норму. Однако трудился он много и много издавался. Лучшая его книга «Повторение пройденного» выдержала не одно издание, была выдвинута на Государственную премию СССР и имела большой успех.

Когда в середине 80-х он напечатал в своем журнале роман Анатолия Рыбакова «Дети Арбата», вся страна узнала Баруздина с другой — редакторской стороны. Он бесстрашно одолел цензуру, принял на себя все удары начальства и продолжал делать прекрасный журнал, где публиковались Булат Окуджава, Андрей Вознесенский и другие «властители дум».

Я очень многим обязан Баруздину. В трудные для меня дни он писал статьи о моих книгах, вместе с Борисом Полевым активно поддержал мою поэму о Валентине Гагановой. Эту поэму так замордовали в Твери доморощенные коллеги, что я попал в больницу с полным истощением нервной системы.

Именно в те черные дни Баруздин понял, что мне надо уезжать из Калинина, и стал всячески хлопотать о моем переезде в Москву. На одном из правительственных приемов в Кремле он встретился с моим земляком Сергеем Павловым — первым секретарем ЦК ВЛКСМ и договорился, чтобы меня взяли на работу в аппарат ЦК. А возраст к тому времени у меня был далеко не комсомольский. Однако я переехал. Проговорив со мной полтора часа, Павлов не обратил внимания на анкету, а мой внешний вид, спортивная форма, видимо, ввели его в заблуждение. Потому что незадолго до этого он издал распоряжение не брать никого на работу в ЦК старше тридцати лет. Мне тогда было тридцать девять.

Я еще жил в Калинине, когда Сережа Баруздин позвонил мне и, захлебываясь от рыданий, сказал, что очень больна Света, их единственная дочь.

Я поспешил в Москву. В тот вечер у нас на глазах у нее случился припадок эпилепсии — неожиданный для всех, страшный. Веселая, красивая девочка стала жить под страхом своей болезни, боясь автобусов, метро, боясь одиночества, когда в любую минуту могла оказаться без сознания. «За что, за что?» — не сдерживая себя, плакал Сережа, сидя у постели побледневшей измученной дочери. Думаю, что эта беда намного сократила его годы. Он очень любил Светлану.

Но первой умерла Люся — Сережина жена, умерла от рака. Она мужественно переносила все страдания, которые выпали на ее долю. Сергей держался. Старался не пить. Много работал. «Как все призрачно на этом свете», — словно в полузабытьи повторял он, печально глядя на фотографии своих близких... Сейчас никого уже нет — ни Сережи, ни Люси, ни Светки с Алешей из той далекой и дорогой мне поры нашей жизни. И только книги Баруздина и фотоальбом хранят память о моих друзьях.

КАК МАЛО ТОГДА НАМ ИСПОЛНИЛОСЬ ЛЕТ

В июне 1969 года на бюро ЦК ВЛКСМ меня утвердили заместителем заведующего отделом пропаганды. Я понемногу входил в дела. Провел Всесоюзное совещание редакторов комсомольских газет и журналов. Поближе познакомился со своими молодыми коллегами, окунулся в журналистские будни. Много читал местной прессы. Работать было интересно, но раздражал комсомольский бюрократизм, заимствованный из партийных органов. И я нарушал эти замшелые каноны. Помню, как при утверждении на секретариате журналистских кадров, где мне по долгу службы приходилось их представлять, я донельзя сократил процедуру и решил не зачитывать все анкетные данные кандидатов, как было принято. Представляя как-то привлекательную и пышнотелую девушку на должность заведующей отделом журнала «Вокруг света», я не назвал год ее рождения, полагая, что для прекрасного пола это не обязательно. И вообще не стал читать анкету. «Все данные прилагаются», — сказал я в конце, когда девушка встала со своего места и секретари наглядно убедились, что эти «данные» действительно при ней... Причем столько было молодого задора и артистизма в поворотах красивой фигуры, что все мои коллеги согласно заулыбались. И только первый секретарь ЦК ВЛКСМ Евгений Михайлович Тяжельников укоризненно покачал головой и строго посмотрел в мою сторону. Но с этого дня утверждение кадров проходило по моей схеме — коротко и без лишних анкетных подробностей. Случались у меня и другие курьезы. Однажды в день рождения А.М. Горького я «послал» всех секретарей ЦК ВЛКСМ возлагать венок к его памятнику у Белорусского вокзала, когда надо было венок возложить к могиле писателя у кремлевской стены, как это сделали члены Политбюро ЦК КПСС. А комсомол, как известно, во всем копировал партию, и нарушение этикета осуждалось в верхах. Но мне как-то все сходило с рук.

Помню, на обсуждении журнала «Молодая гвардия» я резко выступил против националистических тенденций в некоторых публикациях этого популярного комсомольского издания, что привело в конечном счете к смене его руководства. А накануне с этим журналом произошел неожиданный курьез. Мне позвонил заведующий общим отделом ЦК и попросил срочно зайти.

— Тебя ждет шеф... Неприятный разговор будет...

Я вошел в просторный кабинет Евгения Михайловича. Он ждал меня, стоя в дверях и держа в руках журнал «Молодая гвардия».

— Вот принесли из нашей библиотеки. Я не против критики, Андрей Дмитриевич... Но так же нельзя... Видно, кто-то из ваших коллег постарался...

И он протянул мне номер «Молодой гвардии» с его статьей. Я стал листать. И сразу бросились в глаза смешные пометки карандашом: «Ну и ну!», «Вот те раз!», «Этого быть не может», «Ух ты!», «Как бы не так!» — Я читал озорные восклицания, очень хорошо понимая обиду автора, который опубликовал серьезную и, кстати сказать, хорошо написанную статью... Но Тяжельников смотрел на меня так, словно злополучные пометки принадлежали мне. Я понял его немой упрек и неожиданно для самого себя рассмеялся. Шеф еще больше помрачнел. Я тут же объяснился: «Это писал кто-то из посторонних. Ведь в библиотеку приходят разные люди... Мои ребята такого себе не позволят. Не обращайте внимания, Евгений Михайлович. Мало ли на свете идиотов...»

Он недоверчиво взглянул на меня. Надо сказать, что наш первый секретарь до прихода в ЦК работал ректором педагогического института и к слову относился очень серьезно. Естественно, его авторское самолюбие было ущемлено самой формой критики. Он не привык к словесной развязности...

А через несколько дней я узнал, кто был автор тех мальчишеских пометок. К моему удивлению, им оказался редактор одного детского журнала. Я ему сказал все, что думал по поводу его «творчества», но авторство обещал сохранить в тайне, потому что он мог иметь большие неприятности за свое легкомыслие.

А вскоре главным редактором «Молодой гвардии» был утвержден бывший сотрудник аппарата ЦК ВЛКСМ — Феликс Овчаренко — очень порядочный и умный журналист, который, к сожалению, рано ушел из жизни, не успев всласть поработать в журнале.

Сейчас, по прошествии времени, я с чистой совестью могу сказать, что работа в аппарате ЦК ВЛКСМ научила меня многому. Я стал более четким и собранным в серьезных делах, научился держать слово и ценить мужскую дружбу. Рядом со мной работало немало талантливых ребят, как и я, приехавших из провинции, которые сумели сохранить в себе наивную чистоту души и непосредственность в общении. Много было хорошего в той жизни, как бы сейчас ее ни порочили. Например, игры — «Золотая шайба», «Кожаный мяч», когда наши мальчишки учились брать спортивные высоты... Или «Пути боевой славы» — патриотическое движение, которое было полезно тем, что объединяло тысячи школьников в их стремлении находить безвестных героев Великой Отечественной войны, ухаживать за братскими могилами, помогать инвалидам...

Всего не перескажешь. И уж по крайней мере, не знали мы тогда страшных цифр о наркоманах, беспризорниках и юных преступниках, чем сейчас заполнены наши газеты и телеэкран, тревожа души старших поколений. Пишу об этом не потому, что с возрастом все мы грустим по минувшим временам, а потому, что все лучшее, что было создано прежде, не должно потеряться в сегодняшней суете...

В те далекие комсомольские годы очень я дружил с Володей Токманем — уроженцем Украины. Он работал вначале зам. зав. отделом пропаганды, затем помощником первого секретаря, а закончил свою жизнь на посту главного редактора журнала «Студенческий меридиан». К сожалению, он рано умер — в возрасте 38 лет — и остался в моей памяти добрым, светлым и очень широким человеком. Каждая встреча с ним была для нас обоих неподдельной радостью. На моих глазах росли его очаровательные дочери, в которых он души не чаял. Катя стала знаменитой актрисой — Екатериной Стриженовой, а Виктория Андрианова прославилась своим дизайнерским искусством.

Сколько прошло через мою судьбу замечательных людей — талантливых и честных, ставших потом известными писателями, политиками, бизнесменами...

Я их помню, слежу за ними... И один из них — мой друг и коллега — Олег Попцов, сделавший до того зарядный комсомольский журнал «Сельская молодежь» брендом отечественной журналистики, а затем создавший Российское телевидение в трудные времена перестройки... Помню, как за какую-то публикацию в журнале его срочно вызвали на бюро ЦК ВЛКСМ. Выяснилось, что Е.М. Тяжельникову позвонил главный идеолог страны М.А. Суслов и потребовал разобраться с крамольным журналом. Попцова ожидали большие неприятности. Но нам удалось его защитить... И все обошлось малой кровью. «Круговая порука дружбы», как я написал спустя много лет, помогала нам всем и выстоять, и не потерять своего лица...

С тех комсомольских лет я дружу с Игорем Ильинским — полным тезкой великого актера. Мы вместе с ним работали в аппарате ЦК ВЛКСМ. И должности у нас были одинаковые — заместители заведующих отделами. Сейчас он профессор, доктор наук, ректор Московской гуманитарной академии.

Валерий Ганичев, возглавляющий ныне Российский союз писателей, во времена нашей комсомольской молодости был моим непосредственным начальником — заведующим отделом пропаганды. Я очень трудно перехожу с окружающими на «ты», а в комсомоле тогда отношения строились просто. Английского этикета не существовало. Но к Валерию я долго обращался на «вы» и по имени-отчеству. Мешала провинциальная привычка — робеть перед начальством. Это уже позже мы подружились и сблизились, хотя очень часто спорили, потому что во многом расходились во взглядах. И на литературу тоже. Но мне нравилось, что Ганичев умел быть прямым в суждениях и никогда не подлаживался к чужим мнениям. Сейчас мы редко видимся. Но прожитая рядом жизнь уже никогда не забудется...

Когда один из моих тверских недоброжелателей прислал Тяжельникову гнусное письмо, в котором «уличал» меня в том, что я был дважды женат (хотя я и не скрывал этого), и на этом основании требовал отказать мне в доверии и запретить заниматься воспитанием молодежи, Евгений Михайлович сам позвонил автору письма и, как я знаю, подтвердил свое доброе ко мне отношение. «Личная жизнь человека должна быть превыше чужих вмешательств...» — сказал Евгений Михайлович моему недоброжелателю. А ведь это были времена мелочного контроля и персональных дел. Тем более что речь шла об ответственном работнике ЦК ВЛКСМ. Я мысленно был благодарен шефу за его такт и благородство.

Хорошо помню Бориса Пуго, который в то время работал секретарем ЦК. Это был очень интеллигентный и приветливый человек. С небольшим, едва уловимым прибалтийским акцентом. Спокойный, рассудительный, он умел слушать своих коллег с одинаковым вниманием — будь то первый секретарь или простой инструктор. И когда случился переворот в 1991 году и Пуго оказался в числе заговорщиков ГКЧП, я очень удивился. Образ Бориса Пуго никак не вязался с агрессией. Он был слишком мягок для решительных действий. И слишком честен для предательства. А потому природная порядочность привела его к единственному выходу из той ситуации, в которую он попал, может быть, даже не по своей воле. Борис Карлович застрелился.

Но особенно мне был интересен другой Борис, которого я до сих, хотя он и моложе, зову по имени-отчеству — это Борис Николаевич Пастухов — после Тяжельникова — первый секретарь ЦК ВЛКСМ. Вот кто был для меня учителем по части держать слово и никогда не нарушать его. Его организаторский талант вызывал восхищение многих. Ему подражали, его боялись, но и любили. Я знал, что если есть к нему какая-то просьба — деловая или житейская, он отнесется к ней со всем вниманием. И ныне, когда мы встречаемся, он чувствует мою симпатию и уважение. И не только за прошлые дела, но и за то, что в сегодняшней нелегкой жизни никогда не изменяет себе и своим принципам

Я проработал в аппарате ЦК ВЛКСМ более трех лет. В те годы советские космонавты, возвращаясь из космоса, всегда приходили в наше зеленое здание на улице Богдана Хмельницкого, чтобы рассказать о полетах, пообщаться, послушать своих поклонников и вновь почувствовать себя юными комсомольцами. Помню, как я читал стихи Волкову, Добровольскому и Пацаеву. И думать не думал, что через несколько месяцев они погибнут в покоренном ими Небе. И мы будем печально стоять в том же зале, где еще недавно звучал их смех, и вспоминать ту нашу единственную встречу.

И еще. До сих пор у меня перед глазами фигура первого космонавта Юрия Гагарина, когда он спускался по лестнице нашего комсомольского дома к выходу и в открытую дверь пахнуло весной и светом...

Мне навсегда запомнился его веселый взгляд и легкая походка. А через несколько дней его не стало. У меня хранится фотография, где мы рядом с Юрием Алексеевичем, когда он приезжал в гости к Валентине Гагановой в Вышний Волочек...

ТРИ ПОКОЛЕНИЯ

Как мало тогда нам исполнилось лет.
По нашим знаменам струился рассвет.
И молодость наша — как песня была.
Потом эта песня нас в бой повела.
Ты мне приколола у сердца звезду.
Ты мне говорила: «Я тоже пойду...»
И воздух от взрывов был сер и тяжел.
Вот так начинался для нас комсомол.

Как мало тогда нам исполнилось лет.
Война погасила июньский рассвет.
Мы снова оставили наши дела.
И снова нас песня в поход повела.
Не знали мы, кто возвратится назад.
На горькой земле обелиски стоят.

Как мало тогда нам исполнилось лет.
И вечная молодость. Старости нет.
И жизнь наша с вами еще целина.
Добра и надежды взошли семена.
И прожитый день — это верность отцам.
И память с мечтою у нас пополам.

ИЗ ДНЕВНИКА

1970 ГОД. ИЮЛЬ

Вчера Евгений Михайлович Тяжельников вызвал меня к себе и сказал:

— Полетите в станицу Вешенскую к Шолохову. Передайте ему приглашение принять участие в заседании советско-болгарского клуба. Уговорите Михаила Александровича выступить...

Надо сказать, что наш клуб собрал много молодых, но уже известных деятелей литературы и искусства. Его заседания проходили как в Болгарии, так и в России. На этот раз мы решили собраться в Ростове. Члены клуба обсуждали на своих встречах творческие проблемы, устанавливали связи, готовили для издания книги и выпускали журнал «Дружба», главным редактором которого с нашей стороны был замечательный поэт Владимир Фирсов. Особенно активно занимались клубом Валерий Ганичев, Лариса Васильева, грузинский поэт Резо Амашукели, болгарские письменники Любомир Левчев, Лучезар Еленков и Георгий Константинов...

Я полетел в Ростов. Оттуда на машине вместе с первым секретарем Ростовского обкома комсомола Вадимом Рамазановым и фронтовым другом Шолохова, который не представился, мы добрались до Вешек. Нас встретил моложавый и, как все великаны, добродушный казак — секретарь Вешенского райкома партии Петро. Он сразу же признался, что почти до утра гулял на своем юбилее и потому у него паршиво в горле. Требуется опохмел. Я сказал ему, зачем мы приехали. Петро оживился. Мы позвонили Шолохову, и через час он принял нас у себя дома.

...Великий писатель вошел в кабинет как-то очень тихо и вроде бы неожиданно. Я впервые видел его так близко и в таком простецком виде — в распахнутой домотканой рубашке и в домашних брюках. Он пожал всем руки, улыбнулся. Но глаза оставались серьезными. Я обратил внимание на его пристальный взгляд, которым он словно пронизывал тебя насквозь. Широким жестом Шолохов пригласил всех в другую комнату, где уже был накрыт стол. Мы осторожно расселись.

— Жена просила ее извинить, что не может разделить нашу компанию. Простудилась. Вчера села с мокрой головой, дуреха, на балкон (Михаил Александрович как-то очень тепло и необидно произнес это слово — «дуреха») и ее продуло...

Он наполнил рюмки коньяком и поднял свою.

— Давайте за здоровье Марии Петровны. И до дна... — Я повернулся к соседу и прошептал ему: «Я не пью, Петро...» «Ты что, с ума сошел? Он этого не поймет...»

И громко повторил вслед за хозяином: — «За Марию Петровну. До дна!» Пришлось выпить.

Понемногу все расслабились и завязался общий разговор.

Неожиданно Шолохов обратился ко мне, и я вновь почувствовал пронзительность его взгляда.

— Мне очень знакомо ваше лицо... И фамилию вашу я слышал. Где мы могли встречаться?

— Наверное, на съездах писателей, Михаил Александрович

— Понял. Я как-то сразу не сопоставил... Вы — поэт. Это вас я читал в журнале «Юность»... Было такое?

— Каюсь, бывало...

— Не кайтесь, журнал и стихи хорошие. Хотя и не все мне нравится в «Юности». Но об этом не будем.

— Не будем, — нагло согласился я.

И тут же Шолохов перевел разговор в другую плоскость.

— Недавно у меня побывал Евгений Евтушенко. Прилетел искать защиты. На Западе он опубликовал свою «Автобиографию», которая очень не понравилась в Москве. И, как всегда, мятежного поэта «прижали». Посулили неприятности. А Евгений, как известно, не любит неприятностей... Вот он и примчался ко мне за помощью. Я ему говорю — разберетесь. Что вам, впервой, что ли... Продолжайте писать. Жизнь у вас такая — из огня да в полымя...

Налили по второй. Петро морщился, но пил до дна. По его виду чувствовалось, что вчерашнее похмелье пошло на второй круг.

Повернувшись к своему фронтовому товарищу, Шолохов весело спросил его:

— А помнишь, как в конце войны мы прошли с тобой почти все страны Европы... Венгерский токай, чешская сливовица, немецкий шнапс... Ты еще тогда перебрал в каком-то городке и мы тебя почему-то уложили в ванну...

Все засмеялись.

— Нет, Миша, это ты ночевал в ванне, а не я... Шолохов мгновенно среагировал:

— И как это мы с тобой вдвоем уместились в ней...

В этот момент я почему-то вспомнил деда Щукаря.

Все-таки не случайно Шолохов написал его. Даже по нашему застолью чувствовалось, как любит автор «Тихого Дона» беззлобную шутку, какое удовольствие получает от самоиронии. В нем бурлила озорная казацкая натура... Он то и дело посмеивался, гладил усы и весело наполнял рюмки.

— За что пьем? — спросил в очередной раз. И сам же предложил: — За гостей...

Но вдруг Шолохов как-то посуровел и снова обратился ко мне.

— Меня очень огорчает, что многие наши молодые прозаики, да и поэты тоже долго ходят в коротких штанишках. Видимо, время такое у нас наступило, неторопливое, мирное... Можно и понежиться в литературных колыбельках. А вспомните классиков российских — Лермонтову — 26, Писареву — 28, Надсону — 25, Добролюбову — 25... И они уже все успели совершить. Хотя, наверно, и сейчас немало талантливой молодежи.

— Опасностей они не пережили таких, как мы — войны, репрессии... Помнишь, сколько мы натерпелись, когда напраслину на тебя возвели. Тайком в Москву за правдой мотанули... А ведь могли и сгноить в лагере...

Это заговорил молчавший до того помощник Шолохова — Иван Семенович Погорелов. Тот самый легендарный чекист, которому было поручено собрать компромат на знаменитого земляка и который добрался до самого вождя, чтобы защитить своего друга от посягательств и смертельной опасности. Шолохов не забыл ту встречу в Кремле...

1938 год. Уже широко известный автор «Тихого Дона», он вступился за арестованных руководителей своего родного района и написал письмо Сталину. После всех мытарств, встреч, речей, ему удалось добиться оправдания Петра Лугового — первого секретаря Ве-

шенского райкома партии и его соратников. Они вернулись домой и продолжали работать. Этого Шолохову не могли простить те, кто их засадил на Лубянку. Припомнили Михаилу Александровичу и те главы романа «Тихий Дон», где он обвинял партийцев в преследовании донских казаков. Не случайно всесильный в те годы Генрих Ягода сказал Шолохову: «А Вы все-таки контрик, Михаил... Роман ваш «Тихий Дон» ближе белякам, чем нам...» Шолохов тогда не обратил внимания на эти слова. Но враги уже действовали. И местное НКВД, и союзный Наркомат внутренних дел фабриковали компромат на Михаила Александровича.

Выбивали из заключенных казаков свидетельские показания «О контрреволюционной деятельности писателя Шолохова». Подключили и Погорелова. Тот отказался, но ему пригрозили. Иван Семенович обо всем рассказал Шолохову. Дело принимало серьезный оборот. Пошли анонимки в Вешенский райком партии с признаниями тех, кого заставляли клеветать на своего знаменитого земляка. Вот тогда-то Шолохов, Погорелов и Луговой разными путями поехали в Москву добиваться правды.

...Все происходило в кабинете Сталина, который понимал, что его подручные встали на опасный путь. Всемирная слава Шолохова ограждала Михаила Александровича от кровавой расправы. Тем более что Погорелов документально доказал, что компромат и травля Шолохова были специально организованы, чтобы отомстить писателю за его успешные действия по освобождению невинных. Иван Семенович, будучи опытным работником, на всякий случай получил записку местного чекиста о встречах с ним на явочной квартире. И когда тот пытался все отрицать, Погорелов положил на стол документ...

Все закончилось благополучно. Но память о тех

опасных временах осталась в душе Шолохова на всю жизнь.

Вот почему, когда Иван Семенович оказался не у дел — без работы, без средств, в полном отчаянии, Михаил Александрович пригласил его к себе в Вешки, сделав верного друга своим помощником. Четыре года он был рядом с великим писателем, который очень любил его и очень ценил. Я почувствовал это доброе отношение Шолохова к Погорелову, когда мы сидели за одним столом и автор «Тихого Дона» внимательно слушал старого друга. В глазах Михаила Александровича на какое-то мгновение мелькнула едва уловимая грусть и какая-то затаенная боль. Может быть, он вновь вспомнил о горьких и опасных временах, что пережил вместе со своими друзьями.

Странное это было ощущение — находиться рядом с Шолоховым. Я постоянно ловил себя на мысли, что он слишком «заземлен», чтобы казаться великим. А, может, в этом и есть проявление Божьего дара — не отличаться в обыденной жизни от простых смертных. По крайней мере, я чувствовал себя легко и просто, словно мы были с Шолоховым хорошо знакомы и даже близки. И словно я не Андрей Дементьев, а, по меньшей мере, Федор Иванович Тютчев или Антон Павлович Чехов, кому было бы по чину вот так запросто беседовать с классиком мировой литературы.

И еще я с горечью вспомнил все те злые наветы, о которых был наслышан и о которых читал, что Шолохов по молодости лет никак не мог написать «Тихий Дон». Но что делать тогда с Лермонтовым, который чуть ли не в детстве взялся за «Демона» и в молодые, шолоховские годы создал «Маскарад»? И как отнестись к авторству романа «Евгений Онегин», если эту великую «энциклопедию русской жизни» Пушкин начал в 23 года? Просто Бог избирает одних быть гениальны-

ми смолоду, а других таким даром не награждает. На кого тут обижаться? И совсем пустое дело завидовать. Зависть ничего не изменит.

Даже если бы я прочитал лишь «Донские рассказы» Шолохова, и особенно «Судьбу человека», я бы ни минуту не усомнился в том, что роман «Тихий Дон» написал именно Шолохов... Я сидел около него и поражался, как молодо он ведет нашу беседу, как мудро слушает и как значителен в своей простоте. Но это уже из области человеческих ценностей, а тут не обязательно быть писателем. И все-таки....

Время пролетело незаметно, и, прощаясь, я попросил Шолохова подписать мне книгу «Донские рассказы», которую очень любил. Подобревший классик взял вишневый томик и положил на стол.

— Не хочу в спешке. Завтра прилечу в Ростов и верну книгу вам...

И не обманул. На другой день, встречая Михаила Александровича в аэропорту, я получил долгожданный подарок — «Донские рассказы» с автографом великого писателя. Книга эта хранится у меня дома, и я часто снимаю ее с полки, чтобы еще раз убедиться, что та встреча в Вешенской была на самом деле, а не в моем воображении.

А заседание нашего клуба прошло с участием Михаила Александровича, который слушал всех с интересом.

Тяжельников от имени всей творческой молодежи преподнес Шолохову красивое охотничье ружье. Видно было, что подарок пришелся по душе заядлому охотнику.

Вместе мы провели целый день. Под конец классик оживился — наговорил кучу комплиментов Ларисе Васильевой, о чем-то пошептался с Володей Фирсовым, которого очень ценил как поэта, и, прощаясь, подошел ко мне.

— Не засиживайтесь в комсомоле... У вас хорошее перо. Пишите больше. И не только для «Юности».

Глядя на его строгое и мудрое лицо, я думал о том, сколько же пришлось ему испытать горечи и обиды за свою долгую жизнь! И когда не писалось годами, и когда сам рвал написанные страницы, и когда терял веру в справедливость, слыша, как со всех сторон неслось — «Самозванец, самозванец...» Но Время все расставило на свои места — Шолохов вошел в мировую литературу тем самым гением, кем его определили Природа и бессмертное творчество.

УЧИТЕЛЯ

Учителей своих не позабуду.
Учителям своим не изменю.
Они меня напутствуют оттуда,
Где нету смены вечеру и дню.

Я знаю их по книгам да портретам,
Ушедших до меня за много лет.
И на Земле, их пламенем согретой,
Я светом тем обласкан и согрет.

Звучат во мне бессмертные страницы,
Когда мы об искусстве говорим.
Всё в этом мире может повториться,
И лишь талант вовек неповторим.

К учителям я обращаюсь снова,
Как к Солнцу обращается Земля.
И всё надеюсь: вдруг родится слово
И улыбнутся мне учителя.

НЕПОВТОРИМЫЕ ГОДЫ «ЮНОСТИ»

Самые счастливые годы, которые выпали на мою долю, — это время «Юности». Двадцать один год своей жизни отдал я этому замечательному журналу, аналогов которому не было и нет в отечественной, да и в мировой журналистике. Все началось с предложения главного редактора «Юности» Бориса Николаевича Полевого стать его первым заместителем. Я, конечно, с радостью согласился. Но мое начальство (я тогда работал в ЦК ВЛКСМ заместителем заведующего отделом пропаганды) меня не отпустило. Более полутора лет (с мая 1970 года до февраля 1972) Полевой ждал, когда я приду в журнал, держал место. А до того сделал меня членом редколлегии, чтобы я включился в редакционную жизнь. Выбор его не был случаен. Борис Николаевич знал меня еще со студенческих лет. Он следил за моим творчеством, помогал советами, подсказывал темы. Мне очень повезло, что на первых порах моя творческая жизнь оказалась под пристальным вниманием выдающегося писателя и очень доброго человека, каким был Борис Полевой. И когда после окончания Литературного института я решил на пару лет поехать поработать в Армению, поскольку мой диплом напрямую был связан с этой прекрасной республикой, Борис Николаевич отговорил меня.

— Ваш путь в поэзии, — сказал он, — это наша родная Тверь. Поезжайте туда. Там — ваша литературная судьба...

Я послушался своего старшего друга и вернулся в Тверь, где «задержался» на 15 лет. Но именно в Твери — в бывшем городе Калинине — были изданы мои первые книги, и с ними я вошел в литературу. Одна из книг называлась «Дорога в завтра», у которой своя история, тоже связанная с Полевым. Я работал тогда в Калинине главным редактором книжного издательства. Работа была хлопотная, приходилось много читать рукописей, причем не только художественных. И не только хороших.

Однажды (это была осень 1959 года) ко мне в кабинет неожиданно вошел Борис Николаевич. Он приехал всего на один день навестить родственников жены, а заодно и повидаться с коллегами. Сел на стул, как всегда подложив под себя ногу, и с привычным веселым прищуром посмотрел на меня.

— Старик, есть тема. Я только что был в Вышнем Волочке по заданию «Правды». Там на текстильном комбинате объявилась потрясающая дивчина. Представляете, перешла в отстающую бригаду, потеряла в зарплате, но вывела своих товарок в передовые. Они теперь на Доске почета, и денег получают больше, и вообще стали знамениты. Напишите о них поэму. Они там все такие юные и симпатичные. А главную заводилу зовут Валентина Гаганова... Поезжайте...

Я поехал. Хотя не очень представлял, как можно писать по заказу. Да еще поэму. Но при первой же встрече с Валей Гагановой понял, что можно. Потому что очень мне понравилась эта молодая рыжая хохотушка, с которой мы быстро подружились. И дружба эта сохранилась до сих пор. А тогда несколько месяцев подряд я засиживался в издательстве до двух-трех часов ночи и сочинял стихи о девчонках из Вышнего Волочка.

Когда поэма была готова, я отправился к Полевому.

Мы сидели с ним в его кабинете на Беговой, и я читал вслух все, что написал. В какой-то момент, оторвавшись от рукописи, взглянул на своего учителя. Его глаза светились такой добротой, что я понял — он доволен. Потом БН встал и говорит:

— Старик, получилось, надо отметить...

И мы пошли на кухню, где он поджарил яичницу, нарезал колбасу, сыр, поставил бутылку вина и мы (дома никого не было) не торопясь осушили ее. Уже прощаясь, Полевой вдруг спросил меня:

— А как у вас с деньгами?

С деньгами было не очень, потому что все последнее время я никаких гонораров не получал и мы с семьей жили на небольшую зарплату.

Видимо, по моему смущенному виду Полевой оценил ситуацию и достал бумажник.

— Вот тысяча рублей. Отдадите, когда сможете.

Я для приличия поупрямился. По тем временам это были немалые деньги. И они очень выручили меня. Вскоре Борис Николаевич прислал мне телеграмму: «Поэма принята Современником тчк Нужны небольшие поправки тчк Свяжитесь редакцией — Полевой». Через три месяца я привез Полевому журнал с напечатанной в нем поэмой о нашей землячке. И снова мы сидели вдвоем на кухне. Теперь уже я достал бумажник и положил на стол пачку ассигнаций.

— Это что? — удивленно спросил Полевой.

— Мой долг вам. Спасибо.

— Какой еще долг? Что-то я не помню.

— Зато я помню, Борис Николаевич... Еще раз спасибо за все.

Он улыбнулся своей доброй улыбкой. И в этот момент чем-то напомнил моего отца.

Поэма «Дорога в завтра» выдержала несколько изданий. И сейчас я иногда печатаю ее в своих книгах, потому что в ней наше ушедшее навсегда время...

А до того я опубликовал поэму в несколько сокращенном виде в областной газете «Калининская правда». Сохранилось письмо Полевого, которое он прислал мне сразу же после выхода номера.

Дорогой Андрей!

Полосу прочел. Очень порадовался за Вас. При чтении поэма выглядит не хуже, чем на слух. Не тяните кота за хвост — скорее все напечатайте.

Очень милый материал о Вышневолоцкой читательской конференции дала «Смена». Вернулся из Италии, прочел, порадовался.

(Речь в материале шла о читательской конференции по документальной повести Бориса Николаевича, посвященной Валентине Гагановой. — *А.Д.*)

Всего Вам хорошего!

Ваш Б. Полевой

3 марта 1960.
Москва.

А недавно мы встретились с Валей Гагановой в Москве. Посидели, повспоминали. Мы и раньше виделись — то в Твери, то в столице. И разве мог я предположить, что некогда знаменитая на всю страну Герой Социалистического Труда, депутат Верховного Совета Валентина Гаганова как-то незаметно станет обычной женщиной, позабытой многими даже на своей малой родине, скромной пенсионеркой, у которой те же тревоги, проблемы и обиды, что и у миллионов ее сверстниц.

А я помню, как однажды она позвонила мне в Калинин и весело заворковала:

— Завтра к нам в гости приедет Юра Гагарин. Я тебя жду. Познакомитесь...

На другой день я уже был в Волочке. Великий космонавт оказался веселым, простым парнем. Перед началом его официальной встречи с рабочими мы сидели втроем на диване и Гагарин, тихо посмеиваясь, «травил» нам с Валей анекдоты. Но больше его простоты, меня поразило выступление Гагарина в клубе. Без единой бумажки, больше часа рассказывал он о своем полете, о космосе — рассказывал умно, образно, интересно.

Но вернусь опять в «Юность». В далекие семидесятые годы...

Каждый день я приезжал в редакцию, как на праздник. Мне все нравилось там — и добрая, почти семейная атмосфера, которую создал БээН, как мы за глаза называли своего главного, и мои немолодые коллеги, с которыми не сразу у меня налаживались отношения, потому что пришел я из непопулярного в элитарной среде комсомольского дома. Помню, как писатель Владимир Амлинский — член редколлегии, постоянный автор «Юности», переживал обсуждение на редколлегии своего очерка о молодых зэках, что было внове для нас. Материал по тем временам казался очень острым. Уже позже он рассказал мне, что кое-кто из редакции запугал его моей «комсомольской» нетерпимостью и прогнозировал зарубку очерка.

Но я активно поддержал Володю Амлинского, и очерк напечатали, и мало того, он получил очень много читательских писем.

Бывая в те годы в Калинине, я часто виделся со своим другом журналистом Алексеем Пьяновым. Мы с ним одно время вместе работали в редакции молодежной газеты «Смена». Чиновничья должность в обкоме партии, на которую позже его назначили, была явно не по нему. Мне очень хотелось перетащить Лешу в Москву. Возможностей в столице было намного больше. И я пошел к Полевому с предложением взять Алексея к нам в редакцию. Поначалу Борис Николаевич воспринял это весьма скептически. И вовсе не потому, что плохо относился к Леше. Просто в редакции не было свободных ставок. Довольно долго мне пришлось уговаривать главного найти выход. Например, добиться через ЦК партии утвердить новую структуру и открыть в редакции отдел культуры. Авторитет Б.Н. Полевого был настолько прочен, что никакая высокая инстанция не посмела бы перечить ему в таких простых делах. Тем более, что журнал наш давал государству огромную прибыль — 12 миллионов рублей в год, что по тогдашним временам считалось невероятно много. Но Борис Николаевич был недоволен тем, что я втянул его в эти кадровые аферы. Шло время. И, наконец, Полевой сдался. Он написал официальное письмо первому секретарю Калининского обкома партии Н.Г. Корыткову с просьбой отпустить Пьянова «на ответственную работу в журнал «Юность»... Но первые два-три месяца Леша был без дел и сидел в Калинине, пока мы не утрясли все формальности в редакции.

Когда он переехал в Москву, у него не было ни прописки, ни квартиры. На все требовалось время. Около года он жил в гостинице на Тверской. Но вечерами засиживался у нас дома и нередко оставался у меня ночевать... Потом он получил квартиру, перевез семью, и все пошло своим чередом.

Я по себе знал, как нелегко провинциалу утвердиться в московской обстановке. А потому всюду «таскал» с собой новоиспеченного москвича — на литературные вечера, где знакомил Лешу с известными людьми, на всяческие приемы, устраивал ему выступления на поэтических праздниках. Будучи человеком умным и хватким, он довольно быстро вписался в столичную жизнь.

Когда я стал главным редактором «Юности», то сразу назначил его своим заместителем. Нам хорошо работалось вместе. Пока ему не предложили должность редактора «Крокодила». Правда, узнал я об этом не от него, что меня весьма удивило. Хорошо помню тот день, когда Леша, сославшись на неотложные дела, попросил у меня разрешения уйти с редколлегии. Через час кто-то из сотрудников во всеуслышание заявил, что в редакции журнала «Крокодил» только что представили коллективу нового главного редактора... Алексея Степановича Пьянова. Я и бровью не повел, словно мне все было известно. Но «черная кошка», побежавшая в сторону «Крокодила», перешла и нашу дорогу. Потому что я наивно полагал, что по старой дружбе Леша должен был бы со мной посоветоваться, обсудить неожиданные для него и меня повороты в его судьбе. И уж, по крайней мере, не делать из всего «тайны мадридского двора».

Вспомнились мои давние стихи:

Не люблю хитрецов,
Не умею хитрить.
Не могу дурака
Похвалой одарить.

Не умею молчать,
Если сердце кипит.

Не меняю на выгоду
Мелких обид.

Не люблю хитрецов,
Не умею хитрить.
Что подумал о ком-то,
Могу повторить.

Все могу повторить,
Глядя прямо в глаза.

Если б так же всегда
Поступали друзья.

Леша обиделся на меня за эти стихи, приняв их на свой счет. Наверно, он был прав...

По-разному складывались в редакции мои отношения и с писателями. Как-то мало известный тогда молодой литератор Владимир Тихвинский принес нам свою первую повесть. Это была трагическая история об украинских детях, которых фашисты угоняли на работу в Германию. Мне рукопись понравилась. Но Полевой высказался категорически против.

— Все это автор напридумал. И никого не убедил... — сказал Полевой.

— Да ничего он не придумал. Это он о себе написал, — возражал я.

— Вы не воевали, Андрей, а я, извините, фронтовик. И знаю, что было, а чего не было. Бывало и похуже. Но эти факты придуманы...

Тогда я предложил, чтобы рукопись прочли члены редколлегии — участники Великой Отечественной войны. Полевой согласился. И когда они тоже высказались за публикацию, Борис Николаевич смущенно сказал:

— Если взвод идет в ногу, а взводный не попадает в ритм, значит... В общем, печатайте.

...Владимир Тихвинский ходил по редакции с журналом, где его напечатали — счастливый, шумный — и в коридоре столкнулся с Полевым.

— Спасибо, Борис Николаевич, за все.

— Не меня благодарите, а своих коллег. А я был против. И, видимо, ошибался...

И пригласил его к себе в кабинет.

Вот такой был наш «БЭНЧИК» — честный, открытый, благородный. Это ведь не каждый смог бы при глобальной известности, да еще и будучи главным редактором миллионного журнала, признаться в своей ошибке начинающему автору.

И позже уже в своем кабинете он весело спросил Тихвинского:

— А вам никто не говорил, что вы очень похожи на известные портреты Карла Маркса?

— Как же, говорили, конечно... — И тут же рассказал смешную историю. Как-то по дороге в клуб писателей он повстречался с подвыпившим человеком, который очень пристально смотрел на него. А когда они поравнялись, тот спросил:

— Это ты?

— Я... — ошалело ответил Тихвинский.

— Дай закурить, Фридрих...

Вообще в редакции любили розыгрыши, шутки, веселые застолья. И всегда в центре оказывался Полевой, потому что по натуре он был жизнерадостным человеком, ценившим и понимающим юмор. Когда Юрий Зерчанинов — редактор отдела информации и спорта на спор пообещал сбрить половину усов и, проиграв, сделал это, Полевой при встрече с ним посоветовал:

— Старик, срочно отращивайте бороду. Лучше половину, чтобы симметрия была.

Помню, еще в первые недели своей работы в

«Юности» на чьем-то юбилее я лихо отплясывал с молоденькой курьершей модный тогда «твист», Полевой стоял в дверях, и на его лице было столько неподдельного изумления, что я несколько растерялся. Но он подошел ко мне и весело подбодрил:

— Ну, Андрей, сегодня вы завоевали прекрасную половину редакции больше, чем своим умным сидением в кабинете...

Но главное, конечно, была наша работа — каждодневная, непростая, увлекательная...

Когда Евгений Евтушенко предложил «Юности» свою новую поэму «Северная надбавка» (1977 год), Б.Н. был в госпитале. Я решил ее публиковать, заранее зная, что с ней будут неприятности, потому что поэма по тем временам была очень острой. Так и случилось. Номер уже печатался, когда по приказу ЦК КПСС машины в типографии остановили и меня вызвали «на ковер». Я отбивался, спорил и все-таки отстоял поэму. Тогда мне предложили сделать несколько серьезных сокращений. Но запретили ссылаться «на инстанцию». Я позвонил Евтушенко. Он был в Риге. Прилетел. Я не мог сказать ему всей правды, не мог ссылаться на высоких начальников. Время было такое. Иди туда, не зная куда, и сделай то, не зная что. Мы сидели с Евгением у меня дома и вместе пытались спасти дорогие поэту строки. И он все допытывался, а какому идиоту пришла в голову мысль рубить поэму. Он знал, что не мне, потому что несколько дней назад я при нем подписал рукопись в печать. Разрядил обстановку Полевой. Он позвонил из госпиталя и сказал:

— Передайте Евтушенко, что это я — старый маразматик прошу его сократить поэму. Объясните своему другу, что, мол, главный ни черта не понимает в стихах и потому перестраховывается.

Но я понял — Борис Николаевич уберегал меня от неприятностей «сверху» и в то же время не хотел, чтобы мы с Женей рассорились. Конечно, Евтушенко не впервые сталкивался с цензурой и потому не поверил в претензии главного редактора. Тем более он знал, что Полевой вообще не вмешивается в поэзию, все доверив мне. И когда я позвонил в ЦК КПСС тогдашнему заместителю заведующего отделом пропаганды — и сказал, что не могу выкручивать руки своим авторам, и передал минимальные сокращения в поэме, которые мы сделали с Евгением, мне милостиво разрешили печатать номер.

В тот же вечер мы поехали с Евтушенко в ЦДЛ и отпраздновали эту победу. И там произошел у нас любопытный разговор. Он был продолжением другого более раннего события, когда я снял из номера сомнительные стихи Евгения Александровича вопреки решению главного редактора. Я сумел убедить Бориса Николаевича, что в таком виде стихи не должны придти к читателю.

Позже мы их напечатали, но уже с правкой автора. Евтушенко был недоволен, но именно с того конфликта и началось наше сближение. А когда цензура сняла следующую подборку Евтушенко (я уже сменил ушедшего из жизни Полевого на посту главного редактора), Женя приехал ко мне из Гульрибши за помощью в Пицунду, где мы тогда проводили отпуск, и я тут же послал две телеграммы — одну в Главлит, другую в Союз писателей, взяв на себя полную ответственность за публикацию произведений Евтушенко не только, как руководитель журнала, но и как секретарь правления Союза писателей СССР.

В новой «весовой категории» мне было легче добиваться своего. К тому же Генеральный секретарь

ЦК КПСС М.С. Горбачев относился ко мне очень хорошо, и все чиновники это знали. Естественно, стихи вышли в свет. Но это было много позже поэмы (1985 год).

А тогда, в дни публикации «Северной надбавки», наш разговор в клубе писателей был по-мужски прям и откровенен. Евтушенко сказал мне:

— Я не любил вас (мы были на «вы» и обращались друг к другу по имени и отчеству) по трем причинам. Во-первых, вы работали в ЦК ВЛКСМ и пришли в журнал оттуда. Во-вторых, вы со всеми на «вы». Это подозрительно. И, в-третьих, вы не пьете... Тоже вызывает подозрение.

А мне было смешно. Я действительно не любил спиртного. Но стояла полупустой бутылка шампанского, и я понимал, что надо делать скидку на мнительность поэта...

— Будем принимать друг друга такими, какие мы есть... — И нарушил обет трезвенника.

Но Жене важно было сказать то, что он сказал. Чтобы потом забыть.

И еще был один неприятный момент в отношениях со знаменитым поэтом. Однажды он позвонил мне в редакцию и сказал, что написал новую поэму и хочет, чтобы я ее прочитал на предмет публикации в «Юности».

— Ты первый, кому я даю ее читать...

Я прочел и огорчился. Поэма показалась мне очень уж затянутой и излишне публицистичной...

— Женя, не уходи из поэзии в подстрочник... — сказал я ему по телефону.

Евтушенко обиделся.

— Я тебе ничего не давал, ты ничего не читал, — ответил он и повесил трубку.

А потом ее напечатал «Новый мир».

Как-то вечером я с друзьями сидел в ЦДЛ, а за соседним столиком пировал Евгений Евтушенко. Он повернулся ко мне и показал журнал со своей поэмой. Я сдержанно его поздравил. Вскоре поэму «Мама и нейтронная бомба» выдвинули на Государственную премию СССР.

В то время я был членом Комитета по Ленинским и Государственным премиям. И при тайном голосовании поддержал Евтушенко, потому что считал, что он давно заслужил эту награду. Например, за поэму «Братская ГЭС», опубликованную еще до меня в журнале «Юность». На банкете в Кремле, где чествовали лауреатов, Женя подошел ко мне с бокалом шампанского и предложил:

— Давай выпьем...

Честно сказать, я обрадовался, что он не держит зла. Но в силу своей провинциальной прямоты вновь признался ему:

— Может быть, я не прав, но по-прежнему остаюсь при своем мнении, хотя и голосовал «за» по совокупности, потому что считаю великой несправедливостью то, что ты до сих пор не имел этой высокой литературной награды. А посему поздравляю с запоздалым праздником.

— Я знаю, что ты голосовал за меня. Спасибо!

«Вот тебе и тайное голосование», — про себя усмехнулся я. И когда мы вместе вышли из Свердловского зала, я спросил Евтушенко:

— А ты знаешь, где выход отсюда в город?

Лауреат засмеялся и сказал:

— Я когда-нибудь напишу об этом, как Дементьев заблудился в Кремле и не знал, где находятся Спасские ворота...

Но пока обо всем этом написал я. И напишу еще, потому что много за эти годы общался с нашим вы-

Мой дед Григорий Платонович и бабушка Екатерина Игнатьевна Орловы. На руках у них моя будущая мама

Дед со своим братом

Бабушка в молодости

Родители — Дмитрий Никитович и Мария Григорьевна

Так выглядел мой отчий дом

Слева стоит мой дядя Сережа, который погибнет в 1942 году под Орлом. Я — в матроске. Рядом ребята с нашего двора

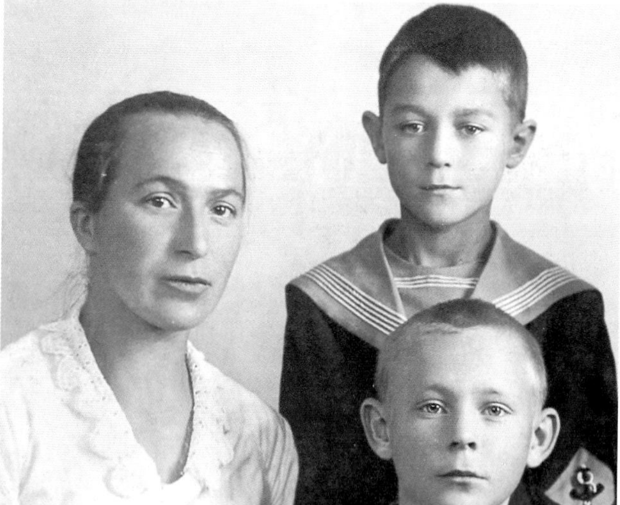

*Сестра отца — тетя Нюра и ее сын Борис.
Школьные каникулы мы с ним проводили в деревне у бабушки*

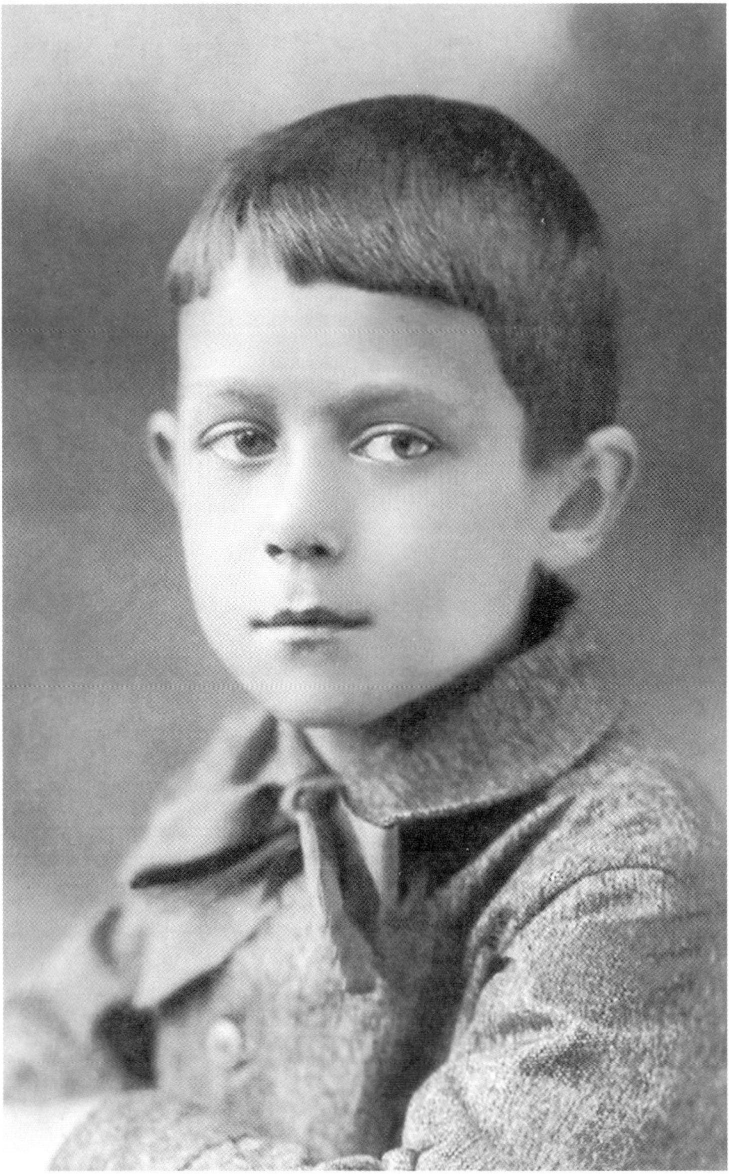

Мне восемь лет

Я с бабушкой и мамой. 1942 год. Рядом — мамин брат

Волжский пейзаж

1943 год. Мои одноклассники

Я с мамой

1945 год. Я только что закончил школу

1956 год. В редакции тверской молодежной газеты «Смена»

Встреча с тверскими читателями в книжном магазине

1952 год. Любительский снимок

1952 год. Мы — выпускники Литературного института. Крайний слева — поэт Владимир Соколов

1952 год. Встреча в литинституте с Михаилом Васильевичем Исаковским

1965 год. Город Осташков на озере Селигер. Автограф на память

1959 год. Тверь. У нас в гостях Сергей Баруздин с дочерью Светланой

1963 год. В центре — Борис Полевой, справа — сидит Сергей Баруздин. Стоит — Сергей Сергеевич Смирнов, автор легендарной книги о защитниках Брестской крепости. Рядом с Полевым — старейший тверской писатель Василий Камянский

Дома с мамой

1961 год. Я на военных сборах

С родителями в Твери

Моя старшая дочь Марина. 1964 год

Дни русской культуры в Туркмении

Тверь. Слева — Михаил Пуговкин. В середине — Зинаида Кириенко

Мне исполнилось 25 лет

дающимся поэтом... Мы спорили, радовались, обижались. В общем, жили по соседству — не только во времени, но и в поэзии.

* * *

Не все было просто у меня на первых порах в «Юности». Кое-кто из писательской братии плохо отнесся к моему назначению. Очень остроумно высказалась по этому поводу Виктория Токарева. Когда летом 1982 году сгорела наша дача, Вика «утешила» меня: «Андрей, теперь тебе простили, что ты стал главным редактором...» Но оказалось, что «простили» не все. Потому что вскоре началась вдруг какая-то странная кампания в печати против нашего журнала. В каждом номере «Литературной газеты» стали появляться критические статьи, иногда даже по две сразу, в которых подвергались разносу и наша проза, и наша поэзия. Причем, статьи выстраивались таким образом, что ставилась под сомнение общая литературная линия «Юности». Все это создавало нервозную обстановку и в самой редакции. Потом мне передали, что готовится обсуждение журнала на секретариате Союза писателей СССР. Мы начали готовиться. Мне позвонил бывший член редколлегии «Юности», известный критик Евгений Сидоров, который сообщил, что он возглавил группу по подготовке этого обсуждения. По наивности я спросил, какова их позиция. Он доверительно признался, что в его обзоре нашего журнала «хорошее будет бороться с очень хорошим».

И вот настал наш «судный день». Секретариат вел председатель Правления СП Георгий Мокеевич Марков.

Первым выступил Евгений Сидоров. К моему удивлению, обещанное «хорошее и очень хорошее» ни с кем не боролось, потому что его просто не было среди оценок, данных Сидоровым «Юности». Докладчик задал тон. И тут началось! И авторы-то не те, и проза на обочине литературы, и поэзия мелковата... Но выступали пока не очень авторитетные коллеги. Как я подметил, некоторые из писателей были обижены на редакцию невозможностью для них напечататься в «Юности». Правда, мой давний друг главный редактор журнала «Дружба народов» Сергей Баруздин и секретарь правления СП поэт Олег Шестинский пытались погасить критический накал. Но они оказались в одиночестве. И вдруг доселе молчавший в президиуме Сергей Владимирович Михалков оживился и своим мягким характерным голосом негромко произнес: «А мне нравится нынешняя «Юность». И талантом, и озорством, и новыми именами, и честностью. И потом я очень люблю Андрюшу Дементьева. И на этом посту тоже...» Он так и сказал — «Андрюшу». И тут я вдруг понял, что все это обсуждение было направлено персонально против главного редактора, иначе Михалков не стал бы объясняться мне в любви. Видимо, он знал что-то потаенное из нашей «придворной жизни». И потому мне было интересно, что скажет Марков. Но Георгий Мокеевич был невозмутим. Он внимательно выслушал Михалкова и тут же очень добродушно и как-то по-свойски обратился к своему коллеге: «Ну, что будем соревноваться, кто больше любит журнал «Юность» и его главного редактора? Я тоже не в последних рядах...» И напряжение сразу спало. Все поняли, что «Юность» в порядке. Последующие выступления стали доброжелательнее и мягче. Кто-то даже назвал наш журнал выдающимся изданием, одолевшим новые высоты.

Я мысленно порадовался, что чьи-то коварные замыслы провалились.

Но когда через несколько дней я приехал в Союз писателей посмотреть верстку «Литературки», которая подготовила целую полосу с нашего заседания, то был неприятно удивлен тем, что цитировались там в основном отрицательные отзывы. Я раздраженно сказал об этом секретарю СП, очень влиятельному человеку Виталию Михайловичу Озерову. Он курировал «Литературную газету». И, видимо, лично участвовал в подготовке отчета о прошедшем заседании секретариата. По крайней мере, в верстке было много его пометок. У нас произошел неприятный разговор, из которого я понял, что именно Озеров был инициатором «закапывания» журнала «Юность». Я настоял на том, чтобы в газете был дан объективный материал.

Уже позже мне стало известно, что некоторые литераторы очень не хотели, чтобы после Б.Н. Полевого главным назначили меня. Против моей кандидатуры была и жена Озерова — Мэри Лазаревна, которая еще со времен Катаева заведовала отделом прозы. И хотя у нас с ней сложились нормальные деловые отношения, и я очень ценил ее опыт и умение работать с авторами, эту первоначальную недоброжелательность я иногда все-таки чувствовал.

Вообще мое «вторжение в «Юность» не всем было по душе. Помню, когда зимой 1987 года я серьезно заболел и попал на операционный стол, поползли слухи, что я вряд ли вернусь в редакцию. Кое-кто из авторов уже примерял на себя «хомут» главного редактора. Но через пару месяцев я вернулся к любимой работе вопреки прогнозам недоброжелателей. А их было с лихвой. Одни считали мое назначение на столь высокий пост преждевременной и завышенной наградой. Другие ехидно говорили: «Не по Сеньке шапка», имея в виду мое провинциальное прошлое и комсомольский престиж. Но все понемногу налаживалось.

Тираж журнала рос с невероятной быстротой, ломая установленные на него лимиты. Мы печатали рядом с классиками молодых авторов. Не боялись говорить правду в условиях жесткой цензуры. И мой авторитет тоже набирал высоту.

Однажды в первых числах июня 1986 года мне позвонил Г.М. Марков и сказал, что моя кандидатура предложена на должность первого секретаря Московской писательской организации. «Кем предложена, Георгий Мокеевич?» — ошалело спросил я, искренне испугавшись, что мне придется расстаться с журналом. Это для меня было бы просто катастрофой, потому что я очень любил свою работу.

Он не ответил. И я не раздумывая, тут же отказался. Марков очень удивился и стал меня уговаривать. Приводил известные фамилии уважаемых писателей, кто до меня был первым секретарем — Сергей Сергеевич Смирнов — легендарный автор повести о защитниках Брестской крепости, лауреат Ленинской премии. Мой учитель по Литинституту поэт-фронтовик и тоже лауреат Михаил Луконин. Патриарх русской поэзии Ярослав Смеляков. Последним Марков назвал себя. В те советские времена возглавить столичную организацию считалось очень почетным делом. И к тому же отказываться членам КПСС от предложений начальства было не принято. Но я нарушил партийный этикет. Тогда несколько раздраженно Марков предложил сохранить за мной и журнал. «Мне не по возрасту, Георгий Мокеевич, получать инфаркт. Каждая из этих работ требует полной отдачи сил. Но я люблю журнал и кроме него ничего не хочу иметь...

К тому же я хорошо знаю писательскую атмосферу. Интриги, амбиции, жалобы. Ничего приятного и обнадеживающего в этом нет», — тоже несколько раздраженно признался я своему шефу. Но на этом дело не кончилось. На другой день мне позвонила секретарь Московского горкома КПСС, очень милая и деликатная женщина — Алла Афанасьевна Низовцева, ведавшая идеологией, и попросила меня придти в горком в субботу. «Нам не будут мешать. И мы обо всем поговорим», — как-то очень доверительно сказала она.

Я пошел. Мы сидели в ее просторном кабинете и говорили на ту же тему. С Аллой Афанасьевной мне было проще объясниться, потому что в ней не было той строгости, которая отчуждала меня от Маркова, хотя относился он ко мне очень хорошо. Мы проговорили часа три. И не только о писательских делах, а вообще о жизни. Алла Афанасьевна была тонким и умным собеседником, умела слушать. Казалось, она приняла мои доводы. И когда мы расстались, я был почти уверен, что почетная чаша меня минует. Так и вышло. Первым секретарем Московской писательской организации вскоре стал известный критик, профессор Феликс Кузнецов. Но тогда я терялся в догадках, почему меня так долго и упорно уговаривали, словно на мне «сошелся клином белый свет». И только спустя лет двадцать, когда я случайно встретил А.А. Низовцеву в санатории «Барвиха», и мы уселись вспоминать прожитые годы, она призналась мне, что предложение сделать меня писательским начальником Москвы исходило лично от Ельцина, который в то время был первым секретарем Московского горкома КПСС и кандидатом в члены Политбюро. И мне стала понятна напористость Маркова, для кого желание

Ельцина, как и для партийных боссов, было законом. Характер его все знали...

А в писательской среде, да и у нас в редакции тогда ехидно поговаривали о том, что я рвался на высокий пост, но у меня сорвалось. Но за годы «пребывания в писателях» я уже привык к сплетням и зависти своих коллег. И потому не обращал внимания на все эти досужие разговоры. Главное, что получилось все-таки по-моему.

Уже будучи Президентом России Борис Николаевич Ельцин пригласил однажды группу писателей на приватную встречу. Она продолжалась часов пять. Вначале мы просто обсуждали дела насущные, а потом перешли к обильно оснащенному яствами и марочными коньяками столу, где были известные литераторы — Булат Окуджава, Юрий Корякин, Роберт Рождественский.

Я сидел через кресло от Ельцина и видел, как он внимательно слушал всех выступавших. И тут неожиданно его советник по культуре Юрий Корякин обрушился на партийную элиту за ее малообразованность. Ельцин вспылил и прервал его. «Вы думаете, мы дремучие и книг не читаем? Читаем. И классику тоже. Хочешь, я наизусть процитирую вам «Палату номер шесть» Чехова?» И неожиданно совершенно беззлобно рассмеялся.

А когда я тоже решил выступить, кто-то отвлек Президента и я осторожно сказал ему: «У нас, Борис Николаевич, принято слушать, когда говорят старшие...» Ельцин повернулся ко мне и удивленно спросил: «Это кто же старший? Я вон весь седой. А вы... И потом вы возглавляете самый молодой журнал в стране «Юность». Вам старше никак нельзя быть...»

А спустя некоторое время, вручая мне в Кремле орден по случаю моего юбилея, тихо признался: «А ведь вы действительно старше...» И когда нас стали фотографировать, он мягким жестом вдруг опустил вниз букет, который мне вручили. Я вопросительно посмотрел на Президента. «Цветы ордел заслонили», — как-то очень по-домашнему пояснил Борис Николаевич.

* * *

Возвращаясь в те, теперь уже далекие годы «Юности», вновь думаю о моем старшем друге и земляке Борисе Николаевиче Полевом. Удивительна его писательская судьба. Вскоре после окончания Великой Отечественной войны он напечатал в журнале «Октябрь» «Повесть о настоящем человеке», которая принесла ему мировую известность. Книгу переводили на разные языки, издавали и переиздавали повсюду. Тираж ее перевалил за пятьдесят миллионов экземпляров. Автор был удостоен Сталинской премии первой степени (тогда лауреатские книги делили на разряды). Повесть Бориса Полевого входила во все школьные и университетские программы. На экранах страны с большим успехом шел фильм с П. Кадочниковым в главной роли. В Большом театре поставили оперу Сергея Прокофьева по книге Полевого. Правда, он мне говорил позже, что опера ему не понравилась и что вообще не все можно петь. Слава свалилась на сравнительно молодого человека со всеми присущими ей радостями и неудобством. Бориса Полевого узнавали на улицах, просили автографы, бесконечно приглашали на все литературные и иные праздники, приставали с интервью, звонили, превозносили, усложняли жизнь. Надо сказать, Борис Николаевич к этой невероятной популярности относился с юмором и вообще ничуть не изменился со времен своей корреспондентской жизни. Был так же открыт, скромен и прост в общении. Уже позже, когда Борис Полевой возглавлял журнал «Юность» и когда его роман «Глубокий тыл» в 1963 году выдвинули на Ленинскую премию, он послал письмо председателю Комитета по премиям Н.С. Тихонову, в котором просил снять его роман с обсуждения. Приведу несколько строк из того письма. «Из газет я узнал, что мой роман «Глубокий тыл» занесен в список произведений, представленных на соискание Ленинской премии. Я благодарю товарищей, выдвинувших его. Но ведь согласно Указу Ленинской премией могут быть увенчаны лишь самые высокие литературные вершины. При всем добром отношении читателей к моему роману, я его такой «высочайшей вершиной» не считаю...»

В те карьерные и приспособленческие времена, когда о Ленинской премии мечтали многие литераторы, — это был поступок, говоривший о писательской честности и нравственной неуязвимости Бориса Полевого. А теперь его имя вычеркивают из энциклопедий, главную книгу всей его жизни — «Повесть о настоящем человеке», посвященную мужеству и духовной отваге простого русского летчика, старательно забывают, словно и не было в нашей истории Героя Великой Отечественной войны отважного летчика Алексея Маресьева. Повесть исключили из школьных программ, как будто вечным духовным ценностям — мужеству, честности, милосердию и любви к родной земле — уже нет места в нашей жизни... Мало того, даже бывшие авторы «Юности», кому Б.Н. Полевой открыл дорогу в литературу, позволяют себе неблагодарно и непочтительно вспоминать своего первого редактора. Перелистывая недавно книгу Галины Щербаковой, чья повесть «Вам и не снилось» появилась в «Юности» благодаря Полевому, я с удивлением узрел в ее предисловии такую мелкую мещанскую развязность, которая никак не совмещается с образом Бориса Николаевича и не делает чести его младшему коллеге. О мертвых или хорошо или никак. Щербакова решила, что можно «как». Цитирую. «Певец безногого героя, преодолевшего все и вся... (это о Полевом и Маресьеве) с ярко-зеленым шарфиком на шее и с боковым бантиком не оставлял места для сомнений: дедушке-редактору хотелось быть красивым в свои семьдесят, хотелось быть молодым...» (это о Полевом, перед которым в те времена так трепетала начинающая беллетристка). И вот этот «молодящийся дедушка-редактор», к тому же, по подозрению все той же Щербаковой, красящий басмой свои непослушные волосы, вдруг на полном серьезе признается молодому автору (к тому же женщине), что он не трус, ибо был под Сталинградом, и тем не менее очень боится напечатать ее повесть. А повесть рассказывала всего лишь о несчастной любви. И не более того. Если бы я не знал и не дружил с Полевым многие годы, и если бы не работал в это время рядом с Борисом Николаевичем, я бы мог допустить, что писательская фантазия Щербаковой просто забавна.. Но в том-то и дело, что все рассказанное ею не в характере Полевого, который никогда не стал бы так говорить о себе и о войне, как это представила Щербакова, ибо война для него была столь свята, что ссылаться на нее при чужом человеке, да еще по такому частному поводу, мудрый и ироничный Б.Н. не стал бы. Напечатавший за время своего редакторства немало смелых и острых произведений, одолевший нападки на журнал в самых высоких тогдашних инстанциях, в том числе и с трибуны партийного съезда, Полевой не мог столь панически отнестись к женской повести Щербаковой, как о том рассказывает нам автор, дождавшись, когда главный редактор уже не может опровергнуть ее или хотя бы защититься.

А что касается частностей — одежды, внешнего вида, прически и привычек, то Полевой был слишком консервативен и небрежен, чтобы думать о том, как он выглядит и какое производит впечатление. Помню, как-то он зашел ко мне (кабинеты наши были напротив) в своем любимом вельветовом костюме и... в носках. Я спросил: «Что это вы так налегке, Борис Николаевич?» Он засмеялся. «Попал под дождь. Штиблеты намокли. Пойдемте ко мне, выпьем сливовицы. (У него «всегда было».) А то ведь заболею, и вам одному придется отдуваться». Потом я вызвал машину и отправил его домой сушить «штиблеты».

Однажды мы опоздали с ним на пленум Союза писателей в Колонный зал. Мест не было. Полевой уселся прямо на ступеньку около двери. Он вообще не признавал никаких условностей. Ходил по магазинам, на рынок. Не дождавшись машины, втискивался с кульками и пакетами в троллейбус. Мог с мужиками около ларька выпить свежего пива. Выросший в рабочем районе Твери, Борис Николаевич сохранил в себе эту народную потребность общения, привычку чувствовать себя везде своим.

И в то же время он был очень жестким, когда дело касалось его литературной позиции, верности жизненным принципам. Не любил «ловкачей», как он называл карьеристов и подхалимов. Об одном молодом писателе резко изменил свое мнение, когда тот совершил несколько походов к крупным писателям с неприличной просьбой помочь ему занять завидный литературный пост. С этим же пришел он и к Полевому. «Ловкач», — грустно усмехнулся Борис Николаевич, когда тот покинул его кабинет. — И больше не жаловал этого автора.

В то время меня стали часто приглашать на телевидение. В разные программы. Популярные и не очень. «Огонек», «Добрый вечер, Москва», поэтические вечера, музыкальные шоу. Экран сделал меня популярным и узнаваемым. Полевой как-то по-отечески предостерег:

— Не разменивайтесь... Это опасно.

— Почему? — наивно удивился я.

— Потому что на поверхности, — грустно сказал Борис Николаевич.

Мы часто ходили с Женей Мартыновым обедать в ресторан «София», который находился под нашей редакцией на первом этаже. Иногда спускался туда и Борис Николаевич. Там всегда были очереди. Но меня знали, и по-соседски столик всегда был обеспечен. Как-то вечером Полевой пришел в «Софию» поужинать со своим гостем — министром культуры Словакии. На дверях висела табличка — «Мест нет». Борис Николаевич постучал в дверь. Швейцар был неумолим — «Мест нет». И вдруг Полевого увидел проходивший мимо метрдотель и на ходу сказал швейцару:

— Пропусти деда. Это знакомый Дементьева.

На другой день Борис Николаевич, похохатывая, рассказал мне о своем походе в «Софию», и я почувствовал себя мелким узурпатором. Слава Богу, наши отношения от этого конфуза не пострадали. Да и не могли пострадать, хотя его писательское самолюбие было уязвлено, да к тому же в присутствии зарубежного гостя. Но Полевой никогда не был мелочным человеком. Позже между нами случались действительно серьезные трения и разногласия, и всегда Б.Н. находил компромисс. Особенно сложная ситуация возникла вдруг после того, как Василий Аксенов принес в редакцию свою новую повесть «Золотая наша железка». Я прочел и высказался за публикацию. Вначале Б.Н. тоже был хорошо настроен, несмотря на то, что повесть была не в его вкусе — слишком далека от соцреализма. Некоторые члены редколлегии, и в частности Мария Павловна Прилежаева, поддержали меня. А потом что-то случилось. Полевой вдруг резко высказался против. Об этом узнал Аксенов и забрал рукопись. У меня с Борисом Николаевичем состоялся очень неприятный разговор у него дома. Наверное, я был излишне резок, потому что главному стало плохо с сердцем. Я капал ему валерьянку в рюмку и чувствовал себя чуть ли не убийцей...

Вскоре после этого мы случайно встретились с Аксеновым за городом, где наши дачи были по соседству. Я знал, что он собирается уезжать из страны. Мы шли с ним по широкой, обсаженной деревьями главной дороге писательского поселка, говорили обо всем, но только не о предстоящей эмиграции.

Насупившись вдруг, Василий сказал мне:

— В «Юность» я больше ни ногой. — И хитро улыбнувшись, добавил: — Пока ты не станешь главным. И пока не напечатаешь мою «Железку».

— Имелась в виду та повесть, которую отверг Полевой.

Забегая вперед, скажу, что я напечатал ту злосчастную рукопись, из-за которой Аксенов поссорился с Борисом Николаевичем и со своим родным журналом. Так же, как потом были опубликованы у нас и его романы «Остров Крым» и «Московская сага».

Помнится, в августе 90-го года мы с Аней Пугач прилетели на несколько дней в Вашингтон. Созвонились с Васей, встретились. Они с женой собирались уехать на неделю в Нью-Йорк и неожиданно предложили нам пожить в их уютной квартире и даже оставили ключи от машины. В то непростое время еще никто из бывших друзей Аксенова не рисковал общаться с политическим эмигрантом. Даже бывая в Вашингтоне, его именитые советские коллеги старались не звонить и не встречаться с ним. Я почувствовал тогда, что эта боязливая осторожность очень обижала его.

В просторных аппартаментах Аксеновых было много книг. Мы с Аней снимали с полок томики запрещенных в Советском Союзе писателей, в том числе и бывших и будущих авторов «Юности», и мысленно благодарили Васю с Майей за возможность продолжить общение со знаменитыми нашими соотечественниками — Владимиром Максимовым, Георгием Владимовым, Львом Копелевым, Андреем Синявским, Анатолием Гладилиным...

А потом, когда хозяева вернулись, нам посчастливилось попасть на лекцию Аксенова в местном университете Джордж Мейсон, которую он посвятил русской литературе. Студенты были очень активны, что меня немало удивило, потому что мы с Аней за год до того проехались с телегруппой по другим университетам Америки, и впечатления от встреч с молодежью были не столь восторженные. Но Вася сумел так увлечь своих слушателей, что время лекции пронеслось незаметно. И самым удивительным оказалось то, что, перемежая английскую речь русскими цитатами из классики, Аксенов чувствовал, да и мы тоже, полное единение с аудиторией.

Жили Аксеновы довольно скромно. Думаю, что это был скорее избранный стиль, а не стеснение в средствах. В один из дней Майя предложила нам поехать за город в так называемый «мол», где все товары были намного дешевле, чем в обычных магазинах. По тому, как наша спутница свободно ориентировалась в бесконечных отсеках, я понял, что она здесь свой человек... Жену Аксенова я знал еще по тем временам, когда она была Майей Кармен. И во все времена она оставалась красивой, доброжелательной и легкой в общении.

Будучи профессором, Аксенов получал, по нашим представлениям, немалые деньги — 80 тысяч долларов в год... Но позже выяснилось, что при всех американских налогах и дороговизне это не так уж много, чтобы жить независимо и широко, как и пристало известному писателю. А книги не давали больших заработков, поскольку и тиражи и гонорары были невелики. Кроме того, как я не раз убеждался, бывая в США, что читать там не очень любят. Вот и приходилось знаменитому литератору состоять на службе. Правда, через несколько лет Аксенов получил звание фулл-профессора, что пожизненно закрепляло за ним существующую зарплату.

За прощальным ужином я спросил Василия, почему он избрал для себя именно Вашингтон, а, к примеру, не Бостон, где находится один из лучших университетов Америки — Гарвардский. Или Нью-Йорк — радужную мечту всех эмигрантов. Он со своей неизменной добродушной ухмылкой коротко пояснил:

— Я очень люблю Европу. Париж, например. А Вашингтон — это единственный город в Штатах, который похож на европейский мегаполис. Очень спокойная размеренная жизнь и нет этих чудовищных небоскребов. Мне здесь хорошо...

Это почти не расходилось с описанием Америки, которое я вычитал в одной из его лучших лирических книг — «В поисках грустного бэби»...

Но перед этим были нелегкие годы отчуждения и запретов. Мы прорвали их, напечатав обстоятельное интервью с опальным писателем, когда даже сам Василий Аксенов не верил, что в Союзе его могут вернуть в отечественную литературу.

А началось все с командировки в США корреспондента «Юности» Анны Пугач в 1988 году. Она встретилась с Василием Павловичем и взяла первое интервью для отечественного издания. Потом Аксенов и сам появился в Москве. Аня сопровождала писателя в Казань, где прошло его детство и откуда была выслана в лагерь Евгения Гинзбург — его мать, замечательная писательница. «Юность» опубликовала ее горькую книгу о страшных годах заточения — «Крутой маршрут».

Сейчас все это просто рассказывать, как будто не было ни угроз, ни запретов, ни постоянных стычек с цензурой и партийными чиновниками. А тогда... Сколько нервов, здоровья, времени приходилось тратить на то, чтобы доказать свою правоту, которая в конечном счете утверждалась столь дорогой ценой. Помню, как после моего решения напечатать роман Фазиля Искандера «Кролики и удавы» меня предупредили в цензуре, что «будут бить до кровавых соплей». Но роман мы напечатали. Шел 1987 год.

А когда я поставил в номер повесть Юрия Полякова «Сто дней до приказа», уже «нахлебавшись» в инстанциях за его предыдущую вещь — «ЧП районного масштаба», мне позвонили из Главного политического управления Советской армии и предупредили, что готовят на журнал письмо в Политбюро. Я нагло попросил прислать копию этого письма на предмет его публикации вместо послесловия к повести Полякова. Копию не прислали, а повесть мы напечатали.

Времена менялись. Но еще трудно завоевывали свои позиции гласность, свобода слова, независимость общественного сознания.

Когда Борис Васильев — наш постоянный автор и друг журнала принес свою новую повесть «Завтра была война...», цензура накинулась на нее с невероятным остервенением. Потребовала исправлений и доработки. Борис Львович доверился редакции. По согласованию с ним мы сделали все, чтобы спасти повесть. Занимался этим ответственный секретарь редакции Алексей Пьянов. И вдруг тогдашний секретарь ЦК КПСС М.В. Зимянин, отвечавший за печать, наложил «вето». От переживаний и обиды Полевой слег в больницу. Васильев надолго ушел от нас...

Прошло какое-то время... Бориса Николаевича уже не стало. Мы вернулись к отвергнутой рукописи. У меня были по ней некоторые замечания, которые я высказал Васильеву. Они касались всего лишь временных соответствий главных событий в повести. Автор согласился и вскоре принес доработанную рукопись. Я прочел ее за ночь и утром отправил в набор.

После выхода журнала были поставлены спектакли по этому произведению — в Москве и в Риге. Успех был невероятный. Письма, звонки, читательские конференции, интервью. Как-то мне позвонил бывший сотрудник нашей редакции И. Винокуров, который в свое время придумал название первой васильевской повести — «А зори здесь тихие», и сказал — «За повесть «Завтра была война» «Юности» надо поставить памятник...»

Но нерукотворных памятников нет. Хотя столько было опубликовано ярких, правдивых, талантливых рукописей. Видимо, время такое, когда не обязательно помнить добрые дела.

На этом можно было бы поставить точку. Но недавно мне попалась книга воспоминаний Бориса Васильева «Век необычайный» (Москва. Вагриус, 2003), где он совершенно иначе воспроизводит ту далекую историю с публикацией повести «Завтра была война».

Цитирую: «Рыдавший над нею (над рукописью) Дементьев [...] не мог ее защитить. Повесть «Завтра была война» пролежала в столе до горбачевских времен. Тогда и была напечатана. Без купюр».

Ничего подобного. Тут все неточно. Во-первых, свою повесть, как я уже писал, Васильев принес в редакцию еще при прежнем руководстве — при Б.Н. Полевом. И главный редактор при всем своем авторитете и умении ладить с начальством, не смог тогда ее напечатать. Уже после смерти Бориса Николаевича я снова вернулся к васильевской рукописи. И мы напечатали ее. Но не при М.С. Горбачеве, как это пишет Васильев, а задолго до его прихода к власти — в июньском номере «Юности» за 1984 год. Приурочив ее к шестидесятилетию писателя, которое только что отметила вся страна. И фраза «Без купюр» тоже не точна. Повторяю — Борис Львович, видимо, забыл, что мои замечания о временных несоответствиях событий в повести он принял и действие ее перенес из военного времени в страшные тридцатые годы. Что исторически было оправдано.

Мне стоило немалых трудов успешно завершить затянувшуюся историю с публикацией повести «Завтра была война». И наши отношения с известным писателем еще более укрепились. Он был благодарен мне, что я отстоял эту повесть. И потому меня крайне удивило его неожиданное признание в книге «Век необычайный», что я не мог защитить его повесть.

Эти слова не только перечеркивают наши дружеские отношения тех лет, но и вошли в полное противоречие с тем, что позднее (уже после многострадальной публикации) написал Борис Васильев в своем открытом письме ко мне, которое было опубликовано в «Литературной газете» в июле 1988 году — в дни моего юбилея. Привожу его целиком, потому что пытаюсь понять, где же мой коллега был более искренен — в те нелегкие дни нашей общей борьбы за независимость литературы или позже, когда я уже ушел из журнала «Юность».

Письмо гражданину Андрею Дементьеву в день его шестидесятилетия

Дорогой Андрей!

Ночью была гроза, небо грохотало миллионами нерастраченных вольт, мокро шумел лес за окном, а дождь лил и лил, будто новый Потоп пришел смыть скверну с лица нашей земли. Все было библейски преувеличенным, как в детстве, с меня вдруг спала короста пережитого, я снова увидел синие молнии и белый ливень, а когда стали удаляться тяжкие раскаты грома, услышал, как завопили птицы на все голоса, и вспомнил о тебе.

У меня странное чувство, будто я знаю тебя с детства. Это мы с тобой спотыкались о тела погибших от голода мертвоглазых детей, бегая в первый класс. Это мы до слез всматривались в вечную ночь Тридцать Седьмого, глядя, как заталкивают в «воронок» родителей нашего друга. Это мы в фанатическом исступлении кричали «Ура!» портрету Сталина на звонких первомайских демонстрациях. Мы метались в бесконечных окружениях Сорок Первого, мы гибли в Подмосковных снегах вместе с ополченцами в стареньких черных пальто. Мы жевали бессильными деснами бесценную пайку Ленинграда в то самое время, когда Жданов А.А. начал полнеть от недостатка движения. Мы умирали в окопах Сталинграда, форсировали Днепр и в конце концов прочеканили шаг на Параде Победы. Мы. Все вместе. Весь народ. Ибо мы — это и есть наша история.

Я не хочу расточать тебе юбилейных комплиментов, но ты один из первых понял, что Сталин пророс в каждом из нас, как анчар, и с давно позабытой многи-

ми гражданской яростью пропалываешь наши души от ядовитого Древа Незнания. Ты сделал иным журнал; твоя «ЮНОСТЬ» не похожа сегодня ни на «ЮНОСТЬ» Катаева, ни на «ЮНОСТЬ» Полевого. Ты открыл непримиримого публициста в уравновешенном Володе Аминском, твой журнал первым дерзнул сбросить завесу армейских тайн в «Ста днях до приказа» Полякова, а майский номер «ЮНОСТИ» рвут друг у друга из рук, ксерокопируют и перепечатывают. И я горжусь нашим журналом, твоей дружбой и своей сопричастностью к важнейшей странице твоей биографии. Мы обязаны высвечивать для нашей юности все темные углы, ибо именно там и прячутся крысы, грызущие ее память.

Сын моего друга, путешествуя в прошлом году по Восточной Сибири, севернее станции Чары набрел на остатки лагеря. Он видел рухнувшие сторожевые вышки, сотни выстроенных в линию бараков с провалившимися крышами, тысячи алюминиевых мисок, груды полусгнившего тряпья, горы деревянных башмаков. Тайга медленно затягивает эту лепроидную язву, но птицы до сей поры облетают ее стороной, и в смердящем прахе снуют только крысы: ведь в крысах странным образом олицетворилось само то время, и для меня крыса — тотем Сталина. Крыса, ибо не лев он был и даже не шакал.

Знаешь, все мы, естественно, счастливы, что страшные места заточений исчезают с лика нашей земли, и все же тревожная мысль не дает мне покоя: а не стоит ли сохранить потомкам в назидание хотя бы один сталинский лагерь уничтожения? Подобрать наиболее удобный для посещений, восстановить, собрать там одежду и утварь, пока еще живы те, кто может проинструктировать будущих экскурсоводов. Конечно, это потребует денег, так почему бы нам не создать Фонд Справедливости? Убежден, что нашим наследникам необходим не только Мемориал, но и зримый, веще-

ственный музей тех тайных, крысиных времен, и Могила Неизвестного Коммуниста, к которой в День Поминовения (а он будет, я уверен!) счастливые потомки наши могли бы положить цветок.

Извини, дорогой друг, получилось не очень-то юбилейно, но мне хотелось остановиться на той грани твоей личности, которая искренне восхищает меня сегодня. Ты проложил руководимому тобой журналу курс на гражданское совершеннолетие, и это представляется мне самым главным твоим деянием. Новое время требует нового авангарда, и я бесконечно рад видеть тебя в его первой шеренге плечом к плечу с гражданином Виталием Коротичем, гражданином Егором Яковлевым, гражданином Юрием Афанасьевым, гражданином Федором Бурлацким и многими, многими другими...

Здоровья тебе, точного глаза и твердой руки, дорогой мой «шестидесятник»!

Обнимаю.

Твой Б. Васильев.

Передано в «ЛГ» 11 июля сего года.

Хотя, справедливости ради, должен сказать, что в 92-м году, в период «раскола» нашей редакции, многолетний автор и член редколлегии «Юности» Б. Васильев был принципиален и честен в своем отношении к нашему детищу и в знак протеста против конъюнктурных потуг «раскольников», ушел вместе со мной и всей редколлегией из журнала... Тем более мне непонятна его поздняя позиция.

* * *

Однажды Владимир Войнович поразил нас всех своим романом о солдате Чонкине. Я понимал, что напечатать его будет непросто. И потому, объявив в

«Литературной газете», что в будущем 1988 году «Юность» начнет публикацию нового романа Войновича, срочно опубликовал первую часть в 12-м номере 1987 года, нарушив журнальный этикет и обманув бдительное начальство. Уже позже, когда роман был полностью напечатан в журнале, секретарь ЦК КПСС по идеологии В.А. Медведев на нашей встрече с Генеральным секретарем М.С. Горбачевым просил меня зайти к нему, чтобы объяснить, как попала в редакцию «крамольная повесть» Войновича. Но все обошлось.

Правда, произошел курьез с оформлением. Еще до появления в «Юности» второй части романа помощник Горбачева как-то с ехидцей спросил меня:

— Ты смотрел иллюстрации к Войновичу?

— Смотрел. А что?

— Как что?! Капитан Миляга — вылитый Егор Кузьмич Лигачев. — Надо сказать, что этот самый Миляга — отрицательный тип в романе, капитан КГБ. А Лигачев в то время был вторым человеком в государстве.

На всякий случай я вызвал на другой день своих художников и попросил показать мне рисунки к следующей части романа. Принесли. Я глянул и невольно рассмеялся. Главная героиня Нюра — невеста Чонкина — была вылитая молодая Крупская. «Ребята, — говорю я художникам, — вы чего, охренели, что ли? Я с таким трудом и такой хитростью пробил эту рукопись, а вы мне подножку ставите... Исправляйте!» Исправили. Но с того дня я стал внимательно смотреть иллюстрации, потому что художники в журнале были молодые и очень озорные. Однажды один из них — Андрей Сальников — на всю страницу «Юности» нарисовал нашу юную сотрудницу в образе персонажа опубликованного рассказа. А потом на ней же и женился...

Впрочем, история с творчеством Войновича на этом не закончилась. Володя вскоре прислал нам из Германии, где он в то время жил в эмиграции, вторую книгу романа о Чонкине, прочитав которую я очень огорчился. Новая рукопись не шла ни в какое сравнение с уже опубликованной. Свои сомнения я высказал автору. Он расстроился, естественно. Начались дипломатические дискуссии, переговоры, пошли письма, ходатаи, телефонные звонки...

Вот одно из писем Войновича.

«Дорогой Андрей! Пишу тебе за короткое время уже третье письмо по одному и тому же поводу. Я пытался подготовить отрывки из «Претендента на престол» для одного номера «Юности» и беспощадно выбрасывал из рукописи все, что возможно. Я сократил ее на треть, а больше не могу. Я очень прошу тебя прочесть книгу еще раз в переделанном виде. Она сильно отличается от первоначального варианта. И, честно говоря, не думаю, что она по своим литературным качествам недостойна «Юности». Некоторых смущает, что в книге мало Чонкина, но его отсутствие соответствует замыслу.

Сейчас я пишу третью книгу, в которой будет одна часть о Нюре без Чонкина (хотя Чонкин будет в ее воображении), потом вторая часть о Чонкине без Нюры, и потом третья, где они снова сходятся.

Мне, право, ужасно не хочется на тебя и на редколлегию как-то давить, но положение складывается довольно нелепое. Если тебе понравится (представим!) третья книга и тебе захочется ее печатать, что получится? Одна книга напечатана, другая — нет. Третья — да?

Пожалуйста, подумай еще раз и реши.

Желаю всех благ и дружески жму руку. Володя Войнович».

Я прочел повесть в сокращенном виде. Подумал, как просил автор, и рукопись мы опубликовали. Но я оказался прав. Успеха не было. Ни писем, ни шума, ни критических баталий.

Случались и горькие истории. В 1987 году по просьбе писателя Виктора Некрасова, автора замечательной книги о войне «В окопах Сталинграда», мне передали его повесть «Городские прогулки». Виктор Платонович был в немилости у советской власти. Его выслали из СССР, и он жил в Париже. Подписывал там «крамольные письма», ругал коммунистов, давал сомнительные интервью... Но писатель он был замечательный. И эта повесть — грустная, романтическая — тоже выделялась своей искренностью и художественной глубиной. Я позвонил ему и сказал, что буду печатать. Он не поверил. И не зря. Повесть остановили. Шло время. Я добрался до Политбюро. Меня попросили прислать четыре экземпляра верстки — для Горбачева, Лигачева, Яковлева и Лукьянова. Вскоре «высочайшее» разрешение было получено. Виктор Платонович уже знал, что повесть печатается (я послал ему в Париж верстку), но он не дожил до ее выхода нескольких дней...

Много позже я побывал в том романтическом городе, где завершилась его долгая и трагическая жизнь. Мы сидели с Анатолием Гладилиным, тоже известным в свое время автором «Юности» в кафе «Монпарнас», где любил бывать Некрасов, и грустно вспоминали своего коллегу.

Он в этом зале принимал гостей.
Здесь у него был постоянный столик.

Среди газет, тоски и новостей
Уж он-то знал, чего разлука стоит.

...Плывет над взглядом сигаретный дым.
Он опускает голову все ниже.

...Мы в память о Некрасове сидим
За тем же самым столиком в Париже.

А сколько историй связано с Андреем Вознесенским! Помню, он принес в редакцию свою поэму «Ров» — страшную летопись человеческого изуверства и низости. Напечатать ее оказалось нелегко. Слишком уж неприглядной выглядела наша жизнь на фоне тогдашнего официального оптимизма. К тому же автор резко критиковал власть за сокрытие преступлений. В общем, черноты хватало, чтобы погасить наши надежды на публикацию. Я ходил в главлит, доказывал, цитировал, защищал... К счастью, и там были люди думающие и смелые. Немного, но были. И один из них — очень образованный филолог Владимир Алексеевич Солодин. И поэму Вознесенского «Юность» напечатала.

Вот что писал об этом сам Вознесенский в книге «На виртуальном ветру»:

«Будучи редактором «Юности», он (Дементьев. — *А.Д.*) взял на себя публикацию поэмы «Ров», в которой повествовалось о разграблении сегодняшними вандалами еврейских захоронений в Крыму. При свете фар они вырывали золотые зубы, сдирали с костей кольца, раскопав трупы двенадцати тысяч людей, когда-то расстрелянных гитлеровцами.

...На еврейскую тему существовало государственное табу. Саша Ткаченко с друзьями, рискуя, добыл для меня тайные документы. Собственно, поэма не была эстетическим шедевром, она была средством обнародования этой жуткой правды. Может быть, поэма предсказала преступное нутро советского человека, приведшее сейчас к криминальной революции. Понятно, что власти вели борьбу против поэмы на уничтожение».

А начинались наши добрые отношения с Андреем очень напряженно и тяжело. Осенью 1968 года я возглавил в издательстве «Молодая гвардия» редакцию современной советской поэзии. Из огромного потока рукописей отобрал три, которые решил сам редактировать, — «Четки лет» Расула Гамзатова, «Тень звука» Андрея Вознесенского и «Избранное» Булата Окуджавы. С Гамзатовым все было просто — книга вышла в срок, и кавказский классик был доволен нашей совместной работой. Книгу Окуджавы задержали. Об этом я расскажу отдельно. А вот с Вознесенским мы сразу пошли друг на друга в штыки. Я снял из его рукописи несколько стихотворений, посчитав их слабыми, повторявшими его прежние стихи. Андрей Андреевич прислал директору издательства В.Н. Ганичеву возмущенное письмо, в котором просил защиты, но поменять редактора не требовал. Прошло несколько дней. Однажды мы сели с Андреем и вновь вместе перечли рукопись. В чем-то он меня убедил. В чем-то я не согласился с ним. В 1969 году сборник вышел. В пятом томе собрания сочинений (Вагриус. 2002 г.) Вознесенский вспоминает о том периоде наших отношений:

«Вообще мне везет на людей с чистой аурой. Даже суровые натуры порой оборачиваются ко мне солнечной стороной.

Как мы враждовали с Андреем Дементьевым! Как я ошибался в людях!

Работник ЦК ВЛКСМ, назначенный редактировать мою книгу, казавшийся мне монстром и пижоном, он с ходу зарубил тридцать стихотворений. Я взбесился. Потом мы сели за стол переговоров, и я строка за строкой объяснил ему смысл моей эстетики. Вечерело. Оказалось, что он искренне считал, что мои метафорические сплетения — это лишь политический кукиш. Он понял, распахнулся. С тех пор мы на долгие годы крепко подружились. Он был предан поэзии. «Я ненавижу в людях ложь» — эта строка его была не лозунг, а жизненное кредо. За что он тяжко расплатился судьбой».

Но история с книгой «Тень звука» на этом не закончилась. Я уже работал заместителем заведующего отделом пропаганды ЦК ВЛКСМ, когда мне позвонил свой человек из «Комсомольской правды» и сказал, что в редакции лежит разгромная статья на Вознесенского. Я поехал в «Комсомолку» и прочел очень злую статью на книгу «Тень звука». Статья была поверхностна и несправедлива. Мне пришлось приложить немало усилий, чтобы остановить ее. В тот же день ко мне прибежал испуганный главный редактор издательства «Молодая гвардия» Валя Осипов и сказал, что его вызывают в ЦК для объяснений по поводу книги Вознесенского. Я успокоил его: «Вали все на меня, старик... Во-первых, я редактор книги, а во-вторых, по своей должности мне положено курировать ваше издательство... Так что все зло от Дементьева». Валентин хорошо справился с возложенной на него задачей и вернулся от начальства успокоенный. Но шум продолжался. Мы встретились с Андреем, и я ввел его в курс дела, поскольку уже знал, что шумиху вокруг Вознесенского поднял всесильный в те годы, близкий Брежневу человек — председатель Всесоюзного Государственного Комитета по радио и телевидению Сергей Георгиевич Лапин. Кстати сказать, очень образованный чиновник, имевший одну из лучших поэтических библиотек в Москве. Именно он позвонил первому секретарю ЦК ВЛКСМ Е.М. Тяжельникову с упреками по поводу книги «Тень звука», которая, как ему казалось, была слишком формалистической и таила в себе скрытые антисоветские выпады. Зная все это, я посоветовал Андрею:

— Сходи к Лапину... Обаяй его, поговори с ним по душам, как ты умеешь. Старик поймет, что не прав, что плохо знал тебя и вообще заинтересуется...

— Ты думаешь? — усомнился Андрей. Но пошел. Все произошло, как я и ожидал. Мало того, Лапин предложил ему открыть в «Останкине» серию поэтических вечеров...

...Была зима, когда мы с Вознесенским прилетели в Дубулты на берег Балтийского моря. Я сидел в Доме творчества над новой книгой. Андрей отдыхал, гулял по воспетой им Прибалтике и готовился к предстоящему концерту на телевидении. Я всегда опаздывал на наши общие прогулки, которые Андрей очень любил. Шагая по замерзшим волнам моря, мой друг издали походил на Иисуса Христа, который вот так же шел когда-то среди живых волн озера Киннерет...

В те годы Андрей почти каждый день приходил в редакцию. И мы втроем — мой тверской друг и зам по журналу Алексей Пьянов, Андрей и я спускались в обеденный перерыв в «Софию», где «кайфовали» от болгарской кухни и веселого трепа, от стихов и серьезных откровений. Иногда к нам присоединялся Женя Мартынов. Это уже стало какой-то мужской традицией — встречаться на площади Маяковского. Вознесенский писал тогда очень много. Он привык, что я ставил его стихи в номер, вне всяких «очередей».

Однажды на редколлегии, когда мы обсуждали очередную верстку, я сказал, чтобы поставили новые стихи Вознесенского. Отдел протестовал — некуда, мол, все подписано в печать вами же. «Ничего, — запальчиво отпарировал я, — раздвинем и вставим...» Коллеги рассмеялись от неожиданного «образа», и с тех пор эта фраза непременно повторялась, когда в «Юность» предлагался кем-то срочный материал.

Широкая вольная жизнь, которую вел Вознесенский, требовала немалых денег. Он был щедр в застольях, внимателен к друзьям и поклонницам, любил делать подарки, модно одеваться и ездить за рубеж. Как-то он занял у меня энную сумму, и я почувствовал, что мой друг не так уж богат, как могло показаться со стороны. А у меня тогда вовсю звучали песни, которые приносили немалые гонорары. Я посоветовал и ему не чураться этого жанра. И вскоре один за другим стали появляться шлягеры на стихи Андрея, музыку к которым писали Паулс, Таривердиев, Бабаджанян...

Мы очень дружили с Андреем. Он часто звонил мне, дарил книги, приглашал на творческие вечера, отовсюду присылал веселые открытки и поздравления. Все они хранятся у меня. Вот веселое поздравление по случаю моего пятидесятилетия, присланное им из Парижа: «Андрюша, милый. Целую тебя — золотого полсотенного и всех твоих баб. С обожанием. Твой Андрей Вознесенский». А вот телеграмма: «На Елисейских полях все спрашивают билетик на вечер Дементьева. Шлю привет твоим стихам и салют Дому литераторов. Андрей». Помню, когда у меня родился сын, Вознесенский приволок нам домой огромную корзину цветов, из-за которой его просто не было видно. И через многие годы, в день гибели моего сына он позвонил мне откуда-то издалека и, плача, прочел стихи в память Димы...

Я все помню. И нашу мужскую нежность друг к другу, и отчуждение, когда пришла пора испытаний и неудач. Андрей в чем-то предал меня, потому что он быстро забыл журнал, в котором его так любили и где печатали широко и вольготно, где поздравляли с наградами и публиковали хвалебные статьи о нем. Вскоре после моего ухода из «Юности» на телеэкранах появился полуторачасовой фильм о жизни и творчестве Вознесенского. Герой фильма не нашел ни единого доброго слова о журнале, не вспомнил о временах, сдруживших нас. Я, конечно, позвонил ему. Поэт оказался в отъезде. Его жена Зоя Богуславская, которая все знала, в телефонном разговоре поддержала меня... Но я почувствовал, что наше духовное и душевное единение ушло в прошлое.

Когда я уже работал в Израиле, в Иерусалим на международную книжную ярмарку прилетел Андрей. У него должен был состояться творческий вечер, но он неважно себя чувствовал и попросил меня провести его.

Сердце мое сжалось от боли и горести, едва Андрей вышел читать стихи — почти неслышно, забывая отдельные строки, неуверенно держась на сцене, вызывая сочувствие зала. Но ему все простили, потому что это был Вознесенский — гордость и слава отечественной литературы. После вечера я спросил его:

— Что с тобой? Может быть, тебе нужна какая-то помощь? Здесь отличная медицина...

Андрей принялся меня успокаивать, на самом деле успокаивая себя.

И сейчас, когда мы где-то встречаемся, я по-прежнему радуюсь нашему общению, потому что люблю своего нестойкого друга, как всегда любил его поэзию.

И, перелистывая подшивки журнала «Юность», я останавливаюсь на стихах Вознесенского, и память моя по его путеводным строкам отправляется в далекие и прекрасные дни нашей молодости и дружбы: «Ау, Андрей! Где ты?..»

Все будет так же после нас.
А нас не будет.
Когда нам жизнь сполна воздаст, —
У мира не убудет.

Но кто-то выйдет в первый раз
Вновь на дорогу.
И сбросит листья старый вяз
У наших окон.
Все будет так же после нас.
И слава Богу...

Это из стихов, посвященных Вознесенскому.

ИЗ ДНЕВНИКА

1978 ГОД

Сегодня 17 марта Борису Николаевичу Полевому исполнилось 70 лет. Месяца два до того мы ездили с Алексеем Пьяновым в Калинин и говорили с первым секретарем обкома КПСС Н.Г. Корытковым о том, что хорошо было бы избрать нашего земляка Почетным гражданином города. Мы знали, что Полевой давно мечтает об этом.

И вот на днях ему вручили ленту и ключ Почетного гражданина Калинина. Николай Гаврилович на торжестве вручения сказал нам — «Спасибо, земляки, что подсказали хорошую идею...» А я подумал — «Это можно было бы решить к шестидесятилетию знаменитого писателя, а не ждать целых десять лет».

Полевой остался верен себе и решил не отмечать свой юбилей. На все эти торжественные дни он залег в больницу. В редакции «Юности» приуныли. Мы привыкли к праздничным застольям. А семидесятилетие главного — это для всех «юниоров», конечно же, был праздник...

Но тут к вечеру из больницы позвонил Борис Николаевич и весело поинтересовался: «Ну, как вы там, друзья? Еще трезвые ходите? У меня в среднем ящике письменного стола небольшой конвертик оставлен. За-

начка на светлый день. Используйте ее на пиршество по случаю прихода окончательной старости своего главного. А то, не дай Бог, кто-то подумает, что это я от жадности слег в больницу, чтобы не тратиться на юбилей. Я мысленно к вам присоединюсь. По-другому мне нельзя — врачи запретили...»

«Конвертик», конечно, мы раскупорили, хотя праздничный стол в конференц-зале был уже накрыт. Но вклад главного не помешал... До позднего вечера «Юность» веселилась...

А шефу мы приготовили в подарок хомут, как символ его тяжелой работы, веселый шарж со стихами и витиеватый текст по случаю юбилея. Я позвонил Борису Николаевичу в больницу и прочел нашу «здравицу» в его честь. Он ухмыльнулся в трубку и добродушно поблагодарил: «Спасибо за память. Сохраните вашу писанину на будущее. Может, потом это пригодится для памятника...» Он часто за юмором пытался скрыть свою сентиментальность и волнение.

В мартовском номере журнала «Детская литература» я напечатал статью о Б.Н. Помню, как он зашел в мой кабинет (уже после больницы) и трижды поцеловал меня. Я понял, что статья Полевому понравилась. Но, чтобы не показать своей радостной растроганности, он тут же все перевел в шутку: «Детскую литературу» не случайно, поди, выбрали? Чтобы не забывался старый козел насчет детства, в которое иногда впадают». Но почувствовав, что я не принял шутку, Борис Николаевич тут же перевел разговор в другую плоскость. «Вот в Италию собираюсь... Зайду на Олимп. Может, не все места еще там заняты». (Б.Н. спутал Древнюю Грецию с Римом.)

«Мы похлопочем», — в тон ему ответил я.

Он вернулся из поездки через неделю и привез мне какое-то вьющееся растение, типа лианы.

«Это с могилы Рафаэля, старик...»

Я изобразил изумление и восторг, хотя не очень-то поверил этому, потому что Полевой любил нас разыгрывать.

Вскоре я тоже слетал в Италию, побывал в Риме на могиле великого художника. Но никаких растений на каменных плитах там и в помине не было... Однако лиану я долго хранил у себя дома.

...Редакция журнала «Юность» создавалась в условиях советских порядков и традиций. Существовала цензура, и зоркое око партии следило за тем, чтобы эти порядки не нарушались. И тем не менее атмосфера в журнале еще со времен Валентина Катаева была светлой и доброжелательной. Авторов своих редакция любила, и каждое талантливое произведение было окружено вниманием и почетом. Став главным редактором, я старался все сохранить, и ту искренность отношений, которая напрочь была лишена «ячества» и подобострастия, и духовное родство, которое очень напоминало счастливую семью. Хотя, конечно, бывали и творческие разногласия, и споры, и обиды... Но жили мы дружно. Пока свалившаяся на страну демократия, примитивно понятая многими моими коллегами, не пробудила в них желания стать значимее, чем это было определено им природой и ограничено здравым смыслом более опытных и более талантливых коллег. Но всё смешалось в нашем доме и в общественном сознании. И все, доселе знавшие свое четкое место в творческом процессе, потянулись наверх — вершить судьбу журнала, определять литературную позицию, решив опрокинуть годами нарабатываемый авторитет. Это случилось в конце моей работы в журнале. А до того мы всё делали сообща, с радостью и творческим азартом, не подменяя ответственность главного редактора безответственным апломбом наиболее ретивых служителей карьеры. И сейчас я вспоминаю это межвременье с легким сожалением и грустью. Кто-то, может быть, постарается обвинить меня в предвзятости и ущемленном самолюбии, но в этом случае я отсылаю таких критиков к книге, посвященной трехсотлетию российской печати, где на персональной странице «Журнал «Юность», которую самолично готовила редакция, в последние годы, возглавляемая Виктором Липатовым, нет даже упоминания моей фамилии, хотя я проработал в журнале 21 год, из них двенадцать лет главным редактором. А Борис Николаевич Полевой, при ком после В.П. Катаева продолжалась слава «Юности», только вскользь обозначен. Зато помещен портрет В. Липатова. Уж не за то ли, что он сумел похоронить былую популярность журнала, низведя его многомиллионный тираж до нескольких тысяч.

Вот уж поистине «свирепость мелкого грызуна» вдохновила моих бывших коллег на столь неприкрытую неприязнь и попытку перекроить историю. Но миллионы бывших читателей и многолетних поклонников «Юности» хорошо помнят, как все было на самом деле, когда руководимый мною журнал с 1981 по 1992 год был одним из самых любимых и читаемых в нашей стране.

Как мне сказал секретарь Союза журналистов Игорь Яковенко, во втором издании энциклопедии «Печать» истина будет восстановлена и злонамеренность новоиспеченного руководства «Юности» останется лишь на их совести.

В те годы, когда «Юность» процветала и когда люди выстраивались в очередь, чтобы подписаться на нее, я каждый день и каждую минуту чувствовал себя счастливым человеком от общения с нашими авторами и моими коллегами, от сознания того, что мы делали хороший журнал. По-разному складывались у меня отношения с «юниорами» — от дружеских до уважительно-деловых. Это уже позже я написал стихи — «Люблю талантливых людей...» Строки эти относятся и ко многим моим товарищам по цеху. Я поддерживал все интересное, яркое, неожиданное. Помню, как в 1984 году в редакции появился Михаил Хромаков, возглавивший отдел публицистики. Я прочел его интервью в «Литературке» и пригласил талантливого журналиста к нам. Это он придумал так называемую 20-ю комнату, материалами которой зачитывалась молодежь. В наших коридорах с утра толпились всякие «хиппи», «металлисты», «панки» — будущие герои очерков, «возмутители спокойствия», веселые патлатые ребята, приблизившие вплотную журнал к жизни шестнадцати-семнадцатилетних правдолюбцев...

Иногда некоторые «доброжелатели» осторожно обвиняли редакцию в чрезмерном увлечении авторами еврейской национальности. Еще Полевой иногда вызывал нас с Алексеем Пьяновым к себе в кабинет и полушутя выговаривал нам: «Что-то, дорогие козлы, наш корабль опять дал крен...» И называл некоторые фамилии. Но все это мы не принимали всерьез, потому что журнал печатал талантливых писателей, независимо от их национальности. Однажды совсем новый сотрудник журнала В. Марьян остановил в коридоре нашего художника — колоритнейшего мужика — Иосифа Оффенгендена и пугливо спросил его: «Слушай, а чего это у вас тут одни евреи работают?» Оффенгенден долго и весело оглядывался и в тон ему ответил: «Где, где тут евреи? Покажи...»

Антисемитизм в ту пору уже не был государственной политикой, но на бытовом уровне всякое бывало. Мы иногда это ощущали. Как-то на одном из авторских вечеров «Юности» в 1984 году я получил анонимную записку: «Смотрю я на вас, пархатых, и думаю — к стенке бы вас всех». Я дал прочесть записку всем, кто сидел со мной в президиуме. Заведующий отделом науки — Эммануил Борисович Вишняков, бывший фронтовик, очень добрый человек, повернулся ко мне и на ухо сказал: «По-моему, Андрей Дмитриевич, вам не надо отвечать. Мало ли подонков на свете...» Но я встал и прочел записку вслух. Многолюдный зал негодующе зашумел. И тогда я сказал: «Записка без подписи. Встаньте, если вы не трус. А если боитесь — выйдите вон!» И люди с мест закричали: «Пусть встанет. Мы хотим его видеть...» Никто не встал. Но по настроению слушателей я понял, что поступил правильно. Гнусность ни прощать, ни замалчивать нельзя. Я исповедую эту истину всю жизнь, и потому, наверное, со мной не очень легко общаться слабохарактерным «лукавым» людям. Както в самом начале моей работы в редакции один из сотрудников стал «стучать» в моем кабинете на своего коллегу. Я прервал его и сказал: «Вот что. Я сейчас позову имя рек и ты при нем это скажешь...»

«Стукач» перепугался и попросил не делать этого. Но с того времени мои коллеги опасались давать нелестные оценки друг другу за глаза...

Мне очень нравился — и как человек и как журналист — Виктор Славкин. Остроумный, находчивый, работящий, он был горазд на всякие выдумки. И ничего не боялся. Однажды в дни заседаний очередного партийного съезда напечатал в журнале веселую фразу — «Наступило время долгих и продолжительных аплодисментов...» Нам могло сильно попасть за такую шутку. Но все обошлось. Свой отдел он называл отделом юмора и «сортиры».

Однажды Виктор зашел ко мне и, переминаясь с ноги на ногу, попросил разрешения приходить на работу не в 12 часов, как у нас было принято, а в три. «Ты чего, — говорю, — ложишься поздно?» — «Да нет. Пьесу пишу... Не укладываюсь в сроки...» Я разрешил. А через какое-то время вся редакция пошла в театр Станиславского на премьеру его спектакля — «Взрослая дочь молодого человека». Славкин становился знаменитым. Спектакль пошел в разных городах и странах. Я понимал, что теперь ему будет трудно совмещать театр с работой в журнале. И не ошибся. Однажды он положил мне на стол письмо. Будучи человеком честным и совестливым, он не умел хитрить.

Дорогой Андрей!

Я долго ходил вокруг твоего кабинета, но так и не рискнул начать этот разговор в редакционной суете. Поэтому пишу тебе письмо.

Андрей, я решил уйти из редакции. Я совершенно замотался между редакционными и своими личными делами, довел это все до того, что у меня не получаются ни те, ни другие. Меня уже давно тяготит, что в «Юности» я работаю не с полной отдачей, все мои заслуги в прошлом, — а раз так, надо уходить и освободить место более энергичному человеку.

Как ты понимаешь, такие шаги не совершаются без долгого обдумывания и внутренней подготовки. Тем более при моем, в общем-то, инерционном характере. Но я чувствую, что пора. Хотя дела мои идут сейчас не блестяще. Однако именно поэтому я должен уйти из редакции и сосредоточиться на своей работе. В противном случае дела мои и вовсе завалятся.

И еще. Я бы не хотел, чтобы мой поступок объяснялся какими-то другими причинами, кроме тех, о которых я написал. Я вовсе не порываю с редакцией, более того, я надеюсь вернуться в «Юность» как автор, кем я и был уже много лет.

Андрей, мы связаны с тобой не только служебными отношениями, и поэтому, прежде чем подать заявление об уходе, я решил написать тебе личное письмо.

С дружеским приветом

Виктор

12.01.84 г.

Я, конечно, очень опечалился уходом Славкина, но ни отговаривать, ни «тянуть резину» не стал. Мы расстались друзьями. Правда, спустя несколько лет между нами пробежала черная кошка по «Старой квартире», которую он показывал на телевидении всей стране. Я позвонил ему и сказал: «Как же так, Витя, в твоей передаче ни разу не появилась «Юность». Ты же из нее вышел и знаешь, как много она значила в те годы для всех нас. И для них тоже, кто не захотел наш журнал приобщить к твоим воспоминаниям о прошлом...» Я почувствовал, что Славкин был этим разговором обескуражен и попытался как-то неуклюже оправдаться, сославшись на высокое начальство. А начальство было вовсе не высоким, а всего лишь Анатолием Малкиным — руководителем «Авторского телевидения», который не любил ни «Юность», ни ее главных редакторов, в чем я позднее неоднократно убеждался.

Однако Виктор Славкин навсегда остался в истории легендарного журнала, и мое отношение к нему по-прежнему искреннее. И дай Бог ему новых пьес, спектаклей и долгого творческого успеха!

Еще один коллега был мне близок в годы моей

работы в «Юности». Это зав. отделом поэзии Натан Злотников. Он находил одаренных молодых авторов, умел ладить с корифеями, горячо отстаивал на редколлегии своих питомцев. Был у него, правда, один серьезный недостаток в характере — Натан обожал править чужие стихи. Начинающие поэты еще както мирились с этим. Но когда он переписывал строки мастеров, на него жаловались. Помню, позвонила мне разъяренная Юнна Мориц, которая тоже попала под перо Злотникова. Пришлось извиняться.

У Натана выходили книги, его печатали журналы, но поэтического имени он себе не нажил. Может быть, потому, что поэзия его была очень книжной, оторванной от реальной жизни, несколько многословной и расплывчатой по образу мыслей. Хотя поэт он был, несомненно, даровитый, хорошо знавший и классику, и современную поэзию.

Более воспитанного и вежливого человека, чем Натан, я не встречал в своей жизни. Однажды в Ташкенте мы поздно возвратились в отель, и Натан очень сконфуженно и пространно обратился к заспанной коридорной. Был долгий монолог: «Как вы себя чувствуете? Как дети? Извините, что беспокоим...» После такого вступления молодая женщина очень насторожилась, полагая, что мы или в чем-то сильно провинились, или попросим о невозможном. А Натан просто хотел, чтобы она дала нам ключи от номера...

Всякий раз, уходя с работы, он заглядывал ко мне в кабинет и произносил одну и ту же фразу: «Ну, я покатился...» На что я неизменно отвечал: «Катись...»

Мы жили с ним рядом в Безбожном переулке. Натан часто забегал, целовал на ходу руки моим женщинам — жене и дочери — и так же стремительно удалялся. Его вежливость была невероятной. Он мог извиняться за то, что, переходя дорогу, обогнал кого-то или за то, что в очереди в столовой оказался не в хвосте, или просто так, чтобы, не дай Бог, не подумали, что он невоспитан.

Как-то у нас дома произошел курьезный случай. Когда он целовал руку хозяйке, подошел наш красавец Кент — черно-рыжий колли, сел рядом и словно прощаясь с гостем, протянул ему свою лапу... Натан машинально поцеловал и ее... Потом сконфузился и убежал...

Злобы в нем не было никакой. Но человек он был слабый. Когда я ушел из редакции, Злотников, видимо, подлаживаясь под настрой нового начальства, перестал общаться со мной. И делал вид, что не было у нас с ним приятельских отношений.

И, несмотря на это, я очень его жалел, и когда он заболел и его уволили из журнала, я высказал все главному редактору Виктору Липатову. Но нравы в редакции были уже другие.

* * *

Михаил Задорнов, который ныне стал очень известным и любимым в народе писателем, начинал свою творческую карьеру тоже в «Юности». После того как он несколько раз очень удачно выступил в концертах, которые мы нередко устраивали в разных престижных залах, я пригласил его заведовать в журнале отделом юмора и сатиры. Он пришел в редакцию после Виктора Славкина.

Миша в это время был известен как руководитель студенческого театра при Московском авиационном институте. В те годы МАИ славился своей художественной самодеятельностью. Задорнов много ездил по стране, выступал на молодежных стройках, набирался опыта. Его стали приглашать на московские тусовки и литературные вечера. Впервые я увидел его на одном из концертов «Юности». Мне понравился застенчивый молодой человек, невероятно волновавшийся за кулисами перед своим выступлением. То и дело он спрашивал своих коллег: «А главный (имея в виду меня) тоже будет слушать?» Выступление Задорнова понравилось всем. А мне особенно запомнилась его остроумная фраза, которая очень развеселила зал. «В районе Бермудского треугольника (а надо сказать, что в то время очень много писали о каких-то мистических исчезновениях самолетов и кораблей) пропали два американских авианосца. С нашей стороны потерь нет...»

И вот Михаил Задорнов сотрудник «Юности». Он как-то быстро вписался в редакционный коллектив, может быть, потому, что коллеги его уже знали. А главное — все чувствовали, что человек он одаренный и добросовестный. И любит «Юность». Читая его юмористические миниатюры, пронизанные искрящимся юмором, я стал всячески поощрять Мишу на публичные выступления. Творческие вечера журнала «Юность» всегда проходили при переполненных залах. Задорнов имел постоянный успех — он импровизировал на сцене, удивлял своим острым взглядом на нашу жизнь, был находчив и обаятелен в общении со слушателями.

Однажды в редакцию пришел его отец — известный и уважаемый писатель Николай Задорнов. Разговор начался как-то сразу, без вежливых подходов. Николай Павлович был очень обеспокоен судьбой сына. Ему казалось, что Миша занимается чем-то несерьезным — шуточки, юморески, развлекаловка. «Ну, и кем он будет?» — грустно спросил гость. Я попытался его успокоить, потому что очень верил в талант Задорнова-младшего. «Кем будет? — повторил я вопрос Николая Павловича. — Хорошим писателем. У него острый ум и острое перо. Он умен и находчив. К тому же умеет видеть жизнь, чувствует время... Думаю, ему не надо надолго задерживаться в редакции. Пусть скорее выходит в мир читателей и слушателей. Это лучшие учителя и помощники в творчестве...»

Не знаю, убедил ли я тогда мэтра, но время показало, кто был прав. И сейчас, когда смотрю выступления Миши по телевизору, читаю его книги, я радуюсь, что он блестяще реализовал себя. Кто не знает в России Михаила Задорнова? Нет таких.

Иногда, правда, я тревожусь за своего коллегу, потому что он так бесстрашно и остроумно высмеивает наши нравы, повадки высоких чиновников и даже саму систему взаимоотношений власти и народа, что, повторяю, я тревожусь за него.

А в бытность его работы в «Юности» мы не так часто виделись. Из-за постоянной текучки, писательской суеты не всегда удавалось поговорить с Мишей по душам. Уже позже я узнал, что он обижался на меня за это. Но наши отношения всегда были искренними и добрыми. Уже уйдя из журнала, он оставался верным нашим традициям. Помню, Задорнов даже отменил как-то свое выступление, чтобы принять участие в праздничном концерте журнала.

Однажды, незадолго до отъезда на Ближний Восток, где я должен был представлять Российское телевидение, в Театре эстрады состоялся мой авторский вечер с участием мастеров искусств. За несколько дней я позвонил Михаилу Задорнову и попросил его принять участие в этом концерте. Миша приехал к началу вечера, но неожиданно рано в театр прибыл Иосиф Кобзон. Он был в ударе: одна за другой звучали песни в его исполнении. Вечер затягивался. Миша сидел на подоконнике у служебного входа и, когда я вышел за кулисы, весело сказал мне: «Андрей, не волнуйся. Даже если все уйдут, я буду тут до утра и мы вместе закроем театр». Он дождался «своей очереди», выступил, как всегда, ярко и талантливо... И не ушел из театра до самого окончания концерта.

Журнал «Юность» во все времена славился именами авторов — как маститых, так и только что открытых редакцией молодых поэтов, прозаиков, публицистов. Михаил Задорнов — наряду с Григорием Гориным, Аркадием Аркановым, Марком Розовским — вписал свою страницу в общую веселую сагу юмористической литературы.

* * *

Каждый год в помещении редакции мы устраивали выставки молодых художников. Открытие этих выставок проходило празднично, с участием приглашенных мастеров. В течение двух-трех месяцев картины красовались в конференц-зале. А если работ было очень много — для вернисажа использовались и широкие стены коридоров. Посмотреть выставки приходили студенты, школьники, коллеги наших гостей. В Москве хорошо знали о наших вернисажах, потому что журнал публиковал репродукции выставленных картин со статьями об их авторах. Причем это были не только москвичи. Мы приглашали молодые таланты со всей страны, из разных республик. Спустя годы многие из них стали известными художниками, скульпторами и никогда не забывали о том, что «Юность» поддержала их творчество в самом начале. Назову хотя бы некоторых из наших бывших «выставленцев» — Игорь Обросов, Олег Вуколов,

Юрий Чернов, Стас Красаускас, Юрий Казарян, Андрей Волков... Список очень большой.

Однажды, придя пораньше на работу, я встретил в коридоре редакции Арама Ильича Хачатуряна. Великий композитор внимательно рассматривал картины Юры Казаряна, только что открывшего у нас свою выставку. «Талантливый у меня земляк», — радостно заметил высокий гость. Потом он зашел ко мне в кабинет и написал о молодом художнике хорошие слова в книгу отзывов. Жаль, что после моего ухода из «Юности» книга эта где-то затерялась и мне так и не удалось узнать, что с ней.

После закрытия выставок я покупал понравившиеся мне картины для своей коллекции. К сожалению, большинство работ сгорело при пожаре на моей даче. Но сохранились две, которые я не увез тогда загород, и они до сих пор у меня в моей московской квартире. Это «Море» Андрея Волкова и большое полотно, написанное группой юных мастеров.

А недавно на праздновании 250-летия Российской академии художеств я встретил Олега Вуколова — поседевшего, но все такого же веселого, каким я запомнил его со времен нашей молодости. Известный художник уже несколько лет живет во Франции, но Россия и журнал «Юность», открывший когда-то для широкой аудитории творчество Олега, по-прежнему родные для него.

О вернисажах «Юности» можно рассказывать долго. Сколько начинающих художников прошли через ее страницы, через внимание и восторг их поклонников, через незабываемые встречи с выдающимися мастерами... Главный художник журнала Юрий Цишевский, много сил и лет отдавший воспитанию талантливых живописцев, не считал для себя зазорным выставлять свои работы в редакции. И выдающийся мастер Олег Комов — член нашей редколлегии — тоже вдохновенно пестовал наши вернисажи... Спасибо им всем — и тому времени, которое сдружило нас!

* * *

Несколько подробнее мне бы хотелось рассказать о писателях, авторах «Юности», которые в разное время уехали из нашей страны. Чаще всего не по своей воле. Будучи людьми во многом очень несхожими, они тем не менее в моем представлении были объединены художественным осмыслением нашего времени, которое прошло сквозь каждого из них и холодом отчуждения, и пламенем ненависти, и горечью обид и непонимания. Писательский и публицистический жар, бескомпромиссная правда и совестливость наших земляков согрели в свое время души многих людей. К сожалению, среди них не было миллионов теперешних читателей. Не случайно писатель Владимир Максимов, говоря о своем романе «Семь дней творения», с горечью сетовал, что он опоздал прийти к своему читателю на двадцать лет. И тем не менее литература русского зарубежья дорога и необходима нам теперь, когда мы пытаемся обрести в себе чувство свободы, когда демократия из анекдотов и кухонь давно выбралась на просторы наших политических общений. Я помню, как начиналось возбужденное возвращение запретных книг и запрещенных имен в нашу жизнь и в нашу культуру. Журнал «Юность» стоял тогда у истоков этого широкого потока зарубежной отечественной словесности, который хлынул в несколько обмелевшее море современной российской литературы. Все началось с рукописи Виктора Некрасова, жившего в ту пору в Париже. Лед недоверия тогда только подтаивал с берегов, и до апрельского ледохода 85-го года было еще далеко.

Уже позже, побывав на кладбище Сент-Женевьев-де-Буа, где похоронили опального писателя, я с горечью думал о том, как жестоки мы были к далеким соотечественникам, не получившим в награду за свое великое духовное наследие, которое они нам оставили, даже клочка родной земли, чтобы навсегда забыться в ней и простить нанесенные обиды. Я ходил среди ухоженных могил И. Бунина, Д. Мережковского, З. Гиппиус, А. Галича, В. Некрасова и думал: «Ну, и кого мы победили? Кому доказали, что ограниченность классовой злобы непременно должна быть выше бескорыстного таланта и ранимой справедливости?!»

Читая книги бывших изгоев, а ныне весьма уважаемых у нас маститых мастеров, я ловил себя на мысли, что все, что сейчас произносится с высоких трибун и со страниц газет и журналов, все, что ныне повсюду говорится открыто и безбоязненно, — эти гонимые когда-то пророки в своем отечестве, — сказали задолго до нас. Сказали искренне и честно.

Уже тогда у меня родилась мысль о том, что разорванная войнами, эмиграцией, политической нетерпимостью русская литература должна непременно соединиться, сплотить воедино поруганные таланты и обездоленные судьбы. Что в конечном счете и произошло. Вскоре «Юность» напечатала интервью с Владимиром Войновичем и чуть позже с бывшим членом редколлегии нашего журнала Василием Аксеновым. Поначалу оба они скептически восприняли предложение о диалоге. «Не напечатаете, — сказал автор «Затоваренной бочкотары». — Слишком я одиозная фигура в Союзе». «За мной столько «грехов», что как бы они не раздавили ваш журнал», — грустно иронизировал Войнович.

К счастью, бывалые скептики на этот раз ошиблись. Напечатали и того и другого.

А потом мы стали налаживать контакты еще с одним «антисоветчиком» — известным писателем русского зарубежья Владимиром Максимовым, главным редактором журнала «Континент». Того самого журнала, за одно только чтение которого могли привлечь к уголовной ответственности, выгнать с работы и даже посадить. Максимов сначала отказался давать интервью, когда мы ему позвонили. И был резок в суждениях — «Нам не о чем говорить». Еще бы! Ведь официальная пресса все эти годы не скупилась на обидные и гнусные ярлыки. Владимир Емельянович был увешан ими так же обильно, как многие его хулители в нашей стране были увешены лауреатскими медалями и орденами. И первый разговор с Максимовым в Париже (мы все-таки договорились о встрече) оказался трудным и напряженным. Но в какое-то мгновение общих воспоминаний невидимые флюиды искренности и доброжелательства согрели недоверчивую душу. Я почувствовал, как измучено разлуками и тоской сердце этого строгого на первый взгляд человека. Уже позже я узнал, что Владимир Емельянович звонил в Москву своему старому другу академику А.Д. Сахарову, говорил с Аксеновым, Окуджавой, Войновичем, расспрашивал о «Юности» с единственной целью — утвердиться в своем интуитивном влечении к людям, представлявшим этот журнал. Думаю, немалую роль в нашем сближении сыграло и то обстоятельство, что я оказался совершенно непричастным ни к гонениям, ни к обличению моих коллег, не усердствовал в их недавних погромах, не прикладывал ни руку, ни ручку к исключению из Союза писателей будущих эмигрантов.

С этой непростой и неторопливой дружбы с Максимовым начались в «Юности» и его первые публикации, главы его интереснейшего романа о Колчаке. Именно в это время я получил письмо из Кельна от известного правозащитника Льва Копелева, который писал:

«Глубокоуважаемый Андрей Дмитриевич!

В этом году Ваш журнал доставил нам — моей жене Р. Орловой и мне — столько радости, столько пищи для ума и сердца, что я решился послать Вам три своих книги, которые были изданы по-русски в США, по-английски там же и по-немецки здесь. Прилагаю мое предисловие к очень занимательной и талантливой книге немецкого ученого о Тверской деревне 20-х годов. Вам будет особенно интересно прочесть, как уроженцу Твери.

Буду счастлив, если Вы и Ваши сотрудники не только просмотрите или прочтете мои работы, но и найдете возможным опубликовать что-либо из них. Пожалуйста, дайте мне знать, что Вы об этом думаете. С самыми добрыми пожеланиями.

Ваш Лев Копелев.

Кельн. 27.VIII.88.

Забегая вперед, скажу, что вскоре мы встретились со Львом Зиновьевичем в редакции «Юности» и договорились о публикации его эссе.

Я потому так подробно рассказываю о всех наших попытках установить добрые отношения с выдающимися писателями русского зарубежья, и в том числе с бывшими авторами «Юности», чтобы всем было ясно — ничего само собой не приходило даже в условиях перестройки. Когда в 1988 году мы напечатали в журнале роман В. Войновича о солдате Чонкине, равнодушных не было. Взорвалась напряженная тишина — от грубого фельдфебельского окрика «Кощунство!» до восторженных слов и писем простых читателей. И мне, и другим сотрудникам редакции, и прежде всего самому Войновичу приходилось отбиваться, благодарить, спорить, объяснять. Но «Юность» уже трудно было представить без произведений русского зарубежья. Этого хотели наши читатели, этого требовали время и справедливость.

Еще ждали своего возвращениям романы Александра Солженицына, а мы тем временем опубликовали главу из книги Г. Вишневской «Солженицын и Ростропович». Появился вновь на своих родных страницах «Юности» Василий Аксенов. Его роман «Остров Крым» читала вся страна. На родину возвращались не просто любимые писатели, не только их запрещенные книги, но и горькая память об атмосфере тех черных дней, когда они, рискуя и мучаясь, говорили правду о себе, о нас, о стране, где их не хотели слушать или не позволяли им быть услышанными.

Кто-то из великих сказал: «Человек, умеющий смеяться над собой, не может быть слабым». Это же можно отнести и к государству. Наше государство в те годы боялось смеха, ибо по своей политической сути было слабым. И сейчас мы все убедились в этом — распалась империя, рушатся идеалы, умерла система, где параграф и кресло были превыше личности. В письме Генеральному секретарю ЦК КПСС М.С. Горбачеву я писал в 1989 году: «Многое из того, что создавали русские писатели, будущие эмигранты в беспросветное время застоя, не было ни злом, ни наветом. Наоборот, это была глубокая боль и затаенная надежда на лучшие времена. Это была бескомпромиссная борьба за будущее Отчизны. Именно за это они и пострадали. Но живучи еще, к сожалению, бездумные стереотипы, и недавнее прошлое виснет на репутации честных писателей, как старый мох на деревьях». Позднее в личном разговоре с Михаилом Сергеевичем я вновь настаивал на том, что возвращение гражданства всем уехавшим на Запад деятелям культуры будет воспринято мировой общественностью как акт справедливости и гуманности. Даже если кто-то из них не вернется на Родину, сама мысль о постоянной связи с ней, о неразрывности личной жизни и великого времени перемен изменит соотношение сил в мире, просветлит атмосферу, обнадежит уставших от разлук талантливых наших соотечественников. Ну, а о тех, кто захочет вернуться, правительство должно позаботиться особо. Чтобы было куда возвращаться. Не гостевать же всю жизнь в случайных номерах своего дорогого отечества. Культуру невозможно разорвать. Она держится не географией, а чем-то бо́льшим. Наша страна хотела быть великодушной. Пора бы ей стать и справедливой к своим детям. Мои слова тогда получили полную поддержку. И через некоторое время появились первые Указы о возвращении гражданства нашим друзьям, авторам, коллегам. Хотя смущала необъяснимая очередность имен.

И снова мне хочется вспомнить о знаменательных встречах. Летом 90-го года в Конгрессе США Михаил Шемякин довольно резко говорил о нашей полумертвой политической системе. И это воспринималось как позиция художника, чей внутренний мир и чье творчество испытали на себе в годы застоя хамский кураж чиновников от искусства и железный сапог власти, отшвырнувший полотна выдающегося мастера, не понятные ее зашоренным идеологам. Но Шемякин прилетел из Нью-Йорка в Вашингтон не для выяснения отношений, а ради того, чтобы вместе с нами — друзьями из Комитета за возвращение на родину советских солдат, плененных в Афганистане, убедить конгрессменов помочь им вернуться домой. Потом мы виделись с Михаилом Шемякиным в Риме, где российские писатели и наши соотечественники с Запада пытались обрести гражданское согласие. Знаменитый художник искренне ратовал за это же, потому что любил Россию. Шемякин — человек суровый. В иные времена он походил бы на бывалого воина и дуэлянта — весь в шрамах, с жесткой складкой губ, с тяжелыми сильными руками. Но это лишь внешний образ. На самом же деле Миша Шемякин — человек широкой души, отзывчивый, тонкий. Уже потом я узнал, что именно Шемякин прислал дорогие и дефицитные у нас краски, кисти и материалы для работы двум сестрам-художницам, которых болезнь на всю жизнь приковала к постели. Услышав о них, помог издалека, считая это нормальным делом — делиться с коллегами всем, что имеешь сам.

Все они очень разные — наши земляки, живущие за океаном, в Израиле, Париже или Мюнхене. Помню ночные беседы среди книг и вкусных русских деликатесов в гостеприимном доме Андрея Синявского и Марии Розановой. Впрочем, ее имя надо было поставить первым не только потому, что она очаровательная хозяйка, но и потому что ее умение вести разговор остро, бескомпромиссно и умно давало ей право главенствовать на наших встречах. Думаю, это чувствовалось и по журналу «Синтаксис», который Мария Васильевна редактировала в те годы.

В России постепенно узнавали увезенную в дальние края, скрытую от нас надолго литературу соотечественников. Чувствуя при этом, как меняется и к нам самим, и к нашей жизни отношение этих тоже изменившихся людей. Они постоянно искали во встречах с земляками внутренние перемены, ожидали глобальных изменений во всем, к чему в прошлой жизни были сами причастны. И когда однажды из редакции «Юности» позвонили в Париж Андрею Донатовичу Синявскому с просьбой сократить в его статье «Диссиденство — как личный опыт», полтора десятка строк, потому что они не умещались на полосе, там это было воспринято как маленькое доказательство больших перемен. Ведь за годы советской власти на Западе уже привыкли к тому, что в СССР не считались ни с авторским правом, ни с личностью писателя, ни с его существованием вообще.

Сейчас, когда много говорят и пишут о творчестве бывших диссидентов, от которого мы так бездумно отказывались долгое время, многих из нас охватило чувство вины и досады. Вины за все, что случилось с ними и с нами тоже. Досады — за потерянные годы разлуки и запоздалый приход этой литературы в нашу сегодняшнюю жизнь. Помню, холодной осенью в маленький городок Кассель, где должна была состояться презентация дайджеста «Юности» на немецком языке, приехал из Франкфурта выдающийся писатель Георгий Владимов с женой Натальей Кузнецовой, литературным критиком. Два с лишним часа немолодой уже человек, мучавшийся болезнью ног, мчался в своей машине, давя больной ногой на акселератор, чтобы только увидеться с земляками, пообщаться, поговорить, послушать новости и родную речь, по которой так тосковала его душа. Весь вечер мы просидели в уютном ресторанчике и говорили, говорили... Словно знали друг друга давно, еще по России, по былой молодости. И когда мы рассказывали гостям о тогдашних серых очередях Москвы и о всеобщем страхе перед будущим, об изобилии речей и отсутствии продуктов, — каждый из нас вновь переживал российскую жизнь. И вдруг после некоторого раздумья Владимов сказал: «И все-таки мы завидуем вам...» А я вспомнил фразу Владимира Максимова из его интервью «Юности»: «Эмиграция для меня — потрясение. Я больше потерял, чем приобрел...» А сколько потеряли мы, что свои стихи Наум Коржавин отдавал на суд чужих людей, когда их так ждали тысячи искренних его почитателей в попранной стране. Сколько мы потеряли, когда лучшую книгу Александра Зиновьева «Зияющие высоты», достойную таланта Свифта, не только не поставили в этот высокий ряд литературы, но даже не имели возможности долгое время водрузить ее на свою книжную полку. И потому я так завидовал домашним библиотекам В. Аксенова, В. Максимова, А. Синявского. И они радостно дарили нам редкие книги, о которых мы знали понаслышке, и те, что уже стали читаться у нас. Десятки изданий и рукописей со всего света приходили в те годы и в редакцию «Юности». Известные и неизвестные литераторы, пишущие по-русски, узнав, что мы широко стали печатать бывших диссидентов, присылали свои произведения. Литература возвращалась домой, как некогда возвращались с фронта солдаты. Для многих «русских зарубежников» редакция «Юности» была в те годы открытым и добрым домом, когда они приезжали в Москву. И даже больше — местом первых встреч не только с редакторами, но и с новыми читателями. У нас перебывало много пишущего народу — Войнович, Коржавин, Аксенов, Максимов, Гладилин, Синявский, Копелев, Саша Соколов, Лимонов... Без лучших книг писателей русского зарубежья наша литература была бедней, ей не хватало воздуха, второго дыхания на быстром повороте истории, ей недоставало правды и откровений. Когда Анатолий Гладилин после долгой разлуки пришел в редакцию «Юности», которая некогда открыла читающему миру автора «Хроники времен Виктора Подгурского», он как-то печально улыбнулся и тихо сказал: «Вроде и не расставались. А прошло столько лет...»

Конечно, не расставались, потому что в душе каждого, кто верил в искренность и доброту, порядочность и честность поневоле отверженных от нас соотечественников, — разлука была внешней. Но оставалось в ней СЛОВО, произнесенное великой мученической литературой русского зарубежья.

И то, что мы сегодня стали другими, — в этом есть и их заслуга. И сколько бы мне ни осталось прожить, и как бы ни повернулась ситуация в стране, я буду верен нелегкому опыту тех десятилетий, потому что он был и во мне. Я тоже его выстрадал через собственные ошибки, через разочарования и открытия.

P. S. В этом году исполнилось пятнадцать лет, как я ушел из «Юности». Ушел из лучших дней своей жизни, из поры надежд и свершений. Сейчас уже всё отболело — и непонимание коллег, и неурядицы, и обманутое доверие, и обиды, которыми провожали меня те, кто еще вчера бросался выполнять любое мое редакционное поручение. Впрочем, все это суета. Мы выпускали прекрасный журнал — и это главное. Но наступили девяностые годы. Пришли иные и непривычные для всех времена. По творческим организациям прокатилась волна междоусобиц. Разломилась напополам «Таганка». Писатели разбежались по нескольким Союзам. Надо было думать, как удержать высокую планку «Юности», не уронить имя журнала. Я полагал, что мы — шестидесятники — свое дело сделали. Пришла пора молодых. Но перепуганные возможными переменами мои весьма постаревшие «юниоры» не захотели ничего менять. Они встали насмерть, не понимая, что смерть придет не к ним, а к нашему общему детищу. Так и случилось. Увы, журнал скончался. И боевая слава его приказала долго жить. А на том месте, где когда-то вершилась незабываемая литература, которой зачитывалась вся страна и где поднимались в рост новые имена, тихо зашелестела серыми страничками тоненькая книжица со знаменитой девочкой Красаускаса на титуле. Но книга эта, которую по старинке величают «Юностью», стала очень походить на семейный фотоальбом, где хранят снимки из далекой и навсегда ушедшей жизни... Жаль, что так получилось. С трех с половиной миллионов экземпляров тираж журнала скатился до нескольких тысяч. Ушли из редколлегии и со страниц «Юности» писатели, чьи имена всегда были ее гордостью. Наивная самонадеянность моих бывших коллег не принесла ожидаемых результатов. Читатели журнала хотели подписываться на яркие произведения и талантливые имена, а не на «трудовой коллектив». С горечью пишу об этом, как с горечью слышу бесконечные вопросы давних поклонников «Юности»: где журнал и что с ним? Об этом спрашивают всюду — и в России, и в Израиле, и в США, и в бывших республиках СССР. И что ответить им?

Журнал «Юность» остался где-то в далеком прошлом. Я ушел из редакции неожиданно для своих коллег, которые незадолго до этого избрали меня председателем акционерного общества «Юность», оставив за мной пост главного редактора. В первые годы перестройки было модно избирать руководство, ибо страна приобщалась к демократии. Позади остались конфликты и перебранки, от которых горчило на душе. Журнал пережил свой миф. Новые времена требовали и новой легенды. Поиски независимости, которыми так успешно занималась «Юность» в советские годы, исчерпали себя. Появилось такое количество газет и журналов, что читатель растерялся в этом многокрасочном хаосе. Кроме того, с каждым месяцем ухудшалось материальное положение народа. Тиражи всех изданий пошли на убыль.

Необходимы были свежие силы, которые бы по-новому стали вести популярное издание. Я все предвидел. И очень скоро мои опасения подтвердились. Но в те дни перестройки я предложил нескольким молодым писателям и журналистам поработать в журнале. Однако «трудовой коллектив» испугался нововведений и новых имен. Он не утвердил даже Юрия Полякова в ранге моего заместителя, которого я прочил в свои преемники. Хотя Юра был один из самых близких журналу и перспективных молодых писателей. Я понял, что надеяться не на что. Консерватизм пожилых «юниоров», их боязнь за свое место погубили некогда знаменитый и читаемый всей страной журнал... И я ушел.

Вспоминается интересный эпизод. 10 июня 1990 года в ЦДЛ мы отмечали юбилей «Юности» — 45 лет. В «Дубовом зале» народу битком: члены редколлегии, редакция, старые и молодые авторы. Как всегда, было весело и шумно. Произносили тосты, читали смешные стихи, пели песни, говорили комплименты женщинам. И вдруг среди этого бедлама встал красивый бородатый парень и попросил слова. Это был Павел Глоба — уже известный в Москве астролог и предсказатель. Сам его вид — мрачноватый и слишком серьезный для юбилейного вечера — как-то всех насторожил. Он сказал несколько добрых слов в адрес «Юности», а потом вдруг огорошил нас неожиданным финалом... По его предсказанию, журнал в недалеком будущем ожидали очень тяжелые испытания. «И еще, — уже совсем упавшим голосом добавил «маг», — через два года с поста главного редактора от вас уйдет Андрей Дмитриевич...»

Все притихли. Я попытался разрядить обстановку и весело выкрикнул: «Паша, мы вас лишаем сана волшебника, потому что уходить я никуда не собираюсь. За это и выпьем. Налейте ему штрафную...» Все засмеялись, и торжество продолжалось. Но на душе у меня было тревожно...

Предсказание Глобы сбылось точно — и по срокам, и по ситуации.

А недавно, перебирая свой архив, я нашел письмо известных писателей, членов редколлегии журнала «Юность», которое они послали в «Литературную газету» и которое было там опубликовано. Привожу его целиком.

«Мы, члены Редакционного Совета «Юности», узнав о конфликтных событиях внутри редакции, хотим высказать свое твердое убеждение: честная, не подверженная дешевой конъюнктуре позиция журнала «Юность» в сферах литературы и нравственности определялась в эти годы позицией главного редактора Андрея Дементьева. К сожалению, раздраженная нетерпимость нашего общества коснулась и его имени. Думая о руководителе «Юности», мы не видим альтернативной личности... Да и зачем ее искать, если Андрей Дементьев полон энергии и готовности вести журнал ради утверждения настоящей литературы».

Письмо подписали Анатолий Алексин, Борис Васильев, Андрей Вознесенский, Фазиль Искандер, Юрий Поляков, Роберт Рождественский, Виктор Розов, Игорь Шкляревский. Шел 1992 год...

В той непростой и действительно конфликтной ситуации, когда некоторые не очень разборчивые и рвавшиеся к власти мои коллеги создали вокруг журнала атмосферу склок и лживости, публикация этого письма была выражением честного и объективного отношения к журналу, заботы о его будущем.

ИЗ ДНЕВНИКА

1981 ГОД

29 апреля в редакцию пришел Женя Евтушенко. Принес новые стихи. Потом мы спустились в любимую «Софию» и просидели там почти три часа. Он прочел все, что оставил «Юности». Стихи интересные, по-евтушенковски острые и очень жизненные. Я сказал, что с публикацией не задержим.

В этот раз он много рассказывал о своих зарубежных поездках. Особенно меня поразила история со встречей Нового года в Чили. Великий чилийский поэт Пабло Неруда пригласил Женю к себе отметить праздник, но Евтушенко отказался, потому что еще раньше он обещал одному простому чилийцу побыть с ним. Тот повез его на могилу своей любимой женщины, которая умерла от горя, когда он надолго уехал на заработки за границу. Несколько лет они были в разлуке, и она не перенесла этого... А памятник ей поставили ее бывшие подружки... из публичного дома, где он впервые с ней и познакомился. На холодном мраморе они выгравировали нежные слова от его имени. Несчастный молодой человек, не стесняясь случайных прохожих, разрыдался на могиле своей возлюбленной... «Я понимал, что утешать его не надо. Пусть выплачется...» — закончил свой рассказ Женя, вновь переживая эту историю.

А я подумал о странностях женских судеб. Мы привыкли думать, что девицы легкого поведения — легки во всем — в торговле своим телом, в пренебрежении к высокой морали, в отношениях с обычным стыдом... Оказывается, бывает и так, что чистая и единственная любовь, как и поэзия, рождается из такого мусора... Когда обо всем узнал Пабло Неруда, он сказал Евтушенко:

— Ты настоящий поэт, потому что в праздник остался с простыми людьми... Хотя праздника, как я понял, и не получилось. Но ты, наверное, что-то приобрел для своей души, которая и есть наша главная тема в искусстве.

«ЖЕНЩИНЫ, КОТОРЫХ Я ЛЮБИЛ...»

Я жил в своем родном городе Калинине с самого дня рождения. Лучшая пора жизни — юность — проходила там, где мне был дорог каждый уголок, где рядом были родители и где я впервые повстречал свою первую любовь.

Ее звали Алисой. Красивая, с огромными синими глазами и золотой вьющейся копной, она осталась для меня прекрасным символом нашей далекой юности. В городе мы были заметной парой. Вместе ходили в кино и на каток, ездили за город. Она училась в девятом классе. Я в десятом. Учителя прочили мне золотую медаль. Но из-за своей влюбленности я мало занимался и на выпускных экзаменах получил тройку по математике. Через год и Алиса закончила школу.

Неожиданно заболела ее мать — Вера Ивановна — добрая простая женщина. Диагноз не оставлял никаких надежд. Мы, как могли, пытались облегчить ее невыносимые дни. Она страшно мучилась и очень переживала за дочь, которая была единственным лучиком света в ее черном безнадежном бытии. Естественно, она боялась за ее одинокое будущее. И тогда я решил, что мы должны пожениться. Свадьбу не праздновали — не до того. Но помню, как измученная болями и бессонницей Вера Ивановна перекрестила нас и сквозь слезы улыбнулась. Вскоре мы остались одни. Заканчивался 1947 год...

Мы были слишком юны и неопытны, чтобы выдержать и одолеть все невзгоды, что обрушились на нас с Алисой с первых же дней самостоятельной жизни. К тому же обострились отношения с моими родителями, которые не одобряли столь раннюю женитьбу сына. Вскоре я уехал на учебу в Москву, а моя жена в Румынию, где в то время служил ее отец. Иногда она писала мне. Но я чувствовал, что разлука разрушает нашу романтическую любовь, накапливает обиды и взаимное непонимание. Видимо, нам суждено было потерять друг друга. И хотя однажды я предпринял попытку вернуть прежние отношения — ничего из этого не вышло. Алиса во время моих студенческих каникул приехала на несколько дней в Калинин. Мы сходили с ней на кладбище, постояли возле могилы ее матери, которая ушла из жизни с надеждой на наше счастье. Но счастья не случилось... Мы расстались.

Теперь, когда прошло столько лет, думаю, что в разрыве больше виноват я. И сейчас запоздало прошу у Алисы прощения за все горести и обиды, которые я ей причинил. Но в душе моей (надеюсь, и у нее тоже) сохранились воспоминания о первой любви, которая прошла по нашей жизни светлым и неповторимым праздником.

И если уж продолжать эту биографическую канву, то не могу не рассказать о том, что случилось позже. Через несколько лет я женился вновь. Моя вторая жена Ирина училась в Калининском педагогическом институте. Тоже красивая, с цыганской отметиной больших темных глаз... Мы прожили с ней чуть больше десяти лет. Растили дочь Марину, весело встречали дни в старом деревянном домике с мезонином и были счастливы. Я работал в редакции областной газеты, много писал стихов, печатался, выходили книги. И, наверное, мало уделял внимания семье, потому что для меня в эти годы главным стало мое творчество. Нередко я засиживался допоздна в своем кабинете, поскольку дома не было условий для нормальной работы. Не хочу вспоминать, как произошел разрыв, но я очень переживал, потому что бесконечно любил свою дочь и не представлял себе жизни без Марины. Ей тогда исполнилось десять лет. Забегая вперед, скажу, что моя бывшая жена хорошо ее воспитала и наши отношения с Мариной остались самыми нежными. Сейчас она живет в Петербурге, работает в Пушкинском музее на Мойке, 12... Мы видимся не так часто, но постоянно перезваниваемся. Она счастлива в семье — у нее хороший муж, растет дочь Кити, которая учится в Петербургском государственном университете. Я бесконечно рад за них.

Вспомнились наивные строки из давнего Марининого письма, которое она прислала мне из Сочи. — «...Я тебе никогда этого не говорила, но сейчас признаюсь, что очень верю в «Алые паруса». Могу часами сидеть на берегу моря и ждать. Иногда мне даже казалось, что я их вижу и тогда у меня падало сердце от того, что все ожидаемое... сбудется...» А ведь, действительно, сбылось...

Второй развод нанес мне глубокую душевную травму. Я не то чтобы стал женоненавистником, но уже побаивался новых увлечений. Однако молодость брала свое... Когда я женился в третий раз, мои родители не пришли на свадьбу. Видимо, они уже разуверились во всем. Отец и мама не приняли мою новую жену

Галину. И не столько потому, что плохо ее знали, сколько потому, что у нее была дочь от первого брака. Им казалось, что я «предал» Марину и что теперь стану любить ее меньше. В конечном счете все образовалось. И я всегда считал и считаю, что у меня две дочери — старшая Марина и младшая Наташа. Отношения между ними сложились хорошие.

У жены был спокойный характер. Не случайно к ней на прием (она — врач) всегда записывалось много больных. Она умела общаться с пациентами — мягко, внимательно, не формально.

Вскоре мы переехали в Москву. Столица меняла нас. Мы встречались и дружили с интересными людьми — писателями, артистами, политическими деятелями. Ходили на концерты и в лучшие театры страны, много ездили по миру. Я стал часто выступать на телевидении, вести авторские программы. Все это требовало постоянного духовного самоконтроля, критического отношения к своему имиджу. Я понимал, что, несмотря на три высших образования, я в чем-то оставался прежним провинциалом... Приходилось заново переучиваться, набираться опыта и знаний. Моя природная доброта и неисправимая доверчивость воспринимались некоторыми московскими снобами как дремучая простоватость. Но поэзию — искреннюю, открытую, как и свой характер, я менять не собирался.

Работая в это время в журнале «Юность», я окунулся в мутные потоки литературных интриг, когда вокруг личности главного редактора роились подхалимские вихри, заушательские разговоры и т. д. Меня это и удивляло, и раздражало. Но, будучи реалистом по природе, не очень я поддавался елейному обхождению некоторых авторов, потому что знал истинную цену чужой выгоде. Как показало время, я оказался прав. Те самые именитые любимцы «Юности», что выдавали себя за моих друзей, как-то вдруг потерялись и замолкли после моего ухода из журнала. Но я ничему не удивляюсь. Время такое. Да и человеческая натура подвержена коррозии. Впрочем, многое я отразил в своих стихах, а потому не буду конкретизировать...

Осенью 1979 года меня пригласили на конференцию в Ташкент по теме «Литература и правопорядок», которую устроило Министерство внутренних дел. Речь шла в основном о детективах. Мне, как руководителю «Юности», было интересно послушать знаменитых «детективщиков» и как бы со стороны оценить то, что печатали мы в своем журнале. Тогда все зачитывались повестью Николая Леонова «Трактир на Пятницкой», опубликованной «Юностью». Сидя в президиуме, я вглядывался в переполненный зал, пытаясь понять, что за люди пришли на это собрание — писатели, библиотекари, учителя? И вдруг меня словно пронзила молния — я увидел в ближнем ряду необыкновенно красивое женское лицо. Огромные черные глаза, ярко очерченные губы, какой-то извиняющийся глубокий взгляд... Ничего, кроме этого земного божества, я уже не видел в зале. Женщина, почувствовав мое пристальное внимание, улыбнулась, и белозубая улыбка осветила каким-то особым светом ее небесную красоту. Никогда прежде я не встречал таких прекрасных лиц. В перерыве я подошел к ней. Вблизи она показалась мне еще красивее. Пытаясь завязать знакомство, я глупо поинтересовался, как отсюда позвонить в Москву. Красавица лукаво улыбнулась, поняв мое намерение познакомиться с ней. А после заседания мы четыре часа просидели в зеленом сквере, и я узнал, что Лариса преподает в техникуме экономику, что очень любит поэзию и что вскоре собирается приехать в Москву в гости к бабушке. Я не помню сейчас, о чем мы говорили, но мне было очень интересно с ней, умной, начитанной, смущающейся от неожиданного знакомства.

А через несколько месяцев она приехала в Москву. Мы ждали ее вместе с Вознесенским в условленный час на площади Маяковского. Андрей сразу узнал Ларису, когда она шла к нам по улице. Узнал по моим рассказам и по неземной красоте, которая заставляла прохожих оглядываться...

Так начался наш трехлетний роман, когда почти каждую неделю я летал в Ташкент, чтобы увидеть свою богиню. И всякий раз как бы заново поражался ее красоте. И не только внешней, но и той скрытой, духовной, которая еще больше сближала нас... Она ушла из семьи, забрав сына, ни на что не надеясь, ничего не прося и не требуя. Просто любила и была счастлива. Я метался между домом и Ташкентом, но уйти к ней не решался, потому что не представлял жизни без Димы — моего единственного сына, которого очень любил... А он был слишком мал, чтобы понять меня. Всю свою тревогу и любовь, нежность и отчаяние я доверял лирическим стихам, которые вошли в мою книгу «Азарт» и которой не было бы, если бы я не встретил Ларису...

И все-таки мы расстались. Но я навсегда сохраню в своей душе тот яркий свет искреннего чувства, который озарил мою жизнь. Как сохранились и стихи, посвященные моей давней любви.

Я прощаюсь с тобой... Ухожу.
Я целую твои онемевшие руки.
И сквозь боль улыбнусь твоему малышу —
Лишь один он спасти тебя может в разлуке...

Я прощаюсь с тобой... Ухожу.
Шаг до двери, — о, как он мучительно труден!
Все, что было у нас, — я в себе уношу.
В жизни той ничего уже больше не будет.

Мы опять остаемся с тобою одни.
Ухожу из судьбы твоей в горькую память.
Ты в былое вернись, в те венчальные дни,
Когда словом своим я не мог тебя ранить.

Оглянусь еще раз... Ты стоишь у окна.
Словно памятник нашей любви и печали...
И кончается жизнь — для тебя и меня,
Потому что любовь у нас в самом начале.

Со своей третьей женой Галей я прожил двадцать пять лет, до 1994 года. Закончил школу и отслужил в армии наш сын Дима. Душа его была соткана из доверчивости и доброты. Это в конечном счете и погубило его. Обманутый в любви, он не сумел справиться с бедой и покончил с собой... Ему было всего 26 лет.

29 августа 1996 года — самая страшная и горькая дата в моей жизни. И все стихи, посвященные его памяти, — это бесконечная боль и упрек себе, что я не сумел спасти своего единственного сына...

Еще при его жизни я ушел из дому. Он никогда не упрекал меня, а пытался понять. Я был благодарен Диме за его такт и доверие. Мы оставались близкими друзьями до самого последнего часа. Помню наш разговор по телефону за день до его гибели. Я позвонил ему с Кавказа. Он был спокоен... Ничего не предвещало трагедии. Мы договорились о встрече. Но Дима не дождался отца...

В те тяжелейшие дни я жил машинально, ничего не понимая и не веря в реальность случившегося. И если бы не Аня — моя нынешняя жена, с которой до того мы проработали вместе 20 лет в редакции «Юности» и которая очень хорошо чувствовала и понимала мою душу, мне бы не удалось справиться с этим невероятным горем.

А когда я впервые пришел к маме с Аней Пугач, о которой рассказывал ей еще раньше, моя мудрая и добрая матушка, глядя на ее юное красивое лицо, и, видимо, вспомнив мои прежние скитания по семейным рытвинам, грустно сказала:

— Что же это тебе, сынок, так с бабами не везет... — Мы с Аней рассмеялись... Но шло время, и мама все больше и сильнее привязывалась к моей новой симпатии... Однажды мы пришли и сказали, что поженились. Она достала свою любимую хрустальную вазу, которую бережно хранила с довоенных времен, и подарила нам. Потом поставила рюмки на стол, и вместе мы отметили радостное событие. Это уже что-то да значило. Я вспомнил, как она не пришла на одну из моих свадеб. И как не очень жаловала моих прежних жен.

Мы готовились с Аней ехать на работу в Израиль (а это был 1997 год), и кто-то позвонил маме и с сочувствием сказал, что сын, мол, вас бросил и навсегда уезжает за границу... Она не спала ночь, плакала. А все произошло из-за того, что в одной из газет напечатали заметку под крупным заголовком «Андрей Дементьев уезжает жить в Израиль». И лишь ниже обычным шрифтом пояснили, что еду я туда работать, представлять Российское телевидение на Ближнем Востоке. Аня все это объяснила маме, и тогда... она произнесла грустную фразу, которая надолго запомнилась нам: «Что ж это за жизнь такая, если моему сыну надо ехать так далеко, чтобы заработать деньги».

Она очень тяжело переживала разлуку с нами, гибель Димы и свое одиночество.. Мы с Аней почти каждый день звонили ей из Иерусалима и старались почаще приезжать в Москву, но силы ее гасли...

Умерла мама на Пасху в Святую пятницу, не дожив нескольких месяцев до своего 90-летия. Я похоронил ее в Твери рядом с отцом. Там на старом кладбище стоит белый мраморный памятник с крестом и фотографиями двух самых близких мне людей. И внизу — поминальные строки:

Отец и мать — святые имена...
Как жаль, что все на этом свете зыбко.
В душе моей — и нежность, и вина.
Отцовский взгляд и мамина улыбка.

Я часто вспоминаю тот апрельский скорбный день 98-го года... Когда мы с похоронной процессией приехали из Москвы в Тверь и по дороге на кладбище повернули на центральную улицу города, в кафедральном соборе неожиданно зазвонили колокола. Я воспринял это, как высший знак. Мама действительно была для нас святым человеком. Сколько я наделал в жизни ошибок и глупостей, потому что не слушал ее. Но понял это слишком поздно.

ПАМЯТИ МАМЫ

Повидаться лишний раз
Было некогда.
Я теперь спешить горазд, —
Только некуда.

Было некогда, стало некуда.
Если можешь, — то прости...
Все мы дети суеты,
Ее рекруты.

Прихожу в твой дом пустой.
Грустно в нем и тихо.
Ставлю рюмочки на стол
И кладу гвоздики.

Сколько праздников с тобой
Мы не встретили.
А теперь лишь я да боль.
Нету третьего.

Посижу и помяну
Одиноко.
Ты услышь мою вину,
Ради Бога...

Всякий раз, приезжая в Тверь, я останавливаюсь в отеле, что расположился на той же улице, где прошли мое детство и юность и куда вместе со мной приходят незабываемые воспоминания... Мне дорого, что эта далекая жизнь стала близкой моей жене Ане. Она тоже полюбила Тверь, ее старинные особняки и волжские просторы. Я рассказываю ей об истории этого неповторимого края и о тех замечательных людях, которые бывали здесь, — Пушкин, Крылов, Салтыков — Щедрин, Островский, Лемешев... Мы вместе с ней ездим на кладбище к моим родителям. И она часто говорит мне: «Как жаль, что я не знала твоего отца. Мы бы подружились с ним, как подружились с Марией Григорьевной...»

В Москве, принося Анюте наши любимые цветы — лилии, я непременно ставлю их в ту вазу, что подарила нам в свадебный день моя мама...

Мы оба с Аней «Раки». Надежное созвездие. Доброта и искренность в нас — отсюда. В моих последних по времени книгах много стихов, посвященных ей. Пятнадцатый год мы уже вместе. Я понимаю, все в руках Божьих. Но моя жизнь и мое счастье — в руках этой красивой и молодой женщины, которая, как и я, не представляет себя без нашей любви. Я благодарен ей за все, что послал нам Господь. Потому что она живет внутри моей поэзии, без которой я мало бы что значил.

А вспоминая своих прежних жен и тех женщин, которые могли бы надолго быть со мной рядом, я мысленно говорю им «спасибо» за светлые и счастливые мгновения, подаренные мне бескорыстно и радостно.

Женщины, которых я любил,
Мне близки и дороги поныне.
Даже и вдали — они богини,
Женщины, которых я любил.

Для меня не меркли никогда
Красота их, молодость и нежность.
Чувствую я власть их, как и прежде,
Через все разлуки и года.

...На три жизни мне достанет сил,
Потому что радужной порою
Не прошли случайно стороною
Женщины, которых я любил.

ПОКЛОН ТЕБЕ, СВЯТОЙ ИЕРУСАЛИМ

Заканчивался 1996 год. После ухода из «Юности» я довольно долго вел на ТВ авторскую программу «Воскресные встречи». Но передачу неожиданно закрыли из-за того, что четвертый канал «Российские университеты», на котором я работал, перестал существовать. Его передали НТВ. И я остался не у дел. Именно в это время тогдашний руководитель Российского телевидения мой давний друг Эдуард Сагалаев предложил мне поехать представителем ТВ на Ближний Восток... Я уже знал Израиль, о котором мы с коллегами сделали три документальных телевизионных фильма, которые с успехом прошли в России, США, Израиле и Германии. В те первые приезды Святая земля покорила меня своей природной красотой, библейской историей, встречами с мужественными людьми, которые в трудных условиях строили новое государство.

И потому я с благодарностью принял предложение Эдика. Провожая нас на новое место работы, он с присущим ему доброжелательным юмором предсказал: «Глядишь, и стихи напишешь об Израиле. Не на день ведь едешь».

Как в воду смотрел. За четыре с половиной года я

написал много произведений, посвященных Земле обетованной, которые включаю теперь во все свои книги. Но тогда об этом не думалось. Надо было осваивать новую должность — шефа бюро Российского телевидения на Ближнем Востоке. В сферу нашего журналистского обзора входили, кроме Израиля, еще Египет и Иордания. Если учесть, что я никогда не работал за границей, то трудностей ожидалось много. И хотя я не был новичком на телевидении, тем не менее на первых порах не все получалось. Помню, как Москва несколько раз упрекала меня за то, что в своих коротких репортажах я слишком эмоционально и с пристрастием говорил о террористических актах, в которых гибли невинные люди, о жизни наших бывших соотечественников и о многом другом, что по характеру жанра противопоказано. А я не мог иначе. Мои репортажи иногда не шли именно по этой причине. Кроме того, меня не считали «своим» в редакции «Вестей», поскольку пришел я со стороны, да еще и по велению начальства, которое, кстати сказать, через несколько дней после нашего приезда в Израиль поменялось. И хотя у меня сложились нормальные отношения и с Николаем Сванидзе, пришедшим после Сагалаева, работать было нелегко. Тогдашний главный редактор «Вестей» Михаил Пономарев оказался педантичным и не очень образованным человеком. Его замечания по моим репортажам больше походили на вкусовые придирки. Мне — немолодому писателю с наработанным авторитетом в литературе и журналистике — (как-никак лауреат многих премий, автор трех десятков поэтических сборников, бывший главный редактор популярнейшей «Юности») — нелегко было выслушивать нотации, некорректные замечания, а иногда и просто обычное хамство, которое при этом становилось главным аргументом при снятии того или иного материала. Помню, мне позвонили из «Вестей» в Иерусалим и в срочном порядке попросили подготовить на вечерний выпуск интервью с премьер-министром Израиля Беньямином Нетаньяху. По протоколу такие интервью готовятся заранее, с предварительным письмом в правительственную канцелярию и т. д.

Но поскольку у меня лично сложились хорошие отношения с премьер-министром, который бывал на моих авторских вечерах, я сразу же встретился с ним и вовремя отправил интервью в Москву. Вечером мне позвонила какая-то девочка из редакции «Вестей» и сказала, что материал не уместился, и передала «доброе» пожелание своего начальства оставить интервью себе на память. Я был взбешен. Не говоря уже о том, что это — политическая бестактность — взять интервью у премьер-министра, который на другой день отправлялся в Москву с официальным визитом, и не дать его в эфир. Кроме того, звонок из Москвы и принятое кем-то бездумное решение иначе, как проявлением элементарного неуважения к работе коллег, назвать было нельзя. Правда, я добился, что материал наш все-таки прошел в тот вечер. Но нервы нам потрепали изрядно. А сколько других необъяснимых подножек было за все эти годы! Слава Богу, Пономарев вскоре ушел из «Вестей», а главным редактором стал истинный профессионал, человек порядочный и благородный — Алексей Абакумов, — с которым позже мы подружились и долгое время вместе работали на «Радио России», которое он возглавил.

Невеселое настроение и общий настрой по поводу моей корреспондентской работы в Израиле, передают стихи, написанные в тот нелегкий для нас период.

«ВЕСТИ» — РТР

Перед «Вестями» по экрану
Несутся кони налегке.
Я с микрофоном тихо встану,
Собрав мыслишки на листке.

Мои слова негромко тают
В привычной суматохе дней...
Спаси меня, земля Святая,
От РТРовских коней.

Хотя они везде догонят,
Замкнут меня в своем кольце.
Прошли по мне лихие кони.
Одни копыта на лице.

* * *

Я теперь озвучиваю «Вести»
И для текстов приобрел тетрадь.
Но мое лицо и голос
Вместе
«Вести» не желают совмещать.

Стал и я поденщиком безликим,
Уступив свой авторский экран
Всяким шоу да убогим клипам
Вперемешку с пошлостью реклам.

Как сказал один чиновник важный,
Ни заслуги, ни авторитет
Не помогут, ежели однажды
Лихачи столкнут тебя в кювет...

И страна, любившая поэтов,
Правду говоривших ей в глаза,
Немоты пророческой отведав,
Позабудет наши голоса.

ИРОНИЧЕСКИЕ СТИХИ

Подхожу к крутому рубежу,
За которым ничего не будет.
Между тем я все в глуши сижу,
Занимаясь теле — словоблудьем.

Мне писать бы книги да стихи.
Я же появляюсь на экране,
Словно старый пахарь от сохи,
Камерой напуганный заранее.

И такая рожа у меня,
Будто я наелся горькой редьки.
Будто, как Чапай, слетел с коня
На виду у Анки и у Петьки.

Я никак вместиться не могу
С гениальным текстом в полминуты...
Я хочу в московскую пургу,
В черное безденежье и смуты.

Я к чужим законам не привык.
Мне теперь бы что-нибудь попроще.
Чтобы рядом был родной язык,
Долгожданный, как блины у тещи.

В общем, я хочу скорей слинять
Со Святой земли в московский угол.
Пусть судьба все повторит опять —
Как я прибыл шумно, так и убыл.

Я, конечно, буду вспоминать
Нашу несусветную работу.
Но какая это благодать —
Всех послать и обрести свободу.

Но все неурядицы и огорчения, которые так мешали нам в Израиле тогда нормально работать, не могли заслонить интерес к стране, ставшей для меня близкой и дорогой. Я познакомился со многими деятелями культуры, искусства, с политиками, открывшими мне многие стороны тамошней жизни.

В современном десятиэтажном здании в центре Иерусалима, где находился наш офис, на первом этаже разместилось туристическое агентство, принадлежавшее Марине Фельдман — замечательной молодой женщине, филологу, приехавшей в Израиль с Украины.

Свое знакомство с землей Обетованной она начала с работы таксистом. Марина была первой и, может быть, единственной женщиной, осмелившейся освоить столь трудную мужскую профессию. Это дало ей возможность исколесить всю страну, узнать ее поближе для того, чтобы потом создать агентство для русских туристов. Почти все наши соотечественники, приезжавшие в Израиль из бывшего Советского Союза, побывали на ее обстоятельных экскурсиях по Иерусалиму.

Мы виделись с Мариной почти каждый день, бывали у нее в гостях. Как-то она передала нам свою книгу с дарственной надписью под названием «Святая земля» — подробный путеводитель по Израилю со взглядом в древнюю историю, с объяснениями праздников, знаменитых мест и событий. И до сих пор эта красиво изданная книга, помогает нам полнее познавать страну, которую мы очень полюбили за годы пребывания на земле Обетованной.

К сожалению, Марина не успела осуществить еще одну мечту — издать энциклопедию, посвященную Иерусалиму. Помешала неожиданная и серьезная болезнь. Врачи долго боролись за ее жизнь, но болезнь не уступила. Мы похоронили Марину на взгорье при въезде в Иерусалим. Кладбище это хорошо видно каждому, кто посещает Святой город, как бы напоминая, что все в этой жизни бренно, кроме памяти. И я часто вспоминаю слова Марины о том, что восхождение в Иерусалим предполагает добрые дела, а не зло, которого слишком много накопилось в мире. И сама она жила в добре, оставив нам светлую память о себе теми благородными делами, что заполняли ее недолгую жизнь.

Помню, летом 2000 года мы собирались в отпуск, когда в Тель-Авиве возле дельфинария какой-то палестинский фанатик взорвал кафе. Это был день окончания занятий в школах, счастливые ребята пришли отметить радостное событие, пообщаться и потанцевать. Младшему из них недавно исполнилось 14 лет. Двадцать две юные жизни, — в основном выходцы из бывших советских республик, — оборвались в самом начале...

Вся страна содрогнулась от жестокости и несправедливости свершившегося. Мы не смогли тогда уехать в Москву, как невозможно уйти из дома, когда в нем поселилось горе. Одна украинская мать, привезшая в Израиль двух своих девочек, в тот страшный день потеряла обеих. Я рассказал о трагедии в своем репортаже. И, конечно же, не мог скрыть горьких чувств и боли, которые испытывали в те дни все жители Израиля...

Однажды чудо спасло от гибели и мою жену Аню, которая работала в Израиле вместе со мной собкором Российского телевидения. В то утро с нашим референтом Ингой она пошла на рынок, что располагался в десяти минутах ходьбы от офиса, чтобы купить на вечер фрукты, потому что к нам собирался прийти Валентин Никулин, известный российский актер. По пути они зашли выпить по чашке кофе.

Пять минут отделили их от двух взрывов, которые прогремели на рынке и унесли тридцать жизней ни в чем не повинных людей.

Думаю, что читатель может представить себе, какие опасности и жестокость подстерегают на каждом шагу мужественных израильтян. Когда на главной улице Тель-Авива Дизенгоф террорист взорвал автобус с пассажирами, на другой же день этим маршрутом поехало еще больше людей, чтобы дать понять террористам, что их запугать невозможно, как невозможно победить народ, влюбленный в свою страну и строящий мирную жизнь.

Но много было и хорошего. Например, ежегодный День дерева, когда на Святой земле жители высаживают деревья. Маленькие саженцы готовятся заранее на местах, где предполагают разбить сад или возвести будущий лес. Обычно в такой день сажают до двух миллионов деревьев. Идут годы, и на месте пустынь и равнин встают леса, шелестят яблони и обмахиваются зелеными веерами пальмы.

Есть в Израиле и наши саженцы — сосны, пальмы, фруктовые деревья. За эти годы они стали уже большими. И когда мы несемся по шоссе Тель-Авив — Иерусалим, то, проезжая знакомые места, теплеем сердцем, зная, что здесь вдоль трассы украшают пейзаж и наши деревья.

Под впечатлением тех «посадочных» дней я написал стихи.

ДЕНЬ ДЕРЕВА

Не перестану удивляться
Тому,
Как много лет назад
Без суеты и агитаций
Пустыню превратили в сад.

Теперь есть день такой,
В который
Выходят все сажать сады.
И потому здесь каждый город
В кругу зеленой красоты.

И я горжусь, что среди многих
Роскошных пальм — есть и мои.
Они стоят вблизи дороги
Как символ искренней любви.

Когда деревья мы сажали,
Я вдруг поймал себя на том,
Что некогда земля чужая
Мне заменила отчий дом.

И как бы жизнь здесь ни сложилась,
Я знаю, что на все года
С Израилем меня сдружила
Ее садовая страда.

С самого первого дня работы на Святой земле я не переставал удивляться своим открытиям. Помню, едем мы на Мертвое море, а на дороге стоит простой дорожный указатель со стрелкой — «Содом». И сразу вспомнилась легенда о Лоте и его жене. У меня на книжной полке хранится фотография, где запечатлен якобы тот самый соляной столб, в который превратилась жена Лота, нарушившая повеление Бога и оглянувшаяся на родной дом, когда они бежали из проклятого города.

Удалось нам побывать и в древней столице крестоносцев Акко. Кажется, что под старыми развалинами до сих пор покоится прах далекой и драматической истории. И если поддаться воображению, то в тишине ветер донесет едва слышимый звон мечей... Однако жизнь в Израиле шире и объемнее, чем его история. Пришли новые поколения, приехали из бывших республик СССР более миллиона наших соотечественников, которые внесли изменения в израильские реалии. Надо сказать, что материально репатрианты живут на Святой земле много лучше, чем жили на земле Советской. Хотя, конечно, у них свои трудности. Например, жилье. Оно дорого. Субсидий и всяческих правительственных льгот не хватает. Но если есть работа, то все в конечном счете налаживается. Не думаю, что наши российские пенсионеры могут себе позволить путешествия по миру, как принято у израильтян, в том числе и у наших бывших соотечественников. И если бы не было вокруг Израиля враждебного окружения, не случались бы терракты, не гибли бы солдаты в местных схватках с палестинскими фанатиками — жизнь в Израиле была бы абсолютно счастливой.

Политическая панорама страны — это калейдоскоп неожиданных событий и бесконечное столкновение амбиций и эмоциональных споров в поисках истины. Постоянные конфликты с соседями, как по-доброму называют в Израиле Палестинскую Автономию, требуют сплочения и единства в правительстве. Но вечная борьба между «правыми» и «левыми» создавали и создают дополнительные трудности в решении самой горячей проблемы на Ближнем Востоке — установление мира. За годы нашего пребывания в Израиле сменилось несколько премьер-министров. Причем всем им — Нетаньяху, Бараку, Шарону местный парламент — Кнессет — постоянно высказывал вотумы недоверия.

Особенно «досталось» Беньямину Нетаньяху. За недолгий срок его правления депутаты Кнессета высказали премьер-министру вотум недоверия около пятидесяти раз. По всей видимости, здесь срабатывал религиозный постулат Торы: « Не сотвори себе кумира...» А может быть, это просто национальная черта — все подвергать сомнению. Потому и президенты страны подпадали под критический контроль политиков. Это лихорадило общество. С другой стороны, такая прозрачность политической и общественной жизни была во благо, потому что любые нарушения закона и нравственных норм сразу становились достоянием гласности и Высший Суд справедливости принимал строгие решения по каждому такому факту, невзирая на занимаемый пост нарушителя.

Когда мы только приехали в Израиль, огромной популярностью там пользовалась партия Натана Шаранского «Исраэль ба алия», так называемая русская партия. Ее поддерживали тысячи репатриантов, в разное время выехавших из бывшего Советского Союза. Партия имела восемь депутатских мест в Кнессете. Конечно, на успехе партии сказался и личный авторитет ее лидера. Активный правозащитник, отсидевший за свою политическую независимость не один год в советских тюрьмах, Натан приехал в Израиль национальным героем. В США его именем уже была названа одна из улиц Вашингтона.

Мы подружились с Натаном. Частенько виделись с ним, он принимал участие в наших телепередачах, приходил на мои творческие вечера... Однажды, даря нам свою книгу, в которой были даны практические советы, как выжить и сохранить себя тем, кому придется сидеть в тюрьме, он рассказал смешную историю. Когда Александр Руцкой, будучи в ранге вице-президента РФ, приехал в Израиль, Щаранский презентовал свои тюремные пособия и ему, естественно, не догадываясь, что через некоторое время они пригодятся Руцкому, которого за события 93-го года посадят в «Матросскую тишину»...

К сожалению, с годами партия Щаранского теряла авторитет и сейчас вконец утратила свои некогда высокие и твердые позиции. Думаю, что во многом это объясняется переменами политической ситуации в стране. Требовались конкретные действия и решительные шаги, а не только призывы к здравому смыслу и заверения в любви к простым людям.

Тогда же на политический аванпост выдвинулась другая партия, партия «Наш дом Израиль», тоже связанная с «русской улицей». Ее возглавил выходец из Молдавии, некоторое время бывший руководителем администрации правительства Нетаньяху — Авигдор Либерман. На первых порах ему очень не хватало политического опыта и столичного шарма, который был у Натана. В его выступлениях того периода и в схватках с ловкими противниками ощущалась некая «совковость», тяжеловесная прямолинейность. Но партия все же сохранилась и продолжает «гнуть свою линию» — ужесточает отношения с Палестинской Автономией...

Наша работа на Ближнем Востоке давала возможность знакомиться с опытом государственных мужей. Помню, как полтора часа мы проговорили с бывшим премьер-министром Израиля Ицхаком Шамиром, которого все называли «господином «Нет», потому что он очень осторожно проводил внешнюю политику. На мой вопрос: «А если все евреи мира захотят приехать в Израиль, что вы будете делать? Куда разместить все эти миллионы?» Старый лис хитро посмотрел на меня и ответил: «У нас всем найдется место. Пусть приезжают».

Вот эта солидарность, которая вызревала веками в душах гонимых евреев, помогала и помогает им выживать. Может быть, именно поэтому каждый израильтянин чувствует себя хозяином своей земли. И не случайно, наверно, произнесла известную фразу легендарная Голда Меир: «Трудно быть премьер-министром в стране, где еще пять миллионов премьер-министров».

Вообще Святая земля — единственное, по-моему, место на планете, где особая аура, где возможны чудеса и необъяснимые события. Как-то поздно ночью мы с женой возвращались от друзей к себе в Иерусалим из Тель-Авива. По дороге я заметил, что бензин на нуле и завернул на бензоколонку. При ней находился банкомат, где по кредитной карточке можно было расплатиться. Но ни у Ани, ни у меня не оказалось с собой ни наличных денег, ни кредитной карточки. Видимо, она понадеялась на меня, а я на нее. Звонить друзьям в два часа ночи было бы неприлично. «Ну, думаю, придется двум бедолагам заночевать в машине». И вдруг из банкомата неожиданно выползла купюра в 50 шекелей. Я заправил машину, расплатился, и мы благополучно добрались до дома. Правда, до сих пор не знаю, кому отдать долг.

Однажды в Израиль прилетели Михаил Сергеевич Горбачев с Раисой Максимовной. В Тель-Авиве проходила международная конференция, и каждый час высокого гостя был расписан. При встрече Михаил Сергеевич попросил нас с Аней показать Раисе Максимовне Иерусалим, где она оказалась впервые. Мы договорились, что встретим Раису Максимовну на другой день на въезде в Иерусалим и покажем главные святыни города. Дома я предупредил Аню, чтобы она в разговоре с высокой гостьей поостереглась употреблять острые журналистские словечки, которыми мы в обычной обстановке «украшали» свою речь. Я очень хорошо знал пуританскую натуру Раисы Максимовны и ее учительскую строгость в общении, чтобы внести некий диссонанс в ее предстоящие впечатления от Святой земли. На другой день мы бродили с ней по Старому городу, и супруга экс-президента поражалась всему, что видела — старой архитектуре, величию Храма Гроба Господня, обилию цветов на улицах. Ее узнавали прохожие, почтительно здоровались. Когда мы спустились по белой лестнице к Стене Плача, предварительно пройдя полицейскую проверку, к нашей спутнице неожиданно подбежал какой-то марроканец с автоматом и стал требовать у нее паспорт. Я подозвал полицейских и попросил их остановить не в меру ретивого служаку, объяснив, что нас только что проверила охрана. Но Раиса Максимовна уже напряглась и, достав паспорт, открыла его перед злобным лицом автоматчика и громко произнесла: «Я — Раиса Горбачева... Вы видите меня здесь в первый и в последний раз...» Эти резкие слова почему-то тревожно кольнули мое сердце. Стена Плача — Святое место, и здесь положено молиться, а не гневаться. К тому же, как я уже писал, мое суеверие имеет большую власть надо мной. Вечером я сказал Ане: «Не надо бы Раисе Максимовне у Стены Плача так говорить... Почему «в последний раз?» А через несколько месяцев случилось несчастье — Раиса Максимовна серьезно заболела и вскоре ушла из жизни. Но мне не дает покоя мысль, что та трагическая фраза была предчувствием. Или предсказанием...

Я прилетел на ее похороны в Москву и помню, как по дороге в здание Фонда культуры, где проходила гражданская панихида, ко мне подходили женщины с цветами, которых не пустили дальше бульвара, и просили положить их букеты ко гробу Раисы Максимовны. И эту охапку я донес до нее...

Мое суеверие, укрепившееся в Израиле, все это время не покидало меня. Помню, как однажды знакомые нам по Москве молодые москвичи, нафотографировав всяких пляжных фривольностей, захотели запечатлеть на ту же пленку свое пребывание у Стены Плача. А вечером они с удивлением обнаружили, что фотопленка их совершенно пуста. Тоже совпадение? Не знаю...

Начало марта 1999 года. Мы только что вернулись из Иордании. Неделю жили в Аммане. Передавали в Москву репортажи о последних днях жизни одного из самых популярных политиков на Ближнем Востоке — короле Хусейне. Его, смертельно больного, привезли из Нью-Йорка после неудачной операции по пересадке костного мозга. Он лежал в столичном госпитале, и вся страна, замирая, каждый час слушала сообщения о состоянии его здоровья. Никогда прежде не видел я такого единения довольно разноликой толпы, стоявшей у ворот медицинского центра и напряженно ожидавшей выхода жены короля — красавицы Нур, которая передавала людям последние новости. Вся площадь перед госпиталем, заполненная невиданным количеством иорданских граждан, напряженно ждала королеву. С ее появлением многотысячная толпа вставала на колени и молилась за здоровье своего монарха. Но болезнь оказалась сильнее этого мужественного и благородного человека. Любовью к нему народа Иордании я был потрясен.

Еще раньше мы узнали о Хусейне много необычного, что возвеличивало эту незаурядную личность. Однажды, когда группа школьниц из Израиля вместе со своей учительницей приехали в Пéтру на экскурсию, какой-то фанатичный солдат, глядя на смеющихся девчонок, принял этот смех на свой счет и расстрелял из автомата пятнадцатилетних школьниц и их учительницу. Эта трагедия потрясла всех. И особенно короля Хусейна. Он специально прилетел в

Израиль, обошел дома погибших девочек и, встав на колени, попросил прощения у их матерей за совершенный его солдатом чудовищный акт насилия.

Авторитет короля Хусейна был столь высок, что к его голосу прислушивался весь Ближний Восток.

А тогда, в феврале 99-го года мы вместе с зарубежными журналистами из других стран прожили в Аммане целую неделю и каждый день ходили на площадь, испытав немало горьких минут. Тогда же я написал стихи, посвященные легендарному королю.

КОРОЛЬ ХУСЕЙН

Король возвращался домой,
Уже побежденный болезнью.
Сознанье окутано тьмой,
Как тучами поднебесье.

Впервые не он у штурвала
За долгие эти года.
И небо его провожало,
Наверно, уже навсегда.

Неслось королевство навстречу
Сквозь тучи и звездную пыль.
При жизни он знал, что не вечен,
Но как-то об этом забыл.

А жить ему столько осталось,
Чтоб лишь приземлиться успеть.
Успеть не почувствовать старость
И рядом летевшую смерть.

Когда мы возвращались из Аммана, измученные напряженной работой и эмоциональными перегрузками, нам позвонили прямо в машину с нашего телевидения. Надо было срочно лететь в Каир, куда прибывал Генеральный секретарь ООН Кофи Анан, и взять у него интервью для программы «Вести» о плане мирного урегулирования израильско-палестинского конфликта. Эта вечная тема для Ближнего Востока. Честно признаться, ехать страшно не хотелось. Ни сил, ни настроения уже не было. Тем более что получить интервью за один день у столь высокой особы — крайне сложно. Надо пробиваться сквозь бюрократизм дипломатов, договариваться с разными службами, чтобы успеть все сделать вовремя. Но билеты на самолет мы все же взяли... На всякий случай я сказал своей жене Ане: «Сходи к Стене Плача, поговори...» И случилось непредвиденное. На другое утро, вопреки всем прогнозам, на Израиль обрушилась снежная буря, аэропорт Бен-Гурион закрыли, и в Каир мы не улетели. Я был потрясен, потому что метеосводки в Израиле обычно даются с точностью до часа. Никакого снега на весенние дни не ожидалось.

После этого случая я действительно поверил в чудеса. И в то, что в Иерусалиме — в этом центре Земли — как нигде, очень сильное энергетическое поле, где постоянно происходит противоборство между добром и злом.

Надо заметить, что в Израиле дождь и снег воспринимаются как дар Божий, потому что вода — это жизнь. Если человек приезжает на Святую землю в дождь, то это считается хорошей приметой. На Ближнем Востоке страшный дефицит воды. И озеро Киннерет, расположенное на севере страны, является основным водным резервуаром, который снабжает водой весь Израиль. Здесь скрупулезно подсчитывается, сколько за зиму выпало осадков и хватит ли запасов воды на летний период. Сирия и Ливан, граница с которыми проходит по Голанским высотам, также претендуют на воду из Киннерета. Поэтому в территориальных претензиях этих арабских стран всегда стоял вопрос о разделе озера Киннерет.

Надо сказать, что израильтяне очень любят музыку. Количество симфонических оркестров, ансамблей, музыкальных групп огромно. В середине 90-х годов в Тель-Авиве был открыт первый оперный театр. Это стало колоссальным культурным событием для всех израильтян. Я видел, как этот великолепный по архитектуре театр менял людей, приходивших туда. Майки и сандалии, популярные среди израильтян в любое время дня и года, стали заменяться на костюмы и галстуки из уважения к искусству. И сейчас, спустя десять лет, уже трудно представить себе всегда вольно одетого сабра в театре без хорошего костюма.

Общеизвестно, что музыкальная культура Израиля укрепилась за счет выходцев из бывшего Советского Союза, из сегодняшней России. В 90-е годы, в период наиболее активной репатриации, здесь была очень популярна шутка: «Прибыл самолет из Союза. Среди пассажиров половина со скрипкой. А другая половина без скрипок. Это — пианисты. У них в чемоданах ноты...» Естественно, нелегко было устроиться и утвердиться многим нашим талантливым музыкантам на поприще искусства, потому что конкуренция огромная. Один из них — бывший солист ансамбля скрипачей Большого театра Саша Поволоцкий — выдержал все испытания и конкурсы и стал популярен и востребован не только как солист оркестра Зубена Меты, но и как талантливый композитор. Музыкальный дар Поволоцкого, его импровизации и виртуозная игра на скрипке сделали его популярным в Израиле. И дети — Марианна и Юджин — тоже пошли по стопам отца.

Филармонический оркестр, где Саша в большом почете, гастролирует по всему миру. Но чаще всего мимо России. А жаль. Мои соотечественники получили бы истинное удовольствие от прославленного коллектива.

Мы часто встречаемся с Сашей, бываем у него дома, где всегда рады гостям. Наш друг оказался еще и остроумным человеком. Как-то, в самом начале нашей командировки, мы были у них в гостях в Тель-Авиве и засиделись допоздна. Я еще плохо ориентировался, и Саша сел к нам в машину, чтобы вывести нас на главную магистраль Тель-Авив — Иерусалим. Я хотел подвезти его обратно, поскольку уже понял, куда нам ехать, но он отказался и пошел домой пешком. Через час, добравшись до Иерусалима, я позвонил сказать, что все в порядке. Была глубокая ночь. Поволоцкий вдруг весело признался: «Я только что вернулся в семью. Они уже и не чаяли меня дождаться. Вот уж никогда не думал, что Израиль такая большая страна...» Помню и еще одну его шутку: «Ты знаешь, Аня (его жену тоже зовут Аней, как и мою) постелила вчера новое шелковое белье, и я, как скалолаз, всю ночь цеплялся, чтобы не соскользнуть на пол...» Както он озорно посетовал по поводу невысокой культуры некоторых репатриантов: «Понаехали тут из Кривого Рога и все никак выпрямиться не могут».

Некоторым из моих израильских друзей я посвятил стихи. Хирургу Иосифу Альбертону, который оперировал меня, и интеллигентнейшему Абраму Когану из Запорожья — доктору наук, отцу журналистки Полины Копшеевой, которая хорошо известна израильтянам под псевдонимом Лиора Ган.

Она взяла другую фамилию не из пижонства. Просто в начале 90-х годов многие наши соотечественники, уезжая из страны, боялись своим отъездом усложнить жизнь оставшимся родственникам, чем-то навредить им. И Полина, начав работать на радиостанции РЭКА, придумала себе псевдоним, как и другие публичные люди, который стал неотделим от ее профессиональной деятельности.

Есть в моих книгах стихи, посвященные и милой семейной паре Кларе и Алону Решев, с которыми мы подружились еще в Москве, когда они работали в израильском посольстве. С легкой руки Клары и Алона в 1993 году вышла моя первая поэтическая книга об Израиле «Снег в Иерусалиме». Оформил ее Илья Глазунов. Я помню, как часто и настойчиво Клара звонила из своего посольства в Тель-Авив в главный офис «Натив» (агентство по связям с евреями рассеяния), торопя с выходом книги. Тираж у нее по тем временам был огромный — 20 тысяч экземпляров. Вскоре Клара с Алоном организовали ее презентацию в Петербурге во дворце Белосельских-Белозерских. После моего ухода из «Юности» в 1993 году, выход поэтического сборника для меня был немалой моральной поддержкой и в то же время подтверждением общего интереса к поэзии. Помню, что на ту презентацию кроме читателей и работников библиотек пришли мои петербургские коллеги и друзья — Эдита Пьеха, Александр Кушнер и Александр Дольский...

Позже мы провели вечер, посвященный книге «Снег в Иерусалиме», уже в самом Иерусалиме. Вела его тогдашний вице-мэр Святого города известная в Израиле певица Лариса Герштейн. Кстати, если бы не ее муж — Эдуард Кузнецов, известный в свое время «антисоветчик» и правозащитник, упрятанный в Советском Союзе в тюрьму за нашумевшее «самолетное дело», которого обменяли потом на двух шпионов, я бы не приехал в Израиль в далеком 1992 году.

Это он прислал нам с Аней в Москву приглашение из Тель-Авива от редакции самой крупной русскоязычной газеты «Вести», где он был главным редактором. Возможно, что без той поездки на Святую землю и книга «Снег в Иерусалиме» не случилась бы. Уже работая в Израиле, мы очень дружили с этой знаменитой семьей. Ходили друг к другу в гости, встречались на разных приемах, вместе отмечали праздники. Лариса много сделала для популярности, а потом и для памяти Булата Окуджавы: организовала комитет его имени, проводила творческие вечера. Мы все помогали ей. У меня хранится Почетный диплом с благодарностью за участие в благотворительных концертах памяти Булата.

По приезде в Израиль в 1997 году мы несколько месяцев обитали в отеле, что было дорого и не очень удобно при нашей журналистской работе. Лариса помогла нам найти хорошую квартиру в Иерусалиме, в которой мы прожили до конца нашего телевизионного срока.

Эдуард Кузнецов и Лариса Герштейн были яркими звездами на тогдашнем политическом небосклоне. Жаль, что сейчас они уже не горят тем добрым светом, который согревал многие души...

Поначалу я все не мог привыкнуть к языку, к обычаям, скучал по России, рвался в Москву. Аня тоже чувствовала себя не очень уютно. Но время нас меняло. Мы все больше узнавали страну, влюблялись в ее красоты, восторгались местными талантами и бесконечно уважали мужество и терпение простых людей. Я незаметно становился своим среди некогда чужих и далеких мне граждан Израиля. На мои творческие вечера всегда собиралось много народу. Меня стали узнавать на улицах, звонить не знакомые мне поклонники поэзии. Аня тоже чувствовала, как меняются ее пристрастия, как светлеет душа от постоянного общения со Святой землей.

В Иерусалиме мы близко узнали бывшего нашего соотечественника, прекрасного артиста Валентина Никулина. Он часто приходил к нам в офис, подолгу засиживался, глядя, как мы монтируем пленки, колдуем у компьютера. А когда у нас было свободное время, «травил» веселые театральные байки. Валя скучал по Москве, по театру, по товарищам и вообще по прошлой жизни. Как-то я попросил его дать интервью для одной из передач Николая Сванидзе «Зеркало». Он оживился, повел нас к зданию театра, где изредка выступал со своей поэтической программой «Серебряный век», и долго рассказывал о минувших и счастливых для него временах. Я спросил Валентина — не жалеет ли он, что уехал из России? «Да, жалею... Это была величайшая ошибка. Уговорила жена. Мне казалось, я вскочил на подножку уходящего поезда...» — искренне признался Никулин.

Надо сказать, что поначалу он собирался навсегда поселиться в Израиле, где ему подлечили больное сердце, сделав сложнейшую операцию. И Валя с благодарностью говорил об этом в нашей передаче. Но, видимо, его терзала мысль, что несмотря на внешнее благополучие, он немолодой уже артист, не нашел своего места в современной культуре Израиля. В 90-е годы, которые теперь принято называть лихими, многие творческие личности переживали кризис и уезжали искать свое счастье в разные страны... Не всем повезло в новой жизни. И потому некоторые из них, как Михаил Козаков, возвращались домой. Решил вернуться в Россию и Никулин. Особо ревнивые репатрианты набросились на него, обвинив в неблагодарности и чуть ли не в предательстве приютившей его страны. Выдающийся актер не заслужил таких упреков... Последний раз я видел его в моей родной Твери в драмтеатре, где проходил кинофестиваль. Валя очень обрадовался нашей встрече. Но мне показалось, что и на Родине он не нашел своего места.

Вспоминая нашу израильскую жизнь, я мысленно возвращаюсь в радостные и трудные времена, в суматоху наших телевизионных будней. Как-то на одном столпотворении, когда «русская» партия Натана Щаранского проводила митинг в защиту еврейских поселенцев, наш оператор уронил с лестницы мне на голову телекамеру. Было и смешно и больно. В другой раз, подняв меня как-то на рассвете, чтобы снять стенд-ап для будущей передачи, он вдруг обнаружил, что не зарядил батарею. И съемка не состоялась. Оператора звали Станислав Плетников. Выпускник ВГИКа, он имел странное пристрастие к желтому и зеленому цвету. Как правило, все картинки у него были только этих цветов. Храмы получались зеленые, а лица и цветы — желтые. Однажды я поручил ему снять концерт памяти Булата Окуджавы в Иерусалиме. Он как поставил камеру на штатив, так и не трогал в течение двух часов, словно намеренно сторожил ее. Но замечаний никаких не принимал, поскольку считал себя классиком экрана. А расстались мы с ним, когда он положил мне на стол кассету с булатовским вечером. На ней твердой рукой молодого себялюбца было написано; «Вечер Булата Акуджавы...» В ответ на мое раздраженное недоумение он с вызовом буркнул: «Я не писатель». — «Но ты и не читатель», — сказал я ему, уже твердо зная, что мы должны расстаться.

И спустя полгода совместной работы нашего «Феллини» забрали в Москву. Надо сказать, в весьма удачное для него время — февраль 1998 года — самый разгар иракского кризиса. Саддам Хусейн, в своем противоборстве с Америкой — грозил Израилю химической войной. По данным израильской разведки — угроза была реальной. И правительство вовсю готовилось к обороне: разворачивались ракетные комплексы, гражданам страны выдавали противогазы. По радио и телевидению велись разъяснительные беседы — как вести себя в бомбоубежище. В магазинах разбирали клеющиеся ленты для изоляции окон, в госпиталях были зарезервированы койки и открыты специальные отделения. Американские дипломаты, лучше информированные о ситуации, отправляли свои семьи — детей и женщин — домой в США. Многие авиакомпании отменили рейсы. И в это самое время наш оператор благополучно отбывает в Москву. Замену нам не присылают, и мы начинаем работать с местным оператором, что в практике российского телевидения было впервые. Но в Израиле чрезвычайное положение, и для эфира нужны ежедневные материалы. Нашли прекрасного парня, тоже выпускника ВГИКа, но ставшего израильтянином — Алика Абрамова. По моему наблюдению, в операторском деле редко совпадают человеческие и профессиональные качества. А здесь — и то и другое было на высоте. Работать стало легче и интереснее. В новостной съемке очень важна картинка — от того, что увидит оператор, насколько у него быстрая реакция и хороший глаз, зависит очень многое. До сих пор, когда я смотрю наши рабочие кассеты, так называемые исходники, то получаю удовольствие от яркого, хорошо снятого репортажа Алика.

К сожалению, его семье казалось, что он не нашел себя в Израиле (российские госучреждения за границей финансировались очень слабо), и он уехал в Канаду, где, как я слышал, долго не мог найти работу по специальности и перебивался случайными заработками. Очень жаль, если до сих пор у него ничего не изменилось. Поскольку, в который раз на примере Алика, я убедился, что в работе самое главное — быть на своем месте и иметь дело с профессионалами. Кстати, приехавший спустя несколько лет после нас Сергей Пашков (нынешний руководитель бюро РТР на Ближнем Востоке) воспользовался нашим опытом и уже без проблем мог взять себе местного оператора.

Вот уже несколько лет в Израиле живет мой близкий друг — замечательный писатель, классик российской детской литературы Анатолий Алексин. Он приехал туда по личному приглашению премьер-министра Ицхака Рабина. Думаю, будь ему лет поменьше и здоровье покрепче, он, может быть, и не покинул бы Россию. Все-таки лучшие годы жизни прошли в Москве, и всемирная известность нашла Толю на родной земле. Но именно израильская медицина помогает ему в его восемьдесят четыре года держаться на плаву, плодотворно работать, встречаться с читателями...

Сейчас я даже и не вспомню точно, где мы познакомились с ним. Скорее всего, в редакции журнала «Юность», куда я пришел в 1972 году первым заместителем Бориса Полевого. Алексин уже был давним автором «Юности» и членом редколлегии. Как-то сразу мы сошлись и подружились. Может быть, потому, что характерами схожи. Мой новый друг не любил ссор. И абсолютно независтлив. Он всегда искренне радуется чужому успеху. Сколько перебывало на моем столе рукописей молодых авторов, которые он присылал мне со своими добрыми «сопроводиловками». Иногда мне казалось, что Алексин излишне сентиментален. Я не считал это недостатком. Скорее — опасностью. Опасностью обмануться или раз-

1972 год. С Борисом Николаевичем Полевым в редакции «Юности»

1981 год. Я в своем рабочем кабинете главного редактора

*Первая обитель «Юности» на улице Воровского.
Сюда приходили молодые шестидесятники*

*А это уже в новом здании журнала на улице Горького.
Здесь начала свой путь «Зеленая лампа». Мастер-класс проводят
Виктор Шкловский, Вениамин Каверин и Борис Полевой*

Автографы землякам

Творческий вечер Льва Ошанина в ЦДЛ

1975 год. Празднование 20-летия журнала.

*Слева — первый главный редактор «Юности» Валентин Катаев.
Выступает Борис Полевой. Рядом — Ираклий Андроников*

День рождения Виктора Славкина

1980 год. Поэтический вечер в Льеже (Бельгия). Справа — Роберт Рождественский

С другом писателем Анатолием Алексием

1983 год. Творческая встреча.
В центре — писатель Юрий Бондарев, справа — поэт Егор Исаев

1983 год. Встреча Старого Нового года в редакции «Юности».

Среди «юниоров» — авторы. Вверху, стоят — Олег Комов, Игорь Обросов, Алла Гербер, Михаил Задорнов. Во втором ряду — слева — Марк Розовский, Аркадий Арканов, Булат Окуджава, Андрей Вознесенский, Виктория Токарева. Внизу — слева — Юнна Мориц и наш тогда еще единый коллектив

С Владимиром Солоухиным на поэтическом вечере

Чествуем давнего автора «Юности» Аркадия Арканова

Борис Полевой за чтением рукописей.
Эту фотографию Б.Н. подписал с присущим ему юмором:
«Юниору средних лет Андрею Дементьеву от юниора,
увы, уже престарелого». 1975 год

В 80-е годы вечера «Юности» проходили в самых больших залах страны

1986 год. В гости к ленинградцам...
Справа Юнна Мориц, Виктория Токарева.
Слева Анна Пугач и Алексей Пьянов

Булат Окуджава часто приходил в редакцию с новой песней

Гость журнала писатель Русского Зарубежья Лев Копелев. 1988 год

С Владимиром Войновичем. 1989 год

После долгой разлуки в Москву ненадолго приехал и писатель Владимир Максимов. 1990 год

Несравненная Галина Вишневская перед презентацией ее книги в Москве. Апрель 1991 год

В «Юности» любили шутить. Шарж к моему юбилею

У каждой обложки журнала был свой художник. Обычно — молодой

очароваться в ком-то. И такое нередко бывало. Но Толя продолжает свято верить в добро и в непременную его победу над злом. Это не просто оптимизм, а свойство талантливой и творческой души.

Алексин всегда нравился женщинам. И, по-моему, в молодости был очень влюбчив. Пока не встретил свою судьбу — Татьяну. Когда много лет назад я впервые увидел ее на каком-то собрании в Доме литераторов, то поразился ее внешней красоте. Оказывается, они уже любили друг друга, но прошло немало времени, прежде чем они поженились. Я был на их свадьбе — скромной, немноголюдной, по-домашнему простой. Таня первый читатель, строгий критик и постоянный редактор Алексина. И сама хорошо пишет. Недавно она издала свои воспоминания. Очень яркие и искренние.

Жизнь складывается из поступков, событий, из бесконечных ожиданий и надежд. Но более всего из тех самых обычных будней, где белый лист бумаги зачастую открывает вдруг такие просторы для души, что уже ничто не может затмить ожидание чуда. И чудо происходит, когда на стол ложится новая книга... У Алексина таких чудес было невероятно много. И дай Бог, чтобы они еще долго-долго вершились. И всякий раз, когда мы с Аней приезжаем в гости к Алексиным или встречаемся с ними на каких-нибудь торжествах или приемах, я чувствую эту непреходящую радость сопричастности и взаимного интереса, благодатную ауру надежной дружбы.

Так мы жили и трудились на земле Обетованной, которой я посвятил много стихов и которая навсегда вошла в мою память и в мое сердце. И я низко кланяюсь этому благословенному краю, переживающему сейчас не лучшие времена, потому что кому-то очень не хочется, чтобы жизнь там была счастливой и радостной, как того желает Всевышний...

А недавно все мои стихи, написанные в Израиле и навеянные впечатлениями и воспоминаниями о нем, вошли в сборник «Припав к Земле обетованной». Они во многом дополняют все те записи, которые я включил в эту книгу.

Поражает в Израиле отношение людей друг к другу. В шабат — главный праздник конца недели — все родственники обязательно должны собраться вместе за одним столом. (Это, кстати сказать, очень укрепляет семьи.) Иногда кому-то ради встречи приходится приезжать из одного города в другой. Но при хороших израильских дорогах — это не проблема, а удовольствие. Хозяева и гости вместе зажигают свечи, читают молитвы и пьют прохладное красное вино. Глава семьи надламывает халу — белый хлеб — символ домашнего очага и вечности. И так каждую субботу.

Праздники в Израиле обычно начинаются накануне вечером, после появления первой звезды на небосклоне, а заканчиваются на другой день также с появлением вечерней звезды. Я не раз бывал на таких семейных торжествах и всегда ощущал эту удивительную духовную сопричастность близких друг другу людей. И на сердце от таких встреч становилось светлее и радостней.

После А.Е. Бовина Чрезвычайным и Полномочным послом РФ в Израиле был назначен Михаил Богданов — потомственный дипломат, специалист по Ближнему Востоку. Он оказался к тому же и обаятельным приветливым человеком. Мы с ним начали работать в Израиле почти одновременно. Но до того тогдашний заместитель министра иностранных дел Борис Пастухов познакомил меня с будущим послом еще в Москве, когда мы только собирались поехать в Израиль.

Как и все журналисты, мы обосновались в Иерусалиме, а дипломатический корпус находился в Тель-Авиве. (Запад так и не признал Иерусалим столицей государства Израиль.) Мы очень подружились с Михаилом Богдановым и часто встречались — то в одном городе, то в другом. Он познакомил и ввел нас в круг дипломатов. Это были годы, когда только открывались посольства стран СНГ. Все было для нас внове. Послов Белоруссии, Украины, Грузии, Казахстана, Молдавии объединяла и тянула друг к другу память об одной большой стране... Поэтому праздники, дни рождения, приезд из бывшего Союза именитых гостей отмечали вместе — весело и широко. В выходные дни поочередно собирались в чьей-нибудь резиденции и дегустировали национальные кухни. И каждый из дипломатов старался удивить чем-то своим особенным. Душой таких встреч всегда была Бырганым Айтимова — посол Казахстана. Вот уж действительно блестящее сочетание ума, образованности, энергии и красоты. За короткий срок эта первая женщина — дипломат азиатской страны, завоевала восторг и любовь израильтян. Многие стали интересоваться, что это за страна такая — Казахстан. Искали ее контуры на картах, а тогдашний министр обороны Израиля Ариэль Шарон (позже он стал премьер-министром) в знак уважения к Бырганым и к ее родине выучил несколько фраз на казахском языке. Она единогласно была избрана «дуаэном» — главой дипломатического корпуса, и в этом качестве не уставала собирать своих коллег на всевозможные творческие вечера и встречи, коллективно «выводить» их на концерты звезд российской эстрады, которые часто приезжали в Израиль.

Но это на досуге. А в каждодневных дипломатических перипетиях, сложностях, тревогах послы занимались практической работой в интересах своих независимых государств, которые еще вчера считались частью огромного Советского материка. Многое было внове и для Израиля, который начинал свою судьбу с того, что могущественная многонациональная держава активно поддержала молодое государство в самом начале его восхождения. А потом резко охладела к нему...

Но возвращусь к нашим ближневосточным будням. Жизнь в Израиле не похожа на нашу — российскую. И не только потому, что там почти круглый год тепло, не надо кутаться в шубы и можно загореть даже в декабре. Она не похожа прежде всего своей деловой неспешностью и социальной определенностью. Когда у тебя есть работа, то можно не опасаться бедности и не тревожиться за свой прожиточный минимум. Хотя, конечно, там немало своих проблем.

Шел 1998 год... В России — постоянные задержки с зарплатой, с пенсиями, безработица. Многие израильтяне посылают своим родственникам по 100—200 долларов в бывший Советский Союз, чтобы помочь им свести концы с концами. Всех очень тревожила эта ситуация. Помню, в один из таких дней мы снимали возле Кнессета очередной репортаж. А на противоположной стороне, выставив на всеобщее обозрение красочные плакаты, шумно митинговали несколько десятков женщин. В Израиле ничего не умеют делать тихо. Я пошел посмотреть. Оказалось, это был митинг недавно прибывших в страну наших репатриантов, которые вышли на демонстрацию требовать у правительства увеличения пособий по старости и социального жилья. Его в Израиле, как и у нас сейчас, очень мало. А выплачивать в срок государственные ссуды на покупку собственных квартир многим пожилым людям нелегко. Хотя для них и предусмотрены немалые льготы при получении израильского гражданства.. Я подошел к волнующейся толпе и, глядя на этих хорошо одетых людей, подумал о наших многотерпцах, живущих в невыносимых условиях по всей России, где очередь на получение социального жилья растянулась на десятки лет. А при наших низких зарплатах и «улетных» ценах на собственность многие так и не дождутся отдельного квартирного рая... Кто-то меня узнал и завязался общий разговор. Вспомнили недавние годы и нынешнюю ситуацию на их бывшей родине. Говорю демонстрантам, что, по сравнению с российскими пенсиями, здесь на получаемые от государства пособия можно не только жить неплохо, но и позволить себе роскошь путешествий в другие страны. Например, в Россию, где пенсионеры уже давно никуда не ездят, потому что и дома-то не хватает средств нормально существовать. Смотрю, «возмутители спокойствия» стали понемногу сворачивать свои плакаты...

Все более и более знакомясь с жизнью Израиля, я воочию убеждался в том, что приток «наших» из бывшего Советского Союза постоянно дает новые импульсы расцвету этой страны. Бурно стали развиваться промышленные предприятия, увеличивая количество рабочих мест. Молодые города Хайфа и Реховот превратились в центры научной и творческой мысли. Медицина в Израиле достигла очень больших успехов, как и все здравоохранение в целом. И здесь Израиль во многом обязан «русским» врачам, которые, получив хорошее базовое образование в бывшем Советском Союзе, имеют возможность использовать высокую технологию, узнать все достижения мировой науки и применять их в практической работе. Да и денег им платят намного больше, не говоря уже о том, что государство вкладывает в здравоохранение баснословные суммы.

Особо хочу рассказать о постоянном внимании государства к инвалидам, которые не брошены на произвол судьбы, как у нас в России, и для которых в Израиле созданы все условия, чтобы они не чувствовали себя изгоями.

Помню, какое-то время после серьезной операции на позвоночнике мне пришлось воспользоваться услугами специального реабилитационного центра в Иерусалиме, где все устроено так, чтобы люди, перенесшие травму, ограниченные в передвижении или прикованные к коляске, не были бы отлучены от нормальной жизни — от ее радостей, интересов и общений. В этом доме, куда инвалидов привозят на целый день, есть бассейн, столовая, и компьютерная комната, и целый штат медицинских работников. Техника, которая обслуживает особо немощных, помогает им заниматься спортом и вообще вести нормальный образ жизни. Например, особый подъемник опускает в бассейн тех, кто самостоятельно не может двигаться, и опытные инструкторы проводят с ними специальные оздоровительные упражнения. И такое отношение не только в подобных домах. В повседневной жизни городов предусмотрены всевозможные условия для людей с ограниченными физическими возможностями. Общественный транспорт устроен так, чтобы в метро, в автобусы и в трамваи можно было подняться на коляске. Если строится новый дом и там нет пандусов, строителей штрафуют. Театры, концертные залы оборудованы специальными креслами. Инвалидные коляски ультрасовременны и выдаются больным бесплатно. Лекарства продают с большими скидками.

А великая держава Россия ничем этим пока похвалиться не может. Очень обидно за больных, которые тоже хотели бы жить нормально и не чувствовать себя изгоями. Хотя у нас в последнее время и заметны какие-то сдвиги, но государство еще в большом долгу перед этими мужественными людьми.

Многое поражает в Израиле. По сравнению с нашими толпами нищих, среди которых немало «наемных профессионалов», отдающих большую часть своего дневного заработка «работодателям», в Израиле просят деньги обычно только наркоманы или алкоголики. Это сразу видно по их неопрятному виду, по блуждающим глазам... И за все годы ни разу я не встречал среди просящих милостыню ни женщин, ни детей...

Замечательны дороги. Хорошо заасфальтированные, они всюду одинаковы — и в городах, и в пустыне — ровные, гладкие... Причем их чинят не заплатами, как у нас, а настилают полотнами, и выполняют эту работу по ночам, когда движение минимальное. И бесконечных колодцев посредине проезжей части, чем отличаются российские дороги в городах, там нет. Как автомобилист, не перестаю удивляться тому, как остроумно, быстро и на высоком профессиональном уровне возводятся обводные мосты, прокладываются объездные пути, чтобы обеспечить нормальную проходимость автомашин. А скопление машин на магистралях даже и пробками назвать нельзя...

И еще. В Израиле дорожная полиция не подстерегает вас в укромных местах, чтобы сорвать куш, не проверяет попусту документы и не болтается на дорогах, как неприкаянные туристы. За все годы работы на Святой земле я только дважды был остановлен блюстителями порядка. Первый раз, когда торопился в аэропорт и превысил в два раза дозволенную скорость. С трудом догнавший меня полицейский удивленно спросил: «Ты чего, любезный, на взлетной полосе, что ли?» И... не оштрафовал. А в другой раз я забыл включить вечером фары. И несся на своем «Линкольне» с дипломатическими номерами по пустыне, как морской пират. Меня догнала полицейская машина, которая до того протяжно сигналила мне. И когда я остановился и опустил боковое стекло, человек в форме мне вежливо сказал: «Не пугайтесь. Вы не в России. Но уже вечер... В это время обычно включают свет...» И повернул обратно...

Хотя штрафы, конечно, были. Нарушения засекают кинокамеры, расставленные на дорогах. По их данным нам потом и присылали повестки в банк. Внимательно в Израиле следят за парковкой. В неположенном месте не припаркуешься. Мигом оштрафуют. Зато платных стоянок очень много. Много и бюрократизма в оформлении документов, когда дело касается автомашин... Но все скрашивают дороги и порядок на них...

* * *

Мы уезжали из Израиля примерно в одно время с Богдановыми. Как приехали в 1997 году вместе, так вместе и покинули эту великую страну. Послом туда прибыл Геннадий Павлович Тарасов, который до того был послом в Португалии. Я с этой семьей не только подружился, но даже и породнился, потому что крестил в Иерусалиме их внука — Никиту.

А нынешний Чрезвычайный и Полномочный посол в Израиле — мой коллега, писатель Петр Владимирович Стегний. Все эти годы мы поддерживаем связь друг с другом. И мне было очень приятно, что когда я праздновал в июле свое 80-летие в родном городе Твери, то все эти три семьи приехали туда меня поздравить. Торжества продолжались четыре часа под открытым небом на берегу Волги, где собралось около ста тысяч моих земляков. И что удивительно — чудеса со Святой земли перенеслись и на мою малую родину. Ливший с утра в тот день дождь вдруг перестал, как только начался концерт. И все четыре часа светило солнце. А когда концерт завершился, на небе появилась радуга, и тут же опять хлынул ливень. Это поразило всех, кто в тот день пришел на мои торжества...

Вернувшись после пяти лет работы на Ближнем Востоке в родную Москву, мы не забыли Святую землю и постоянно бываем там, потому что не можем жить в долгой разлуке с ней — с ее неповторимой историей и вечнозеленой природой, с высоким звездным небом и с таинственным молчанием загадочных пальм, с искренней приветливостью друзей.

* * *

Снова мне уезжать не хочется
От солнца,
Пальм
И морей.
Эта земля, —
Как пророчество
Будущей жизни моей.

Я живу по ее заветам,
Породнившись навеки с ней.
Дорожу каждым часом светлым,
Не пугаюсь тревожных дней.

Но пора нам опять прощаться.
Может, даже на долгий срок,
Если б виделись мы почаще,
Я б печаль свою превозмог.

Провожаю прощальным взглядом
Горы, пальмы, дома, моря...

Мы летим над библейским садом,
Где осталась душа моя.

* * *

Не говорю тебе — «Прощай!»,
Земля Христа, страна Давида.
Но есть во мне одна обида,
Одна безмерная печаль,

Что поздно я пришел сюда,
Что лишь на грани жизни долгой
Взошла во мне твоя Звезда,
Соединясь с зарей над Волгой.

Еще в бытность пребывания на Ближнем Востоке я не раз задумывался над тем, почему до сих пор правительство наше не открыло в Израиле Российский культурный центр для объединения всех бывших соотечественников, которых на Святой земле более миллиона. Хотя было известно, что немало высоких мидовских чиновников занимались долгие годы проблемой центра. И бывшие российские послы в Израиле — Александр Бовин и Михаил Богданов — тоже приложили к этому и душу, и руку. Но, как всегда у нас, на пути встали финансы. Видимо, денег на такой шаг в то время у государства не было. А может быть, просто тогдашнему руководству страны не приходило в голову, что информационно-культурный центр России на Ближнем Востоке — это долгосрочный канал политического влияния на весь ход будущих исторических событий в этом горячем регионе.

Вернувшись после Израиля в Москву, я попытался подключиться к этой проблеме. Года три ходил по инстанциям — доказывал, убеждал, просил... И главным моим аргументом было то, что все цивилизованные государства имеют свои центры на Ближнем Востоке и только Россия, наиболее заинтересованная страна, до сих пор отнекивается и выжидает.

Для большей убедительности и вероятности успеха я привлек своих единомышленников и официальных лиц — Иосифа Кобзона, Валентину Терешкову, ответственных людей из МИДа. Всюду в инстанциях соглашались, поддакивали, искали пути финансирования, но дальше этого дело не шло. Руководитель Союза обществ дружбы В.В. Терешкова и М.Е. Швыдкой — тогда министр культуры — даже подготовили письмо Президенту, но не отослали его, потому что не было ясности с финансированием. Помню, мы долго обсуждали эту проблему с И.Д. Кобзоном, который, часто бывая в Израиле, тоже проникся идеей создания центра.

А время торопило. Политическая обстановка на Ближнем Востоке требовала более активного участия России в мирном процессе. Открытие культурного центра, кроме того, дало бы возможность нашей стране быть ближе к бывшим соотечественникам, которые играют немалую роль в жизни Израиля.

Помог случай. На одном из правительственных приемов я сказал об этом Владимиру Владимировичу Путину. Много слов не потребовалось. Через несколько дней мне позвонил из Администрации Президента ответственный сотрудник по международным делам С.Э. Приходько, и я понял, что лед тронулся... И действительно, все завершилось лучшим образом. Вскоре премьер-министр М.Е.Фрадков подписал Распоряжение Правительства РФ об открытии в Израиле Российского культурного центра. А 10 октября 2007 года мы улетели в Тель-Авив на торжества по случаю его открытия.

Я счастлив, что имею к этому событию прямое отношение, что наша российская диаспора стала еще ближе к своей бывшей Родине и что в одной из самых горячих точек планеты Россия получила дополнительную возможность активно влиять на ход ближневосточных событий.

ПОРТРЕТЫ ДРУЗЕЙ

ОКОНЧЕНА ВЕЛИКАЯ СТРАДА...

Мы жили с Булатом Окуджавой в одном доме в Безбожном переулке. (Теперь его переименовали в Протопоповский.) Он — на 12-м этаже. Я — на четвертом. И часто встречались. Иногда — возле своих «Жигулей», которые и он, и я ставили возле подъезда.

Много позже мой зять Миша рассказывал мне с веселыми подробностями, как Булат трудно осваивал тогда свое водительское мастерство. Особые хлопоты ему доставляла парковка возле дома. Там всегда было много машин. Булат подолгу пристраивался к ним, что нередко заканчивалось какой-нибудь мелкой неприятностью — вмятиной на «Жигулях» или поцарапанным бампером. Несколько раз по просьбе Булата Михаил помогал ему припарковать машину, когда тот случайно оказывался рядом с Окуджавой во время его мучительных автоимпровизаций.

Я въехал в свою квартиру последним — летом 1978 года, когда все обитатели дома уже давно освоили свои жилища...

Однажды, войдя в лифт, я увидел Окуджаву с красивой блондинкой. Булат представил меня:

— Познакомься, Оля, это — Андрей Дементьев...

Жена великого барда заинтересованно улыбнулась. И, как бы впав в наивность, простодушно спросила:

— Так это вы тот самый счастливый богач, что купил за миллион дачу в Пахре?

Я в тон ей ответил:

— Почему за миллион? За два с половиной...

Окуджава искренне рассмеялся. И, продолжая разговор в том же игривом тоне, с притворным удивлением поинтересовался:

— Откуда такие деньги, Андрюша? Ты что, наследство получил?

Я весело обронил:

— Да нет. Какое там наследство. Песни надо писать, Булат.

Окуджава вновь рассмеялся.

А я действительно приобрел тогда небольшую старую дачу в писательском поселке, которую год перестраивал и которая потом неожиданно сгорела...

Безобидная эта история через несколько лет уже после смерти Булата, имела неожиданное продолжение. На одном из вечеров его памяти московский бард Юлий Ким на полном серьезе рассказал залу, как один известный и благополучный поэт (имелся в виду я) посоветовал Окуджаве писать песни, чтобы поправить свое материальное положение. «Но такие песни, какие создавал этот литератор, — запальчиво продолжал Ким, — официальные и верноподданнические, — Окуджава, естественно, писать не мог...»

Когда мне пересказали эту несуразность, я подумал — вот уж поистине коллега попал пальцем в небо... Или Ким никогда не слышал моих лирических песен — «Лебединую верность», «Аленушку», «Каскадеры», «Отчий дом», или заведомо лукавил, чтобы произвести эффект...

Услышь этот недобрый пересказ нашей шутливой

беседы, Булат, думаю, снова бы рассмеялся, но не замедлил бы восстановить истину. Он не терпел фальши. И до последних мелочей был искренним и честным, как в творчестве, так и в отношениях с людьми.

А вообще-то поначалу Булат казался мне человеком несколько закрытым и даже замкнутым. Однако, когда я узнал его поближе, — это впечатление рассеялось.

Помню, я подарил ему свою книгу лирики «Азарт». Позже, подъехав к дому на обед, я вышел из машины и направился к подъезду. Вдруг меня окликнул Окуджава, который только что хлопнул дверцей своих «Жигулей». Мы вместе вошли в дом. «Я хочу тебя поздравить с хорошей книгой...» — сказал Булат. Я радостно поблагодарил его. Добрые слова Окуджавы дорогого стоили. Он их не разбрасывал ни по именам, ни по жизни.

А познакомились мы очень давно, во времена, когда он заведовал отделом поэзии в «Литературной газете». Я знаю, как трудно было тогда остаться на высоте своих принципов. Может быть, поэтому Окуджава долго там не задержался...

Потом судьба свела меня с его книгой стихов в издательстве «Молодая гвардия», где я несколько месяцев заведовал редакций современной советской поэзии. В те дни чешских событий (1968 год) Булат подписал известное письмо протеста, чем навлек на себя немилость властей. Книгу изъяли из производства. Это было очень несправедливо и обидно. Я дошел до первого секретаря ЦК ВЛКСМ уже со своим протестом. Не буду долго рассказывать, но стихи Окуджавы мы все-таки издали. Спустя несколько лет Булат вспомнил об этих политических сражениях на моем пятидесятилетии в Доме литераторов. Я мысленно поблагодарил его за добрую память.

Как-то у нас произошла с ним неожиданная встреча возле Парка культуры имени Горького. Вроде бы ничего особенного — встретились и все. Тем более что виделись мы довольно часто. И дома, и на литературных вечерах. Но тут все было необычно. В ряду машин я пережидал красный светофор. И вдруг рядом со мной остановились знакомые «Жигули», где за рулем сидел Булат. Он опустил стекло и радостно меня окликнул:

— Как дела? — спросил я.

Булат не ответил, а торопливо задал мне свой вопрос:

— Ты когда будешь дома?

Я засмеялся.

— Когда скажешь, тогда и буду...

— Может, зайдешь попозже?

Но уже зажегся зеленый свет, нам стали сигналить, и мы разъехались.

А вечером после звонка Булата я поднялся на 12-й этаж, и мы с ним очень хорошо посидели за чашкой чая. Он был один в квартире, не отвечал на звонки и прочел мне свои новые стихи, которые я тут же и забрал для «Юности». Мы вскоре их напечатали к радости его поклонников.

В этот вечер Булат вспомнил нашу «Зеленую лампу», которую редакцию открыла для молодых авторов. Своеобразный «мастер-класс». Раз в месяц, а иногда и чаще в «Юность» приходили известные писатели и охотно делились своим литературным опытом. Конференц-зал в эти вечера всегда был переполнен. Еще бы! Наши гости — Виктор Шкловский, Ираклий Андроников, Вениамин Каверин, Юрий Трифонов, Борис Слуцкий, Расул Гамзатов, Григорий Бакланов и многие другие «властители дум» не скупились на воспоминания. Встречи с мастерами дорогого стоили — где еще услышишь из первых уст рассказы о том, как писались «Два капитана», «Дом на набережной», гениальные стихи «Журавли»?

Помню, когда началась шумная история с альманахом «Метрополь» (1979 год), который был запрещен властями и где напечатали свои произведения известные литераторы, в том числе и авторы «Юности» А. Вознесенский, Ф. Искандер, Е. Рейн, М. Жванецкий, Е. Попов, Ю. Эдлис — в Союзе писателей устроили обсуждение «крамольного» издания. Не знаю, чем объяснить крайне резкую критику альманаха со стороны некоторых собратьев по перу, — то ли страхом, то ли политическим ханжеством, — но выступавшие на том судилище подвергли остракизму всех авторов «Метрополя». Именно в это время и пришел к нам в редакцию на заседание «Зеленой лампы» Булат Окуджава. Он исполнял под гитару свои стихи, рассказывал об истории их создания, а потом спел только что написанную им, как он говорил, песенку, которую мы все восприняли, как его реакцию на ситуацию с «Метрополем»:

Каждый пишет, как он слышит.
Каждый слышит, как он дышит.
Как он дышит, так и пишет,
Не стараясь угодить.

И действительно это был ответ поэта не только тогдашней власти, но и всем писателям, которые трусливо подлаживались под нее.

«Слушай, — сказал мне Булат уже в дверях, — а вы ведете стенограмму «Зеленой лампы»? Ведь это же готовая книга...»

К сожалению, ничего не сохранилось, кроме номеров «Юности», где мы напечатали многих авторов того нашумевшего альманаха.

А когда редакция журнала «Юность» выдвинула Булата на Государственную премию, я ни на минуту не сомневался, что высокую награду он получит. Так и вышло...

Случались и смешные истории в наших творческих буднях. Однажды несколько известных поэтов, и в их числе Окуджава, должны были выступать в Клубе писателей. Перед началом мы все сидели за кулисами, пили чай, когда в комнату вбежала расстроенная сотрудница клуба Лена и в ужасе пролепетала:

— Там на сцене голый мужчина... Он пытается выступать.

Я пошел посмотреть на это неожиданное шоу. Действительно, на сцене стоял голый парень с сумочкой, где, видимо, лежали его пожитки, и что-то говорил в зал. На ягодицах оратора были написаны две крупные буквы — СП, что означало — Союз писателей. Стоял невообразимый шум. Но сквозь него я услышал, как одна женщина выкрикнула: «Тоже нашел чем удивить!» Под общий хохот собравшихся местного Адама увели. Я вернулся к коллегам. Булат спросил: «Ну, что там, Андрюша? Вечер, надо полагать, отменяется?» Все засмеялись. Но Роберт Рождественский, которому предстояло вести этот литературный концерт, тут же пригласил нас на сцену. Когда мы расселись, зал долго не мог успокоиться от неожиданных впечатлений. И тогда наш председательствующий с присущим ему юмором, виновато сказал собравшимся зрителям:

— Извините, пожалуйста, что мы немного одеты...

Зал грохнул.

— А сейчас, — продолжал Роберт, — Булат Окуджава споет вам что-нибудь целомудренное.

Булат взял гитару, спросил:

— Вы уже перестроились?

Раздались дружные аплодисменты.

После вечера, который прошел блистательно, мы посидели в кафе, весело обсуждая неожиданный эпизод. Рождественский сказал Булату:

— Ты не сердись, что я тебя первым выпустил. Иначе мы бы долго приводили зал в порядок...

Однажды Булат позвонил мне и спросил:

— Можно, я приведу в «Юность» очень способную девочку. Она сама пишет, сама поет...

Так появилась на страницах нашего журнала ныне известная Вероника Долина. А тогда она очень смущалась присутствия известных поэтов и добрых слов Булата, предваривших ее выступление. Но всем она очень понравилась. И прошло не так уж много времени, когда она приехала в редакцию и привезла свою первую авторскую пластинку...

Последний раз мы виделись с Булатом в Переделкине в 1996 году. В это время он почему-то жил на даче один. Холостяцкий быт проглядывался сквозь незначительные мелочи.

Мы сидели с ним в маленькой комнате, и я, как завзятый репортер, задавал ему самые неожиданные вопросы для телепередачи «Семейный канал», которую я тогда вел и куда приглашал только близких мне людей. Булат читал новые стихи, но гитару в руки долго не брал. Потом повертел ее и отложил в сторону...

— Ты знаешь, с горлом что-то. Видишь, как хриплю. — Действительно, разговаривал он с заметной хрипотцой, но настаивать я не стал, потому что почувствовал какую-то скрытую грусть и озабоченность Булата. Та наша передача имела большой успех. Было много звонков и писем. Через какое-то время я рассказал об этом ажиотаже Булату. Он подробно расспрашивал о письмах телезрителей. И меня это, честно сказать, поразило, потому что Окуджава был настолько известен и любим миллионами поклонников, что еще один успех и несколько десятков писем вроде бы не должны были его волновать. Но таким уж был Булат — не забуревшим и не уставшим от славы — искренним и добрым человеком. А кассета с нашим разговором хранится у меня дома. Иногда я включаю видеомагнитофон, чтобы вновь встретиться с моим «соседом-гитаристом», как он написал мне на одной из своих книг, и пережить те далекие часы нашего общения. И до сих пор стоит у меня перед глазами тихий солнечный день, окрашенный зелеными красками лета, посреди которого на деревянном крыльце одиноко притулился великий «бард всея Руси».

Как не хватает нам всем и нашему тревожному времени Булата Окуджавы! Я грущу по нему, как грустят по близким людям, по ушедшей в прошлое юности, по несбывшимся надеждам...

Прости, Булат, мы остаемся жить,
Приписаны к Арбатскому предместью.
Чтоб без тебя тобою дорожить,
Как дорожил ты совестью и честью.

ИЗ ДНЕВНИКА. 1982—1983 ГОДЫ

В конце декабря 1982 года мы провели три творческих вечера журнала «Юность» в ленинградском Дворце молодежи. Народу битком. Вел это литературное празднество я. Прекрасно выступили Юнна Мориц, Виктория Токарева, Михаил Задорнов, Владимир Рецептер, Вероника Долина. Но наибольший успех по праву достался Булату Окуджаве.

А потом вся компания завалилась в гости к Володе Рецептеру. Ира — его жена — была готова к нашествию и организовала аппетитный стол. Все мы еще не остыли от недавнего общения с нашими читателями, и потому разговор в основном шел вокруг литературы. Булат весело рассказывал о своем общении с коллегами: «Однажды мне случайно пришлось прочесть внутреннюю рецензию на рукопись своего романа, которую написал один знакомый мне писатель. При встречах он всегда был со мною по-дружески очень ласков. А рецензия оказалась гнусной. Рецензент, видимо, не думал, что его откровения придется прочесть автору романа».

И тут все стали вспоминать свои обиды и всякие причудливые истории из личной писательской жизни. Я тоже вспомнил, как поэт А. Преловский, которому издательство «Советский писатель» заказало внут-

реннюю рецензию на рукопись моей книги лирики «Азарт», умудрился зачеркнуть лучшие мои стихи и «проминусовать» самые дорогие для меня строки. Издательство не согласилось с такой оценкой и заказало вторую рецензию. Ее написал замечательный поэт Анатолий Жигулин. Я был бесконечно благодарен ему за понимание и за все добрые слова, что он высказал в своем отзыве. Книга «Азарт» должна скоро выйти, и я с нетерпением жду ее. (Примечание: тогда я не мог знать, что за сборник стихов «Азарт» я получу в 1985 году Государственную премию СССР.)

Этот вечерний прием у Рецептеров всех нас очень сблизил и еще больше сдружил. Было весело и непринужденно. Времени никто не замечал. Только под утро расстались мы с гостеприимными хозяевами.

На втором вечере я получил из зала анонимную записку, где меня как главного редактора «Юности» упрекали за то, что при всех моих добрых словах об Окуджаве журнал давно не печатает его стихов. Я передал анонимку Булату. И в конце своего выступления он обратился к залу: «Тут пришла записка от неведомого нам искателя правды. Автор винит редакцию в том, что на страницах «Юности» уже давно нет моих стихов. Но, во-первых, я был занят работой над новым романом. И долгое время мне нечего было предложить любимому журналу. А во-вторых, будьте, пожалуйста, к нам внимательнее. Только что вышел свежий номер «Юности» с моими недавно написанными стихами». И он поднял над головой наш журнал...

После вечера все поехали поужинать в один из престижных ресторанов на Невском. И когда в конце трапезы коллеги стали шуршать купюрами, я молча остановил их и тут же на правах главного расплатился за наш ужин.

Увидев это, Булат засмеялся и весело объявил:

«А завтра это сделаю я. Вы не думайте, друзья, что если я хожу в простой кроличьей шапке, то уже забыл про наши грузинские традиции...» И он выполнил свою «угрозу» с присущей грузинам широтой. Уже в поезде, сгрудившись в коридоре, мы договорились, что старый Новый год будем встречать все вместе в редакции «Юности».

И 13 января Нового года действительно все встретились в нашем актовом зале. Кроме нас — «ленинградцев» — пришли члены редколлегии и авторы «Юности» — Анатолий Алексин, Аркадий Арканов, Андрей Вознесенский, Фазиль Искандер, Олег Комов, Марк Розовский, Алла Киреева, Станислав Лесневский. Позвонила Белла Ахмадулина, сказала, что собирается к нам, но где-то по дороге потерялась...

Вечер прошел удивительно сердечно. Тосты в основном были юмористические, потому что застолье вел Аркадий Арканов. Мы уже знали, что 1983 год добавил журналу 361 тысячу новых подписчиков. И за них тоже выпили...

«КАК ВАС НЕ ЛЮБИТЬ НЕЛЬЗЯ...»

В один из декабрьских дней 1990 года наша съемочная группа прилетела в Париж, чтобы встретиться с Галиной Вишневской и взять у нее интервью. Я позвонил ей из отеля и спросил, как до нее добраться. Она назвала улицу и дом. А на мой вопрос: «Какой номер квартиры?», великая певица ответила с некоторым удивлением и едва заметным вызовом:

— Какая квартира?! Этаж!!! Второй...

В этот момент я почувствовал себя безнадежным совком, разделенным целой эпохой с нашей будущей телегероиней...

Мы выгрузили аппаратуру возле невысокого дома на улице Жорж Мандель и всей оравой поднялись на второй этаж.

Галина Павловна ждала нас. Она была приветлива и очень красива. И даже в домашней обстановке производила впечатление некоего божества, которому на время пришлось спуститься с небес.

Пока мои коллеги устанавливали камеры, я с любопытством осматривал просторную гостиную с красивой мебелью. Внимание мое сразу же привлек журнальный столик из малахита на бронзовых ножках. Похоже, это был восемнадцатый век. И, продолжая вежливо вертеть головой, я увидел знакомый по репродукциям портрет Николая Второго. Перехватив мой взгляд, Галина Павловна коротко пояснила для несведущих:

— Это неоконченный портрет последнего российского императора кисти Серова. — И тут же добавила, обращаясь к нашему режиссеру Регине Ильченко: — Между прочим, на диване князя Юсупова сидите...

Я мысленно усмехнулся, потому что уже знал о пристрастии примадонны к знаменитому антиквариату. Один мой коллега, долгое время работавший в Париже, таинственно посоветовал мне:

— А ты спроси у нее насчет царских гардин из Зимнего дворца...

После съемки я осторожно заговорил на эту тему. И царские гардины нам были показаны. Они висели в спальне хозяйки элитного этажа... На богатой и красивой ткани были видны вензеля Николая Второго...

Уже прощаясь, Вишневская принесла свою знаменитую книгу «Галина» и подписала ее мне.

Надо сказать, что мемуары Галины Вишневской не были изданы у нас в СССР по вполне понятным причинам. Мстислав Ростропович и его супруга эмигрировали на Запад и вскоре были лишены советского гражданства.

Я прочел с большим интересом подаренную мне книгу, написанную, кстати сказать, очень талантливо, образным русским языком. Как мне потом рассказывал Владимир Емельянович Максимов, друживший с легендарной четой, Галина Павловна не прибегала ни к чьим услугам, работая над рукописью.

В передаче, посвященной Вишневской, я сказал о

позорной несправедливости, которая творится на наших глазах, когда ее книга «Галина» издана повсюду и только на родине ей не нашлось места. Через день после эфира мне позвонил издатель Илья Меленевский и предложил свои услуги. Мы встретились. Илья Сергеевич оказался приятным деловым человеком, влюбленным в свое дело и высоко почитающим Галину Павловну. Он попросил меня написать предисловие к книге и подготовил договор, который я обещал передать автору. Для этого мне пришлось вновь лететь в Париж, где Вишневская подписала договор, еще не очень веря, что книгу ее издадут в России. Но «Галина» была издана. Мое предисловие к ней посылали в типографию уже вдогонку к основному тексту, потому что я написал его с некоторым опозданием. А Меленевский очень спешил с изданием, словно предчувствовал, что скоро уйдет из жизни. И потому мое предисловие сделали послесловием.

Здесь я публикую эту давнюю статью в сокращении. Но сохранилась атмосфера того времени, в котором происходили знаменательные события, связанные с великими нашими соотечественниками Ростроповичем и Вишневской.

«Я знал и любил Галину Павловну, как и тысячи ее поклонников, давно, с молодости, — а мы с ней почти ровесники. Для меня она была олицетворением таланта, обаяния, какого-то удивительного взлета романтики и лирики. Глядя из зрительного зала на эту потрясающе красивую женщину, слушая ее божественный голос в моих любимых партиях Татьяны в «Евгении Онегине», Лизы в «Пиковой даме», Виолетты в «Травиате», я думал: «Боже мой, как природа одарила человека! Ну все, все в ней прекрасно». И вдруг судьба, а на самом деле чиновничье хамство и бездушие, развели Виш-

невскую с нами, со страной, с отечеством. Мы оказались по разные стороны границ.

Прошли годы, и счастливый случай, дружба с писателем Владимиром Максимовым и его добрые отзывы о «Юности» помогли встретиться и познакомиться с Галиной Вишневской в Париже, в их доме, где она и Мстислав Ростропович, изгнанные из страны, нашли свое пристанище.

Шестнадцать лет вне Родины, вне любимого Большого театра, вне... многого. И оставшаяся навсегда боль — не обида, а именно боль: «Я не простила, ни-че-го не простила: Ростроповичу было легче — у него виолончель, а у меня тексты, слова, ему не надо общаться, а я — без языковой среды, без того, что необходимо певице... Ведь кроме материальных благ, существуют у людей высшие ценности. И для меня трагедия, что внуки, возможно, не будут понимать меня, что я не смогу с ними говорить на родном языке».

Мы с корреспондентом журнала «Юность» Анной Пугач сидим за небольшим столиком и ведем беседу для телевизионной программы «Браво!»[1].

По замыслу, в передаче речь должна идти о книге «Галина», главы из которой были впервые опубликованы в «Юности».

Я вспоминаю, как все начиналось, как мы хотели отметить в 1988 году 70-летие А.И. Солженицына, которое праздновалось во всем мире, кроме, конечно, нашей страны, — и решили напечатать отрывки из книги Галины Павловны, поскольку именно она и М. Ростропович спасли Александра Исаевича для творчества, предоставив ему во время гонений свою дачу.

---

[1] Встреча с Г. Вишневской проходила в декабре 1990 года. Тогда же был отснят материал и показан на Центральном телевидении в январе 1991 года в новой передаче «Браво!» молодежной редакции. *(Прим. ред.)*

Пока готовилась публикация, я получил из Парижа письмо от Вишневской, которое удивило меня непривычным обращением человека, прожившего большую часть своей жизни в России: «Уважаемый господин Дементьев!». Ну, думаю, если я уважаемый господин, то разговор получится. Галина Павловна боялась, что мы начнем что-то сокращать, испортим ткань повествования, — книга все еще оставалась запретной. Но мы, не договариваясь, выделили главу, назвав ее, по-моему, очень удачно — «Солженицын и Ростропович»; и, как оказалось, это совпало с пожеланиями автора. Читатели с искренним интересом откликнулись, стали расспрашивать о дальнейшей судьбе великой певицы...

И вот мы перед телевизионной камерой — такая же гордая, ослепительно красивая женщина — говорим об искусстве, о жизни... И с первых минут встречи я почувствовал — нет никаких барьеров, нет отчуждения во времени — есть общие близкие чувства сопереживания и боли за свою страну. Мы говорили долго, часа три. А то, что увидели телезрители, была лишь малая толика ее страстного, в чем-то резкого и бескомпромиссного монолога. Я знаю по отзывам, как всю страну потрясла эта гневная, убежденная нетерпимость, когда Галина Павловна, обращаясь прямо в камеру, к своим землякам, сказала: «Вы что, мужики! Детей своих прокормить не можете? Что у вас там случилось — война, наводнение? Почему английские школьники отрывают деньги от своих завтраков и посылают вам?» Каким же стыдом это прогремело! И многие, встречавшие меня после передачи, говорили: «Как Вишневская сказала! Как точно она сказала!» И она имела на это право всей своей невероятно тяжелой жизнью. Но, конечно, нашлись и другие, кто с обывательски-мещанским злорадством говорил об интерьере ее квартиры, о том благополучии, среди которого она живет, и отку-

да дает советы, как нам жить. Да, в доме много замечательных картин известных русских художников, которые мы знаем по выставкам и каталогам, тюль из Зимнего дворца с царскими вензелями, наш уральский малахит — словом, русская красота, подобранная с большим вкусом. Но за всем этим — колоссальный труд. Я хочу повторить здесь то, что осталось, к сожалению, за кадром — выпало из передачи. Вместе с камерой оглядывая все это великолепие, мы спросили: «Как вы эти годы жили, Галина Павловна?» — «Как жили? Тяжело! Все нужно было заработать, мы начинали с нуля. Когда нас выбросили из страны, у Славы была только виолончель, а у меня — голос. И если бы, не дай Бог, с нами что-то случилось...» Слава Богу, не случилось, и я сказал: «Галина Павловна, вы знаете, как вас любили, как вас любят у нас в стране, как ходили на ваши спектакли». И она, повернув ко мне свое прекрасное лицо с печальными глазами, обронила горькую фразу: «Да, там нас обожали, а здесь нам платят». Конечно, это не так, — и здесь обожают, потому в Гранд-Опера, в Ковент-Гарден, в Карнеги-Холл, где пела Вишневская, так же невозможно было достать билеты. Но это были уже другие слушатели, другие поклонники — не свои... А когда тебя твоя любимая страна отвергает, это горько и очень, очень обидно.

И в нашем долгом разговоре Галина Павловна не раз повторяла мысль о том, что она была и остается русской женщиной, что для нее Россия — самое главное в жизни, где бы она ни находилась. Кстати, в доме у нее установлена дорогостоящая антенна «Сателлит», специально для приема программ советского телевидения. И сколько бы я ни встречал за рубежом русских писателей, деятелей культуры, вынужденных уехать из страны, все они живут Россией, как бы там ни уст-

роились — одни лучше, другие хуже, одни более знамениты, другие менее — все равно Родина есть Родина!

Вспоминаю, с какой болью Галина Павловна рассказывала о Шаляпине, отдававшем свои гонорары бедным старикам — выходцам из России, а его в это время в той же самой России называли «белогвардейским оборотнем», «предателем», клеймили позором, как позже обошлись с Вишневской и Ростроповичем, оказавшимися в положении изгоев. Конечно, читатель узнает это из книги, но я хочу подчеркнуть — все, что происходило с нашими соотечественниками, — позор! Позор для нас, для нашей культуры, для нашей страны. Потому что политические стычки и конъюнктура проходят, а талант остается. Ибо талант — от Бога, и это — превыше всего.

Сегодня мы с гордостью говорим, что Шаляпин — наш соотечественник, мы гордимся Буниным, хотя многие годы не могли простить ему то, что он не признавал нашу политическую систему, — но сколько же было вылито грязи на чистые судьбы людей, которые страдали за свою страну.

Как это отразилось на нас, на наших душах? Разрушающе. И для меня ценность книги Вишневской еще и в том, что талантливая певица, очаровательная женщина, обладая прекрасным литературным даром, смогла увидеть и проанализировать всю развращающую силу нашего фарисейского воспитания. Возможно, не все читатели книги «Галина» разделят точку зрения автора, ее позицию, но в конечном счете это не имеет значения, ибо каждая страница оплачена судьбой. Оплачена теми страданиями, которые выпали на ее долю, и той славой, тем успехом и той любовью, которые тоже выпали на ее долю. Я верю этой книге, потому что за ее страницами — искренний, удивительно чистый и цельный человек. Ни слава, ни титул первой оперной певицы Большого театра не изменили ее честную и независимую натуру: у нее ко всему свое отношение, своя позиция, свои оценки. И когда читаешь меткие, подчас убийственные характеристики некоторых бывших деятелей нашей партии и государства, то понимаешь, что идет давний, непрекращающийся спор ее совести с той системой, которая выбросила и отторгла многих наших соотечественников. И спор не в пользу нашей страны, потому что время доказало — во многом они были правы, ибо сейчас мы повторяем за ними те слова, которые были сказаны много лет назад: резкие, проникнутые болью за свою отчизну.

Вот почему я с помощью своих друзей, коллег по журналу «Юность» занялся этими проблемами. Мне захотелось, пусть даже задним числом, но что-то вернуть, исправить несправедливость, которая совершалась на моих глазах и, может быть, при моем попустительстве, раз я молчал. А если и негодовал, то мое негодование никто не слышал, оно не билось, не стучало в двери, были какие-то стихи, но они не печатались... Поэтому мне так важно было опубликовать всех — и Виктора Некрасова, и Василия Аксенова, и Владимира Войновича, и Галину Вишневскую, и многих других. Напечатать их, дать возможность им первыми выступить на наших страницах.

Когда я думаю о том, что происходило тогда, когда шельмовались лучшие наши художники, когда клеймили позором гениального Шостаковича, когда музыку удивительного, моего любимого композитора Прокофьева называли «какофонией звуков», я понимаю, что время остановилось. Оно остановилось в нас, в тех, кто в это не верил, оно остановилось в них, в таких, как Вишневская и Ростропович, во многих людях, которые видели, что политика победила. Победила здравый смысл, победила прекрасное, победила чувство справед-

ливости. В книге очень точно говорится о том, как люди были распластаны в атмосфере лжи и страха, как боялись не просто помочь, например Солженицыну, но даже взять в руки его рукопись. Страх владел всеми, от членов Политбюро и министра культуры до мелких чиновников. Боялись за себя, за свое место, за свое будущее — вот что чудовищно, потому что все это продолжение того периода культа личности, который согнул нас в бараний рог. И я в данном случае не исключение, ибо испытал ужасы той поры: в семье почти все сидели, начиная с отца. Я, конечно, тоже был надломлен и зашорен, как и многие тогда. Ведь самое страшное, что происходило в минувшие годы, — не трусость людей, поскольку она всегда существует, а то, что мы не знали, как все было на самом деле, у нас отсутствовала информация, по-нынешнему, гласность. И когда газеты писали о том, что Ростропович и Вишневская выехали на гастроли за границу на два года, а потом не захотели вернуться, мы, их поклонники, недоумевали. Когда я читал книгу и постигал правду, у меня не раз перехватывало горло от горечи и негодования оттого, что я был беспомощен тогда. Так же, как мы беспомощны еще сегодня, потому что политические события, происходящие в нашей стране, опять ставят людей в трудное положение.

И я преклоняюсь перед Галиной Вишневской прежде всего за ее человеческий талант: она не только великая певица, она выдающаяся личность. Я хочу обратить внимание на одну особенность книги: автор не просто говорит о том, как мы жили, а жили мы неправедно, но и показывает истоки и причины этой неправедной жизни. Было бы легко, но это нечестная легкость сказать, что все это мы знали и понимали. Нет! Когда начались репрессии при Брежневе, когда стали высылать людей, лишать гражданства, лично я прошел очень сложный путь в своем духовном познании, в раскрытии своих заблуждений. Давайте вспомним, кто выступал, кто разносил Солженицына? — Имена, имена, которым мы доверяли и которые были в нас. Если Марк Рейзен, знаменитый бас Большого театра, писал к юбилею Шаляпина гнусную статью, то этот период разочарований, потерь и обретений надо было пережить.

...Я бесконечно счастлив, что теперь на мою книжную полку встанут рядом два издания книги «Галина»: одно, выпущенное при участии журнала «Континент», другое — «Юности». Время соединило, сомкнуло нас, и никаких границ, о которых я говорил вначале, практически не существует, потому что души не имеют границ».

Презентация проходила в пресс-центре на Зубовском. Галина Павловна, специально прилетевшая в Москву на свое торжество, очень волновалась, но была счастлива. Собралось много народу — журналисты, писатели, актеры, почитатели таланта Вишневской. Пришедший на встречу Андрей Вознесенский попросил меня представить его примадонне. Раньше он был знаком только со Славой и не был уверен, что Вишневская его знает. Мы втроем сфотографировались, и мой друг, уходя, наговорил ей кучу комплиментов. В этот день мы незаметно перешли с моей великой крестницей на «ты» и расстались с отчеством.

Вскоре после выхода книги «Галина» мы со съемочной группой «Браво» прилетели в Вашингтон. Из афиш узнали, что Ростропович дает концерты. Позвонили Гале. К нашему удивлению, она была дома и тут же пригласила меня и Аню в гости — на пельмени и соленую семгу, которую, — как она сказала, — солила сама. Мы сидели на кухне и под холодную русскую водку ели горячие пельмени и подтвердившую все наши ожидания рыбу. Вошел Мстислав Леопольдович, который до того готовился в кабинете к предстоящему мастер-классу, но, видимо, не выдержав одиночества и отчуждения от застолья, присоединился к нам. Мы не были до того знакомы. Первое, что он сказал, наполняя рюмки, был веселый призыв:

— Значит так. Ты — Андрюша. Я — Слава. И, пожалуйста, без «вычества».

Он поставил передо мной какую-то странную посудину — на одной ножке было три соединенных между собой рюмки. И наполнил все три. Я сказал:

— Я что, Змей Горыныч, пить в три горла...

Слава засмеялся. Мы выпили... Где-то после третьей рюмки он спросил:

— Хочешь, я тебе покажу, чем я горжусь в этой квартире. — И повел меня в гостиную. Я хотел угадать, что же для великого Ростроповича здесь особенно дорого. Картины? Но их немало и в парижском доме. Мебель? Действительно, она была очень стильная и соотносилась по цвету с паркетом. Но Слава был романтик... Вряд ли эта расхожая красота могла быть предметом гордости великого маэстро. В углу стояло огромное черное дерево. Крона была из перламутра. Каждый листочек светился и отражал свет. «Нет, и это не то», — подумал я... И вдруг он мне говорит:

— Обрати внимание на паркет. Он из того же дерева, из которого Страдивари делал свои скрипки...

Я обомлел.

— Что ж ты не сказал раньше. Я бы не топтал своими ботинками эту реликвию... — Слава довольно рассмеялся. И мы вернулись к столу.

Вечер прошел очень весело и быстро. Где-то часов в десять радушный хозяин предложил:

— Ребята, может, хотите еще кого-нибудь повидать?

Я назвал наших американских друзей Лозанских... Оказывается, они были знакомы. Стали звонить. Через полчаса явились Таня и Эдик. И все началось сначала — водка, пельмени, семга и обычный наш русский разговор. Вспоминали Россию. Говорили о Большом театре, о новых российских книгах. О Москве... Неожиданно Галя спела частушку — очень смешную и весьма фривольную, но, к сожалению, я ни слова не запомнил. Где-то за полночь стали прощаться. Уже в дверях Слава вдруг остановил нас:

— Погодите. Надо выпить на дорожку шампанского. Вы такого не пробовали. Сейчас принесу. Это «Дом Периньон». Сто долларов одна бутылка стоит.

По тем временам, когда наши командировочные не превышали 20 долларов в сутки и на них надо было жить и изловчиться привезти сувениры в Москву, такая сумма убедила нас задержаться...

Уже одетые мы выпили по бокалу искристой французской влаги и вышли на улицу.

...Вспоминается еще одна встреча, когда Ростроповичу и Вишневской вернули гражданство. Галя сказала мне тогда с душевной горечью, которая, видимо, никогда не пройдет:

— Вы знаете, когда нам вернули гражданство, никто из представителей власти не извинился, не позвонил, даже не спросили, ждем ли мы этого! Как крепостным: хотим — отнимаем, хотим — возвращаем. Без всяких объяснений.

И я подумал, сколько же друзей мы потеряли оттого, что были роботами, оттого, что не понимали: люди, которым Бог дал талант, талантливы во всем.

И прежде всего в любви к Родине, которую они хотят видеть счастливой. За это им низкий поклон!

Именно в это время и состоялся творческий вечер Галины Вишневской в Большом театре. Она возвращалась домой в Россию с триумфом. Была составлена огромная программа, где среди выступающих было много знаменитостей... Накануне я был у нее дома. Она делилась своими ожиданиями будущего триумфа:

— На сцене будет стоять царское кресло. И я, как королева, буду на нем восседать и принимать поздравления. Пусть знают, кого они обидели. Это же надо — в юбилейном сборнике, посвященном Большому театру, нет даже упоминания о певице Вишневской! Не было такой!

А я вспомнил свои стихи, написанные недавно и ей посвященные:

И даже выслали голос,
А имя снесли с афиш.

Галя спросила:

— Ты выступишь на вечере? Очень тебя прошу...

Вечером она позвонила мне домой.

— Так я тебя жду... Да, кстати, если можешь, переделай последнюю строку в своем стихотворении. Не надо, чтобы было: «А жить в ней давно нельзя». (Имелась в виду Россия.) Может приехать Президент, и мне будет неудобно перед ним. А в книге оставь, если хочешь.

Через несколько минут я позвонил Гале и прочитал новый вариант. Она успокоилась...

Вечером я поехал в Большой театр. Концерт был замечательный. Много цветов, много добрых слов и оглушительных оваций. Из зала мне была хорошо видна Галя. В высоком позолоченном кресле — она действительно походила на королеву — чуть надменная и очень красивая, в богатом элегантном платье... Я любовался ею. Вдруг по залу через усилитель прозвучала неожиданная фраза: «Галина Павловна Вишневская просит пройти на сцену Андрея Дмитриевича Дементьева...» Я поднялся и пошел за кулисы. В перерыве мы с Галей на ходу поговорили. Она была немного напряжена, но по всему чувствовалось, что счастлива... Выступал я во втором отделении после Майи Плисецкой, которая блистательно станцевала в честь признанной примы Большого театра. Галя уже переместилась с царского кресла в царскую ложу, где она сидела вместе со Славой Ростроповичем. Я прочел стихи и в конце сказал:

— Вы прекрасны, Ваше величество...

Позднее Ростропович, сославшись на меня, использовал эти слова в своей книге, открыв ими одну из глав...

А когда Вишневской предложили сыграть в Художественном театре Екатерину Вторую, она сказала мне:

— Видишь, твое пророчество сбылось. Я теперь и вправду — «Ваше величество...»

Я сидел рядом со Славой на премьере спектакля, а на сцене царствовала его великая супруга. Она была действительно прекрасна.

— Как великолепно она умеет носить царские одежды, словно родилась королевой... — прошептал я Ростроповичу.

Он так же шепотом ответил:

— Так ведь есть на что надеть их...

Как-то в один из приездов в Москву Вишневская дала интервью «Комсомольской правде». Делала его моя жена Аня. Вечером мы сидели в итальянском ресторане и Аня вдруг сказала Галине Павловне:

— Хотите, поедем в «Комсомолку» и вы прочтете, что я там написала.

Неожиданно Галя согласилась. А было уже поздно.

Мы приехали в редакцию «Комсомолки», и опешивший от неожиданной встречи главный редактор газеты Валерий Симонов положил перед Галиной Павловной полосу с ее интервью.

Пока Галя читала материал, в кабинет принесли шампанское. Все выпили. Гостье так понравилось, что она не поверила, что это наше «советское сладкое», а не французское элитное, и попросила показать ей бутылку, чтобы убедиться в этом. Когда Валерий принес закрытую бутыль, Галя прочла, улыбнулась и взяла ее с собой. Валерий был счастлив. А утром Аня позвонила Галине Павловне, и та сказала:

— Только что принесли газету с моим интервью. Очень хорошо, Аня. Но, по-моему, я вчера читала что-то другое... — Видимо, шампанское действительно было хорошим...

Однажды мне позвонили с телевидения и пригласили принять участие в передаче, посвященной Вишневской. Сказали, что гостей приглашает сама Галина Павловна. Встреча была узкой по составу — Олег Табаков, кинорежиссер Белинский, певец из Германии (фамилию не помню) и я. Все было просто, почти по-домашнему. Запомнилась одна деталь. Когда немецкий тенор спел в честь Гали какой-то русский романс... под фонограмму, Вишневская так возмутилась, что тут же выдала ему по полной программе, потому что он обидел ее своим непрофессионализмом.

— Оперные певцы под фонограмму не поют... — сказала она сконфуженному артисту.

...В Нью-Йорке в центре Линкольна в 1994 году состоялась премьера фильма, где одну из главных ролей исполнила Вишневская. Мы с Аней в эти дни были в США и потому пришли посмотреть картину. Хорошее кино. Но почему-то в зале все женщины сидели, держа на руках свои меховые манто, хотя гардероб работал... Потом выяснилось — за хранение верхней одежды в театре брали небольшую сумму. То ли богатые зрительницы боялись, что шубы могут украсть, то ли жалко было двух долларов...

А потом мы поехали в ресторан «Русский чай», где продолжилось как бы обсуждение фильма. Кстати, режиссер фильма А. Белинский — наш соотечественник. Он хорошо знал всю историю с эмиграцией Вишневской и тонко чувствовал ее артистическую натуру и непростой характер...

Однажды уже в Москве я увидел на экране телевизора, как Слава радостно обнимается с нашим премьером В.С. Черномырдиным. Россия в это время переживала тяжелые времена — месяцами не платили служащим и рабочим зарплату, плохо было с продовольствием, бастовали шахтеры, и стук их касок слышала вся страна. Зная Ростроповича и Вишневскую как очень независимых и критичных в своем отношении к власти людей, я был удивлен пасторальной картиной. Все это походило на момент приспособляемости к условиям. Я сказал об этом Гале. Она почувствовала мое неодобрение и холодно ответила: «Ну, а что тут особенного? Подумаешь, обнялись...» Впервые мы не поняли друг друга. Хотя я и приезжал после того «телешоу» в школу имени Вишневской, слушал ее талантливых воспитанников, встречался с Галей и Славой на юбилее Родиона Щедрина и приглашал ее в свою авторскую программу, но что-то в нас изменилось... А, может, мне просто показалось. Вскоре мы с Аней уехали на несколько лет работать на Ближний Восток. Встречаться не приходилось. Но мою любовь к Вишневской — одной из талантливейших певиц нашего времени и мой восторг перед гением Славы ничто не могло поколебать... А время неслось через всех нас... И порою оно было безжалостно и несправедливо...

...Ясным весенним днем 2007 года вся Москва хоронила великого маэстро... За несколько дней до ухода из жизни, смертельно больной, собрав последние силы, он успел отметить в Кремле свое восьмидесятилетие, после которого грустно признался: «Сегодня у меня самый счастливый день. После таких торжеств, я еще жив...» Очередь к Большому залу консерватории была бесконечной. Вместе с Борисом Немцовым, тоже оказавшимся в конце траурной процессии, мы поднялись в зал. Галя и ее семейство сидели около гроба Славы. Народ все шел и шел. Для цветов и венков уже не хватало места. Многие плакали. Я подошел к Гале. Она была в темных очках и, по-моему, держалась только на лекарствах и на своем непостижимом самообладании. Я сказал ей несколько слов, какие обычно говорят в таких случаях, понимая, что любые сочувствия уже помочь не смогут и не смогут утешить. Она тихо ответила мне — «Спасибо, что пришел...» И вновь ушла в свое горе...

На другой день мы с Аней поехали на Новодевичье, где Славу похоронили вблизи могилы Б.Н. Ельцина. Народу опять было много, но кроме Ю.М. Лужкова, министра культуры А.С. Соколова и вице-мэра Москвы Людмилы Швецовой — никого из официальных лиц я не увидел. Мелькнул, правда, в толпе Анатолий Чубайс.

Когда все было кончено, Галя вместе с Наиной Иосифовной пошли к могиле первого Президента. Тяжело было смотреть на двух невероятно постаревших женщин, потерявших почти одновременно, наверное, самое дорогое, что у них было на этом свете.

Возвращаясь пешком по многолюдной Москве, я вспоминал те далекие и близкие времена, когда Слава был в расцвете сил, когда его концерты покоряли миллионы слушателей, и виолончель Ростроповича стала легендой в руках великого мастера...

Он весело и азартно жил, отдаваясь всем радостям бытия, потому что был счастливым человеком, потому что рядом была неповторимая Женщина...

...В мае этого года я прилетел в Петербург на открытие выставки М. Ростроповича и Г. Вишневской, которая была передана в Константиновский дворец. Приглашенных было немного — Зураб Церетели, Святослав Бэлза, Владислав Пьявко, Илья Глазунов, Даниил Гранин.

Вместе с В.В. Путиным Галя представила уникальное собрание великого искусства. Она очень хорошо говорила о том, почему все эти редчайшие произведения прошлых веков и знаменитых мастеров оказались в Петербурге. «Я всегда хотела, чтобы наша коллекция, которую мы собирали со Славой всю жизнь, осталась бы в России...»

«ДРУГ ПОЗНАЕТСЯ В УДАЧЕ...»

Всякий раз, когда я приезжаю в Тверь, я прихожу на берег Волги, где стоит памятник А.С. Пушкину, поставленный выдающимся скульптором — моим давним другом Олегом Комовым. А на другой стороне — с огромной ладьи глядит вдаль тверской купец Афанасий Никитин, который уплыл с этих берегов в изумрудную Индию... Об этом путешествии он поведал в своей знаменитой книге «Хождение за три моря».

И вот эти два русских человека, жившие в разные эпохи и по-разному связанные с Тверской землей, сошлись на берегах Волги, чтобы напоминать людям о величии таланта и о необходимости подвига...

С комовским памятником Пушкину связана драматическая история, которая в конечном счете завершилась триумфом скульптора. А дело было так. Тогдашний секретарь обкома КПСС по идеологии Виктор Ильич Смирнов, бесконечно влюбленный в Тверской край, на свой страх и риск, без разрешения Москвы договорился с Олегом Комовым об открытии в Твери памятника великому поэту, который много раз бывал в этих краях и где ему хорошо работалось.

В 1974 году памятник установили. И разразился скандал, потому что необходимо было Постановление правительства, прежде чем сей исторический факт мог получить право на жизнь. Из Москвы прислали высокую и компетентную комиссию... Но им так понравилось произведение Олега, что задним числом приняли нужное Постановление, и через некоторое время Олег Комов получил за эту работу Государственную премию.

А познакомил меня с ним Борис Николаевич Полевой. Мы подружились с Олегом. Кстати, у меня дома на письменном столе стоит маленькая копия памятника Пушкину, которую мне подарил Олег в день моего 50-летия.

Я часто бывал в мастерской друга, наблюдал за тем, как он работает, а в часы отдыха слушал его удивительные рассказы о художниках и всякие веселые байки, до которых Комов был очень охоч.

Он любил Тверской край и потому украсил его своими замечательными творениями. В Вышнем Волочке установил памятник художнику А.Г. Венецианову, на Академической даче — И.Е. Репину. В Твери поставил первый в России памятник великому писателю М.Е. Салтыкову-Щедрину, который полтора года исполнял обязанности там вице-губернатора.

Олег подкупал всех доброжелательством и остроумием. Я ни разу не слышал от него ни одного плохого слова о коллегах. С ним всегда было легко в общении.

Помню, как-то он позвонил мне и говорит: «У тебя джин есть? Я хочу зайти, потому как недалеко от тебя. И выпить охота...» Но на этот раз произошел конфуз. Когда Олег пришел, я уже приготовил закуску, поджарил картошку, достал литровую бутыль «Бифитера», и мы уселись за стол. Дома никого не было, и нам хорошо и вольготно сиделось. Но когда я наполнил наши большие бокалы, я еще не знал, что в бутылке оказался не его любимый напиток, а... оливковое масло. Олег расправил усы и залпом, как это он всегда делал, опрокинул в себя содержимое. Я несколько замешкался и потому не предполагал свершившегося подлога... Гость посмотрел на меня с укоризной и тихо сказал: «Никогда еще не пил я так много оливкового масла...» Я пригубил бокал и глупо засмеялся. Потом достал другую бутылку — тоже красивую и при фирменной пробке, но и в ней оказалось масло.

Как позже выяснилось, все наши запасы в мое отсутствие опустошили приезжавшие на день земляки, а жена, чтобы не пропадала такая удобная в хозяйстве посуда, налила туда оливковое масло...

Пытаясь как-то выйти из нелепого положения, я сказал Олегу, что есть еще вино. Но он встал и стал прощаться.

На пороге весело сказал мне: «Я пойду. Не сердись. Мне надо успеть доехать до дома...» Позже мы часто вспоминали ту историю в кругу друзей, постоянно добавляя к ней все новые и новые подробности.

Я любил смотреть, как Комов работает. Сначала в пластилине, потом в глине. Часто он рисовал свои живые натуры, а потом уже брался за материал. В мастерской в такие часы было как-то очень напряженно. И тихо. Олег не любил суеты.

Его замечательные памятники стоят в разных городах и странах. Особенно Олег любил ваять Пушкина. И везде он у него разный — в Пскове, Болдине, в Молдавии, Твери и в Испании.

А когда я смотрю на скульптурные портреты Наталии Николаевны и Александра Сергеевича, то сердце невольно сжимается в какой-то неясной тревоге, словно именно сейчас и случится та великая трагедия...

В дни работы над памятником Лермонтову на столе скульптора лежало много книг, посвященных великому поэту. Этот памятник должны были установить в Тарханах — бывшем имении бабушки Михаила Юрьевича. Я поехал на открытие. И там Комов рассказал мне, что, когда бронзовую фигуру Лермонтова подняли, чтобы опустить ее на пьедестал, началась гроза и подул сильный ветер. Памятник раскачивался под проливным дождем, и Олег молил Бога, чтобы трос выдержал. Но все обошлось. На бронзовой щеке поэта, как слеза, задержалась капля дождя.

И я вспомнил, что такая же гроза случилась в час дуэли на Машуке.

Кстати, совершенно неожиданно он подсказал мне одну тему. Как-то вспоминая начало своего творческого пути, вдруг с болью признался: «Знаешь, иногда дружба проверяется не бедой, которая с тобой случилась, а успехом, который не каждый может пережить...» А завидовали ему многие... Я написал об этом стихи и посвятил их Олегу.

Мы родились с Олегом в один день — 16 июля. Однажды я позвонил ему, и мы договорились, что он придет ко мне и мы отметим наш общий день рождения. Я жил тогда уже в другом доме с молодой женой, которую Олег еще не видел. Конечно, мысленно я переживал, боясь, что Аня может ему не понравиться... Но Олег сразу же принял ее, почувствовав, что мне с ней хорошо и что мы оба счастливы. Он пришел с цветами и поначалу не знал, кому вручить их, потому что в дверях его встретили сразу две красивые женщины — моя жена и забежавшая к нам ее подруга. Но интуиция не обманула, и Олег нежно поцеловал Аню.

Я расстроился, что он плохо выглядит, словно после тяжелой болезни. Оказалось, что Олег действительно перенес непростую и неожиданную операцию. Врачи запретили ему алкоголь. Но я достал бутылку джина, и мой друг весело расхохотался: «С тех пор держишь?» В этот вечер мы отвели душу настоящим джином и засиделись за полночь. А потом договорились, что кто первый приедет из отпуска, тот первый позвонит, чтобы договориться о новой встрече. Потому что на другой день и он с Ниной, и я с Аней отправлялись отдыхать. Мы — на Кавказ, друзья — в северную сторону.

А когда мы вернулись, я включил автоответчик и услышал знакомый голос. Олег радостно доложил: «Мы уже в Москве... Встретимся?» А через несколько мгновений на той же пленке жена Олега глухо произнесла: «Андрей, Олег умер в одну секунду...»

Я расплакался и стал звонить Нине...

«ПУСТЬ ЛЕТЯТ ПО НЕБУ ЛЕБЕДИ...»

Это было в 1973 году. В журнал «Юность» пришел белокурый застенчивый парнишка. Он принес песню, которую написал на мои стихи «Баллада о матери». Я пригласил его домой, потому что в редакции не было пианино и негде было послушать музыку. Когда он сел за инструмент, я поразился его голосу — сильному, красивому тенору. Песня мне очень понравилась. Так мы познакомились, а потом и подружились с Евгением Мартыновым. После «Баллады», которая победила на всесоюзном телевизионном конкурсе, одна за другой стали появляться наши с Женей песни — «Лебединая верность», «Аленушка», «Отчий дом», «Чайки над водой»... Они также получали широкое признание и лауреатские дипломы. Евгений Мартынов стал пользоваться невероятным успехом у миллионов слушателей. Его часто приглашали на телевидение и радио.

Мелодии молодого композитора зазвучали повсюду; Женю узнавали на улицах, юные поклонницы писали ему письма. На магнитофонных лентах и видеокассетах песни его путешествовали по всей стране со студентами и туристами. А вскоре их запели наши и зарубежные звезды. Это была счастливая пора в жизни Мартынова. Сам он тоже много выступал — и в Москве, и по всей России.

Но работать с ним было непросто. Мы встречались у меня дома каждый вечер и допоздна засиживались у пианино или за письменным столом. Женя был нетерпелив. Ему хотелось скорее закончить очередную песню, запеть ее, записать на студии, выступить с ней в концерте. Но стихи не всегда писались быстро. К тому же он каждую строку как бы «подгонял» под себя, под свое исполнение. Так он любил, например, в припеве открытый звук — «А» или «Я», чтобы голос звучал эффектно и широко. И мне приходилось порой по несколько раз переделывать отдельные строчки, пока не появлялось то, что нужно. Притом необходимо было «совпасть» с музыкальным ритмом, не нанося ущерба теме и смыслу стихотворения, не опуститься до подтекстовки. Часто с того момента, как впервые в нашем доме звучала новая мартыновская мелодия, и до создания песни проходили долгие недели. Например, стихи к песням «У Есенина день рождения», «Натали», «Отчий дом» я писал по два-три месяца. Но случалось, что песня рождалась сразу, как бы на одном дыхании, вернее, на двух — Женином и моем. Обычно он садился за пианино, предварительно поворчав, что оно опять расстроено, начинал наигрывать сочиненную им накануне мелодию, тихо подпевая себе, возвращаясь вновь и вновь к отдельным музыкальным фразам.

— Как вы думаете, о чем может быть эта песня? — спрашивал он. Иногда приходило счастливое озарение. Я тут же предлагал тему. Если нам казалось, что именно об этом должна быть новая песня, я садился за стихи. Женя наигрывал мелодию, чтобы не разойтись с ритмом, и мы проверяли на музыке, на голосе, как звучит каждая строка. Потом он начинал петь, прислушиваясь к своим любимым гласным, то и дело спрашивая меня, правильно ли он «ведет» тему, не упускает ли чего в смысловой интонации. Мы не чувствовали времени, не замечали, что в окнах брезжит рассвет...

Зато позже, когда песня, как говорят в народе, обретала крылья, получала признание и ее можно было услышать на радио, по ТВ или в концертах, наши творческие тяготы и сомнения забывались... Но Женя приносил новую мелодию, и все начиналось заново. Однажды я очень его удивил. Он оставил мне красивую музыку, и я настолько проникся ею, что на другой же день по дороге домой в троллейбусе написал слова. Это была песня «Жду весну» (у нее есть и другое название — «Луч солнца пробудил цветок лесной»). После того, как песню исполнила Анна Герман, она стала широко известной.

Кто-то из моих друзей назвал Женю солнечным человеком. И не только за его музыку — светлую, яркую, красивую. Он и в жизни был улыбчивым и бесконечно добрым парнем. Много дурачился, острил. Всякий раз, уходя из нашего дома, говорил одну и ту же фразу: «Извините, что без скандала...» И заразительно смеялся. А если был немного навеселе, обнимал нашего красавца-колли и шутя расспрашивал: «Что, Кент, снова били? И опять палками?» Кент отворачивал свою умную породистую морду, ходил по кругу гостиной, пытаясь освободиться от объятий Жени. Удивительно, но он никогда не огрызался на Женю, не рычал, хотя не любил запах спиртного и всех этих насилий над собой.

Помню, как в первый раз мы поехали вместе отдыхать на Черное море в Пицунду. Я долго не мог понять, почему Женя не бывает на пляже, не загорает, не купается. Иногда, правда, он приходил на берег, одетый, как на концерт, и потрогав ботинком воду, весело говорил: «Хорошая водичка, братцы. Теплая. Плавайте. Только не утоните, пожалуйста». А сам в воду не заходил никогда. Выяснилось все позже, когда Валентин Ежов, известный драматург, один из авторов фильма «Баллада о солдате», пригласил Мартынова отправиться с ним в лодке порыбачить. Ежов любил это дело, каждый день налавливал много ставриды, которую мы потом коптили на берегу и нередко этим деликатесом заменяли свой ужин в Доме творчества. Но на этот раз рыбалка не удалась... Лодка дала течь и стала наполняться водой. А до берега было далеко. Как рассказал нам вечером Ежов, Женя стал с таким остервенением вычерпывать воду, что Валентин даже рассмеялся. Оказалось, что Мартынов не умел плавать и страшно испугался... Но все обошлось. Они приплыли на лодке к берегу, где их ждали загорелые гурманы, опечаленные малым уловом. Женя уже пришел в себя и как всегда шутил: «Это я всю рыбу испугал... Слишком громко пел песни Дементьева...» Вот таким он был — мой солнечный друг.

Песни приносили нам неплохие гонорары. И я решил купить дачу. Присмотрел в Пахре — в писательском поселке — ладный дом. Место было красивое. Участок большой — березы, сосны... Чего еще надо для покоя и счастья. Но на покупку денег мне не хватало. Я попросил взаймы у Жени. Он не задумываясь дал. И потом каждый день весело мне выговаривал: «Андрей Дмитриевич, пожалуйста, осторожней переходите улицу. В Москве сейчас движение сумасшедшее. Мало ли что, а мне тоже надо дачу покупать...» И притворно вздыхал. А когда я вернул долг, он рассмеялся и сказал: «Я передумал покупать дачу... Буду ездить к вам». И нередко приезжал, любил посидеть у камина, послушать музыку. В эти минуты с него можно было писать лирическую картину или просто портрет — так он был колоритен и красив...

Однажды в день моего рождения Женя сел за фортепьяно и сыграл новую и очень яркую мелодию, которая поразила меня своей глубиной и эмоциональностью. «Это вам подарок ко дню рождения. Если напишете стихи, буду счастлив». — И улыбнулся своей неповторимой улыбкой.

Шло время. Новая музыка Жени постоянно звучала в моем доме. Я мучился поиском темы. «О чем должна быть эта песня? О любви? Да, о любви...» — И вдруг меня осенило: «О любви Пушкина к Наталье Гончаровой...» И я сел за стихи. Они писались долго и трудно. Но недели через три я позвонил Мартынову и сказал: «Песня есть. Приходи...»

Он пришел — уставший после гастролей, какой-то непривычно тихий и серьезный. Увидел на рукописи название — «Натали» и сел за пианино. Спел прямо с листа. Потом еще раз. Я все ждал, что он скажет. Но Женя снова и снова продолжал петь. У меня от жалости перехватило горло — голос звучал так проникновенно и так печально, словно он рассказывал свою судьбу. Потом подошел ко мне и сказал: «Теперь можно и умереть. Это лучшее, что мы с вами написали».

Я молча его обнял. Слова те в каком-то смысле, к несчастью, оказались пророческими. Но впереди еще было много работы и сражений за право быть услышанным. Потому что судьба «Натали» складывалась нелегко. Песню практически запретили и на радио, и на телевидении. Я узнал, что она не понравилась тогдашнему председателю Госкомитета С.Г. Лапину. Женя просил меня устроить с ним встречу...

И случилось так, что вскоре Никита Владимирович Богословский позвал меня пойти вместе с ним к тому самому Лапину поговорить о сложившейся ситуации на эстраде. Мы оба с ним были членами художественных советов на ТВ и на радио. И нам было о чем поговорить с начальством. Я согласился. Позвонил Евгению. Но он уехал на гастроли.

Встреча с телевизионным министром Лапиным оказалась не из приятных. Сергей Георгиевич слыл человеком умным, но нетерпимым и, по-моему, весьма избалованным властью. Он не очень-то принял наши доводы в защиту молодых и вообще высказывался весьма консервативно. Я воспользовался моментом и спросил его — почему запрещена наша с Мартыновым песня «Натали». Он раздраженно ответил: «А зачем вы написали ее с этим смазливым купчиком? Что, нет других хороших музыкантов? Жалко стихи... Отдайте их кому-нибудь для иной музыки... Вон ваш друг Вознесенский не пишет же с Мартыновым... И Роберт Рождественский тоже». — Я с ходу завелся. Сказал, что друзей не предаю. И что молодой Мартынов — один из самых талантливых и ярких композиторов. И «Натали» будет жить в том виде, в каком мы ее с ним создали. Лапин как-то очень удивленно посмотрел на меня и дал нам понять, что разговор окончен. Но Никита Владимирович (спасибо ему!) поддержал меня. С тем и ушли.

Мне не хотелось рассказывать Мартынову об этой встрече с Лапиным. Женя был очень ранимым и мнительным человеком. Мой рассказ надолго мог бы вывести его из равновесия, расстроить, а это непременно сказалось бы на его творчестве и настроении.

Я уже не однажды видел, что с ним происходило, когда ему ставили палки в колеса, не принимали в Союз композиторов, запрещали песни. Были слезы и запои... И сколько нам — близким ему людям — приходилось тогда принимать усилий, чтобы он не сорвался. Но через день после разговора с Лапиным я позвонил своему другу Рождественскому и попросил его встретиться с Женей. А когда Мартынов вернулся с гастролей в Москву, я дал ему дачный телефон Роберта и сказал, что хорошо бы он с ним что-нибудь написал. «Ты должен работать с разными авторами. Это пойдет тебе на пользу. К тому же Рождественский — замечательный поэт».

Женя согласился. И вскоре зазвучали их прекрасные песни. О том же самом я говорил и с Вознесенским. И когда все вместе мы поехали в Пицунду, Андрей с Евгением хорошо поработали там. Их песня — «Начни сначала» сразу стала шлягером. Я радовался, что «умыл» Лапина. Но Женя продолжал терзать меня по поводу возможной встречи с председателем Гостелерадио, ничего не зная о нашем тяжелом разговоре с ним, который не допускал дальнейшего общения. Я старался все «спустить на тормозах». Мартынов обижался, нервничал, наивно полагая, что Лапин не в курсе. Стоит, мол, нам поговорить с ним и все образуется лучшим образом и наша любимая «Натали» широко зазвучит в эфире. Но я всячески уклонялся от наскоков Жени, отмалчивался. Боясь, что он может нарваться на хамство всемогущего министра, отговаривал его идти к Лапину. Однажды после моего резкого отказа связаться с Лапиным Мартынов психанул. Мы чуть не поругались. Но в конце концов песня все-таки завоевала эфир — вошла в репертуар известных певцов, и Женя успокоился. Мне передали, что Лапин оценил мое упрямство. Сейчас «Натали» поют Николай Басков, Иосиф Кобзон, Сергей Шеремет и другие звезды эстрады.

За годы нашей творческой дружбы мы написали с Евгением Мартыновым около двадцати песен. Наверное, могли бы и больше, но после того, как я стал главным редактором журнала «Юность», забот сильно прибавилось и времени на песни почти не оставалось. Женя часто звонил, как прежде, заходил к нам, и по его грустным глазам и детской улыбке я чувствовал, что он переживает это творческое отчуждение. Мы оба, не признаваясь себе, понимали, что лучшие наши времена прошли, лучшие песни созданы и повториться ничего не может. Если бы я мог знать тогда, что ему так мало осталось быть рядом с нами... Женя ушел из жизни в 42 года.

Евгений Мартынов был моим первым композитором, первым соавтором, и наши песни — как первая любовь. Женя открыл во мне этот неожиданный интерес к работе с музыкой. И когда ко мне стали обращаться другие композиторы с предложением написать что-то, я охотно пробовал... Помню, из Риги позвонил Раймонд Паулс и попросил написать стихи к его новой мелодии, пленку которой мне передали. Я в те дни гриппoвал, и у меня было много свободного времени. С утра до вечера в нашем доме звучала музыка Паулса. А через несколько дней я позвонил ему и прочел стихи. Потом на радио прозвучала наша первая с Раймондом песня «Я тебя рисую». Вскоре Р. Паулс вместе с Валерием Леонтьевым приехали ко мне домой, и началась работа над второй песней. Мне очень нравилась мелодия и то, как Леонтьев, по-студенчески усевшись на пол, напевал ее. Я назвал песню «Даже если ты уйдешь». Валерий впервые исполнил ее под собственный аккомпанемент на авторском вечере композитора в Театре эстрады. Он пел красиво и впечатляюще. Я думал тогда, что у песни большое будущее, но почему-то она не пошла. Наверное, виноваты в этом были музыкальные редакторы, которые не дали ей ходу, потому что у Паулса в это время звучало и без того много песен. А нашу Леонтьев записал на пластинку. Потом был «Дождь» в исполнении Ольги Пирагс...

Я вновь и вновь возвращаюсь в свою молодость, в знакомые мелодии, в далекие дни и часы, проведенные с Арно Бабаджаняном — выдающимся композитором и добрым человеком. Не все у меня получалось вначале. Я писал стихи к его гениальной музыке, а потом сам же их и выбрасывал. Мелодии просили других слов, бóльшей естественности, лирических тем. Но вскоре написалась «Доброта», которая прозвучала с экрана, и потом еще несколько песен. Арно был очень веселым человеком и мелодии его искрились светом, темпераментом. А я нередко приносил ему грустные стихи. Он весело возмущался: «Андрей, тут же у меня радость сплошная. Человек влюбился. Грустить он будет потом, когда женится. А сейчас все в нем поет...»

Как-то после праздничной телепередачи, где мы с Арно просидели весь вечер, я сказал ему: «Поехали ко мне. Отдохнем, выпьем. А то я смотрю, ты совсем в миноре». Он тут же согласился. Ехали по Кутузовскому проспекту, ничего не нарушая, кроме скорости, когда нас остановил патруль. За рулем был мой друг... Подошел молодой капитан, козырнул, попросил документы. Но когда Арно опустил стекло, блюститель дорожного порядка заулыбался во весь рот и сказал радостно: «Товарищ композитор Арно Бабаджанян, поосторожнее, пожалуйста. Вы нам еще очень нужны...» «Для чего? Чтобы штрафовать?» — так же весело отпарировал Арно, и мы поехали дальше. Он вообще был остроумный и добрый человек.

И не только с ним писал я в то время песни. Появился откуда-то из Тулы молодой густоволосый армянин по имени Арташес. Принес мне песню на мои стихи. Фамилия у него была не очень благозвучная для русского языка Херолян. Я сразу же сказал ему, что надо брать псевдоним. И придумал с ходу — Аркадий Хоралов. Теперь это имя в музыкальных кругах и среди поклонников эстрады очень популярно. Мне понравился этот застенчивый и провинциальный парень. Мы стали писать с ним песни. Он сам их и пел. Назову некоторые из них — «Давай попробуем вернуть», «Бесконечность», «Заброшенный лес», «Новогодние игрушки», «Сумерки»... До сих пор они звучат на концертах, по радио и на телевидении.

Одно время Аркадий был солистом ансамбля «Красные маки». У него сильный и красивый голос. Но трудно было пробиваться начинающему и провинциальному музыканту на эстрадный Олимп. Однако Аркадий не сдавался, приносил мне новые мелодии, выпустил нашу первую долгоиграющую пластинку, которая разошлась огромным тиражом. Потом еще одну. Сейчас по прошествии многих лет, он известный музыкант, на его счету десятки песен, авторские диски, встречи со зрителями...

Однажды ко мне в редакцию пришел мрачноватый человек лет тридцати и представился композитором и певцом. И не мешкая включил маленький магнитофон. Я понял с первых же секунд, что передо мной высокий профессионал, вокалист с хорошей школой. Как я узнал, он только что вернулся из Италии, где стажировался в знаменитом театре «Ла Скала». Оказалось, что он тоже пишет песни. Мы написали с Ризваном Садырхановым немало лирических песен, некоторые из которых он пел на моих концертах и в Москве и в Израиле.

Много лет назад, — я еще жил тогда в Твери, — по телевизору передавали какой-то концерт. На экране появился высокий красивый болгарин с гитарой и в черной шляпе и... вдруг запел песню на мои стихи. Так я впервые увидел Бисера Кирова — теперь известного на весь мир музыканта, у которого на счету 14 международных премий. Вскоре мы с Бисером подружились и за эти годы написали тоже немало песен. Одна из них — «Нет женщин нелюбимых» — стала его визитной карточкой в России.

Мне бы, конечно, хотелось сказать добрые слова о всех своих соавторах — об Але Пахмутовой, Павле Аедоницком, Евгении Доге, Игоре Лученке, Славе Добрынине, Алексее Мажукове, Саше Ковалевском... Потому что я всех их люблю — и знаменитых, и начинающих, и уже забытых... Но с особой симпатией и печалью вспоминаю своего друга, прекрасного певца и композитора Володю Мигулю, ушедшего из жизни так неожиданно и рано.

До сих пор я получаю огромное количество нот, дисков с песнями, иногда совершенно неизвестных мне авторов, и всегда поражаюсь невероятному творческому порыву, который живет в нашем народе.

«С МУЗЫКОЙ ТВОЕЙ НАЕДИНЕ...»

Синим снежным утром Володя Мигуля приехал ко мне на дачу в Пахру и, едва раздевшись, уселся за пианино. Накануне мы с ним договорились, что поработаем над новой песней. Через несколько часов было написано танго «Признание». Володя сочинил музыку на уже готовые стихи, но по его просьбе я переделал несколько строк и вывел в рефрен слова:

Наверно, выдумали мы
Весну,
Когда шумела вьюга.
Наверно, выдумали мы
От одиночества друг друга.

То и дело он вновь присаживался к инструменту — и пел, пел, — как всегда очень проникновенно. Мелодия сразу запоминалась. Не случайно уже в течение двух десятков лет Иосиф Кобзон поет танго в концертах. И надо признать, что именно Кобзон открыл эту песню для слушателей и лучше него никто ее не исполнял.

Вечером, наработавшись, мы вышли с Володей погулять. Было очень красиво — синевший в лунном свете снег, укутанные сугробами ели создавали впечатление какой-то фантастической картины. Мой друг шел, о чем-то задумавшись. Он вообще был не очень многословен.

А я вспоминал, как несколько лет назад мы познакомились с Володей... по телефону. Мигуля жил тогда в Ленинграде. Он позвонил мне, представился и предложил поработать. Напел мелодию. Но в тот раз не получилось. Я по горло был занят редакционными делами в «Юности». Уже позже я узнал, что на эту музыку написал стихи ленинградский поэт Виктор Гин, и песня «Поговори со мною, мама» стала очень популярной.

Володя был многогранной личностью. Он закончил медицинский институт, а потом консерваторию. Увлекался боксом. Глядя на него — тонкого, интеллигентного человека, — трудно было представить его на ринге.

Вскоре он переехал в Москву. Я часто видел его на телевидении. Мигуля очень нравился публике. Молодой, красивый, он хорошо держался на сцене, а главное, замечательно исполнял свои песни. Мы стали сотрудничать. Наших «Каскадеров» запели «Земляне» — очень известная тогда группа — и песня приобрела невероятную популярность.

Потом появились и другие песни — «Созвездие любви», «Мелодия надежды», «Танцуем диско», «Три дня». Но танго «Признание» стало нашей главной песней.

Мы очень подружились с Володей. Вместе встречали праздники, часто виделись на приемах и концертах. Иногда он неожиданно приезжал ко мне домой — просто так — повидаться. Любили мы с ним отмечать Старый Новый год в Центральном доме работников искусств. Однажды там пел Иван Семенович Козловский. Он ходил между столиками, и по залу плыл неповторимый голос — «Я встретил вас и все былое...» И когда он остановился около нашего стола, мне стало почему-то грустно, словно это была последняя встреча с великим певцом...

Шли годы. У нас появлялись новые песни. Казалось, так будет всегда. Но неожиданно подкралась непонятная болезнь, не оставившая Володе никаких шансов. Когда он сказал мне о своем недомогании, еще даже не подозревая, что его ожидает в будущем, я повез его к знакомому врачу — доктору медицинских наук, доброму человеку.

Мы сидели у него дома, пили чай, но по глазам доктора я чувствовал, что дела плохи. Под каким-то предлогом он увел меня в другую комнату и, тяжело вздохнув, сказал: «Самое большее, у Владимира впереди два года жизни... Работайте с ним как можно больше». Я долго не мог придти в себя, узнав страшную правду, которую надо было скрывать, диагноз — рассеянный склероз.

Когда Володя умер, я почувствовал горькую пустоту в душе. И вдруг понял, что он занимал в моей жизни особое место — не просто друга и соавтора, а младшего брата.

В повседневной суете, в заботах и тревогах мы порой привыкаем к мысли, что все, кто рядом с нами, будут всегда. И если неожиданно уходит дорогой человек, испытываешь безмерную печаль не только от вечной разлуки, но и от угрызения совести, что чего-то не сделал вовремя, не успел сказать каких-то важных слов.

Только в дни его болезни я воочию увидел, какой мужественный человек Владимир Мигуля. Будучи медиком, он понимал, что надежды нет, но держался на редкость стойко. Незадолго до его кончины мы приехали к Володе с Валей Толкуновой и Бисером Кировым. Как все-таки судьба была несправедлива к нему! Совсем недавно он отметил свое пятидесятилетие и был полон творческих замыслов. Не имея уже возможности сидеть за фортепьяно, он продолжал писать музыку — в постели, в коляске... В эти тяжкие дни во всем ему помогала его жена Марина, которая в месяцы угасания Володи проявила такую самоотверженность и нежное терпение, что это продлило Мигуле жизнь и помогло в последние недели не поддаться полному отчаянию.

Когда Володя въехал на своей коляске в кухню, где мы ждали его, сердце мое сжалось от невыносимой горести. Выглядел он измученным и растерянным. Но старался не выдать своего настроения. Бисер незаметно вытер слезы, а Валя на какое-то время вышла в коридор, чтобы не расплакаться при Володе. Я нарочито спокойно спросил своего друга — как ему пишется. Он уже не мог говорить и поднял вверх большой палец, что у нас с ним означало победу. И Володя действительно побеждал — себя, свое состояние и жалость. Мы разлили коньяк и выпили за него. Он грустно улыбнулся и что-то стал писать левой рукой на клочке бумаги. Правая уже не действовала. А потом протянул написанное мне. Я тут же прочел коряво нацарапанные слова: «Андрей, я во многом был не прав (это по болезни). Если сможешь, прости...» Я взял его за руку, и, скрывая волнение, сказал: «Что ты, Володя... Это я должен у тебя просить прощения за то, что из-за бесконечных поездок и суеты редко прихожу к тебе...»

Он вновь грустно улыбнулся. Я понял — Володя прощался с нами.

...Через три дня его не стало.

Знаменитого композитора и певца провожали из Театра эстрады долгой и какой-то виноватой овацией. Так было при жизни — Владимир Мигуля всегда уходил со сцены под гром аплодисментов. На этот раз он уходил навсегда.

Но не хочу кончать свои записи этой горестной страницей. Вспоминаю Володю молодым, статным, красивым. На их свадьбе с Мариной я был, как это говорится, и шафером, и тамадой. У меня сохранились фотографии того торжества — очень привлекательная молодая пара. На них приятно было смотреть. Потом у них родилась дочь Лиана. Володька души в ней не чаял. Он много работал в то время. Полнился список его песен, которые сразу же становились популярными — «Трава у дома», «Что же ты плачешь, солдат...» «Аты-баты», «Каскадеры». Володя просматривал десятки поэтических сборников, отыскивая созвучные настроению и музыке стихи.

Он любил петь свои песни сам. У него был красивый голос, и он умел вложить в каждую музыкальную строку свою душу и свое понимание темы. Телевидение приглашало его на различные концерты, и популярность Владимира Мигули стала глобальной. Но он оставался скромным парнем. Слава не испортила его, хотя Мигулю узнавали на улицах, ломились на его концерты, раскупали диски. А потом случилось несчастье — взорвали машину, на которой он обычно ездил по делам. Погиб шофер. Причем его, уже смертельно раненного, Володя вытащил из «Мерседеса», пытаясь помочь истекавшему кровью молодому человеку. Услышав по радио о случившемся, я сразу же приехал к Мигуле, уже вернувшемуся из больницы. Он был в шоке от того, что произошло. И до сих пор неизвестно, кто же совершил это преступление. Но после гибели водителя Мигуля стал мрачнее и строже. Спасала работа и семья. Жизнь продолжалась, но она была уже иной. Думаю, что и сам Володя внутренне изменился. Где-то в глубине души он чувствовал свою вину за все, что случилось.

Однажды нас с ним пригласили на какой-то престижный концерт, где мы вместе с Иосифом Кобзоном и Львом Лещенко были почетными гостями. Володя только что написал новую песню на хорошие стихи малоизвестного поэта — «Открой мне, Господи, глаза...»

И вновь я вижу сверкающую огнями лестницу, по которой спускается на сцену элегантный, побледневший от волнения Владимир Мигуля. Как всегда, его встречают тепло и радостно и провожают долгой овацией.

Вспоминаю нашу поездку в Израиль. Мы отправились снимать телевизионный фильм «В будущем году в Иерусалиме», для которого Володя написал песню под таким же названием. Заглавные слова ее были взяты мной из древней иудейской молитвы. Я предложил, чтобы песня эта проходила рефреном через весь фильм. Володя сам ее и спел. Нас ожидали интересные поездки по библейским местам — Вифлеем, озеро Киннерет, Назарет. Но Мигуля, сославшись на дела, вдруг срочно улетел в Москву, хотя до этого собирался пробыть в Израиле до конца съемок. Только потом я узнал от Марины, что он почувствовал себя плохо и поэтому расстался с нами. Не желая никого расстраивать, придумал уважительный предлог для отъезда. В этом весь Володя — деликатный, тонкий — не желающий друзьям усложнять жизнь.

В то время мы работали не только друг с другом. У меня появлялись песни, написанные с Евгением Мартыновым, Раймондом Паулсом, Аркадием Хораловым. У Володи с поэтами — Анатолием Поперечным, Игорем Шафераном и другими. И не было между нами той творческой ревности, которая нередко осложняет отношения соавторов. Наоборот, Мигуля всегда находил добрые слова по поводу той или другой песни, написанной не с ним, так же, как я радовался его удачам.

Однажды я предложил ему тему — молодой художник, видя каждое утро из своего окна проходившую мимо девушку, нарисовал много ее портретов. Вся комната была увешена этими рисунками. Юноша влюбился как бы издалека. Володю почему-то эта тема не вдохновила. Может быть, потому, что не было еще стихов. Стихи я написал позже на мелодию, которую мне предложил Раймонд Паулс. Так родилась песня «Я тебя рисую...», получившая широкую популярность в исполнении Яака Йолы. Когда Володя услышал ее, он тут же позвонил мне и поздравил. А потом невесело добавил: «Жаль, что я как-то не почувствовал тему...»

Конечно, я рассказываю о композиторе и певце Владимире Мигуле прежде всего как о моем соавторе. Именно в нашем общении, в совместной творческой работе я наиболее полно узнавал его, проникая в глубины души, когда человек раскрывается до конца. Я дарил ему свои книги и нередко он звонил и предлагал встретиться — написана еще одна песня. И всегда мне нравилось все, что он делал.

Как-то, смеясь, Мигуля рассказал о курьезном случае. Он возвращался домой с дачи, и вдруг машина заглохла. Подъехала милиция. Его узнали. Он попросил помощи. Остановили таксиста. Тот открыл капот «Мерседеса» и сказал Мигуле: «За три дня все сделаю». Володя взмолился: «Какие три дня! У меня съемка вечером...» Таксист засмеялся. Оказывается, он имел в виду нашу песню «Три дня», которая в то время часто звучала в эфире.

Однажды он предложил мне отправиться в ка-

На поэтическом вечере

В Центральном Доме литераторов

Тель-Авив. Чрезвычайный и Полномочный посол РФ в Израиле Михаил Богданов, народный артист СССР Иосиф Кобзон и мэр Тель-Авива Рон Хульдаи на моем авторском вечере. 1999 год

Иерусалим. «Люблю подняться в Старый город...»

На границе с Ливаном. Идет съемка очередной телепередачи. 1998 год

Иерусалим. Лидер «русской» партии Натан Щаранский. 1999 год

Супруга премьер-министра Израиля Беньямина Нетаньяху — Сара преподносит букет на моем юбилейном концерте в Иерусалиме

А это (в центре) сам премьер-министр — Б. Нетаньяху. 1999 год

«В Иерусалиме выпал русский снег...»

Эдуард Кузнецов со своей женой — популярной в Израиле певицей Ларисой Герштейн. Встреча Нового 1992 года в Тель-Авиве. Слева — главный редактор русскоязычной газеты «Вести»

«Для меня Пустыня Негев необычна и загадочна...»

Гостья Советского комитета защиты мира мать Тереза. 1986 год

Бывший премьер-министр Израиля Ицхак Шамир «Господин “Нет”»

Знаменитый путешественник, автор журнала «Юность» Тур Хейердал, приезжая в Москву, никогда не проходил мимо нашей редакции

У коллег на радио «Свобода»

С моим другом с далеких комсомольских времен Игорем Ильинским, который подтвердил, что в комсомоле всегда были талантливые ребята. Сейчас он ректор Московского гуманитарного Университета

*Анна Пугач в первый день своей работы в журнале «Юность».
1974 год. До нашей свадьбы еще целых двадцать лет*

Любительский снимок

Мой младший внук Андрей Дементьев на юбилейном вечере в Твери. 2008 год. К этому времени он уже снялся в главной роли в фильме «Дерзкие дни»

Отец Андрея и мой сын — Дима, — к сожалению, не дожил до счастливых времен

20 июля 2008 года. Тверь. Начало концерта.
В первом ряду сидят мои дочери — Марина (справа) и Наташа.
Между ними — муж Марины — Саша

Там же. Моя внучка Кити — студентка Петербургского университета — принесла на сцену цветы

С моей младшей дочерью Наташей. Она стала дизайнером

Три Андрея — дед и внуки

Авторский вечер закончен. Можно и расслабиться

На даче у дочери в Сестрорецке. Марина, Кити, Саша.
Редкая возможность побыть вместе

Брат Ани Александр с женой Людмилой. Они не только мои родственники, но, можно сказать, и семейные доктора

«Здравствуй, милый отчий дом...»

Афиши разных лет

«Не могу уйти из прошлого...»

кую-то престижную сауну. Еще со времен своей спортивной юности он любил расслабляться под веником. Действительно, там было хорошо. Если не считать маленькой неприятности — пропала моя меховая шапка. А было морозно. Я укутал голову шарфом и сел рядом с Володей в машину. По дороге он превысил скорость, и нас остановила ГАИ. Милиционеру Володя сказал на полном серьезе: «Смотрите, кого везу...» — «Кого?» — подозрительно спросил гаишник. «Большой чин», — очень серьезно ответил ему Володя.

Страж порядка козырнул, и мы поехали дальше.

Вообще Мигуля был находчивым человеком. Както я пригласил его в телепередачу «Театральные встречи», которую вел вместе с народной артисткой Нелли Корниенко. А мы с Володей только что написали песню «Черный Лебедь», посвященную памяти Владимира Высоцкого, которого в то время даже упоминать было запрещено. Мигуля представил новую песню, как будто специально написанную для спектакля, где речь идет о некоем абстрактном музыканте. Дотошная Нелли спросила: «Для какого спектакля? Где он будет?» Володя приложил палец к губам и, улыбаясь, ответил: «Секрет. Мы люди суеверные». На другой день мне позвонила с телевидения редактор передачи и испуганно спросила: «Андрей, эти стихи напечатаны?» — «Нет, — говорю. — Новые».

«Напечатайте скорее. Иначе будет скандал. Нужно пройти цензуру».

Я позвонил в редакцию моей родной тверской «Смены» и через три дня стихи были опубликованы. А когда «Театральные встречи» принимало телевизионное начальство, на песне о Высоцком зазвонил телефон. Это отвлекло высокую особу. Песня прозвучала в эфире. После передачи мне позвонила Нина

Максимовна — мать Владимира Высоцкого и растроганно поблагодарила нас с Мигулей...

Еще одной звезды не стало.
И свет погас.
Возьму упавшую гитару,
Спою для вас.

Прошло время. И Кобзон запел «Черного Лебедя» в концертах. Как-то в жаркий июньский день на берегу маленькой речки, куда мы приехали с Володей на выходной, я собрал местных мальчишек и уговорил его погонять мяч. Наша команда состояла из двух человек. Соперников было девять. Каждый забил по мячу. Они — девять. Мы — два. С таким позорным счетом и расстались. После второй порции шашлыка, который мы с Володей сварганили у меня на даче, он, весело смеясь, упрекнул меня в проигрыше: «Ты, конечно, старался. Но я заметил, что от тебя не очень зависело, куда полетит мяч...»

Веселое было время!

Это теперь я с горечью думаю, что мы не очень-то ценили его. Встречались реже, чем хотелось бы (вечная суета!), не написали всего, что задумали. Но и те нечастые встречи и творческая близость, которые выпали на нашу долю, я никогда не забуду.

Это было не просто веселое время. Это было время дружбы, успеха и надежд.

А пока мы ходим по стране,
Где и наша жизнь брала начало,
С музыкой твоей наедине,
С той, что здесь впервые прозвучала.

«О, СКОЛЬКО МИР ИСКУССТВУ ДОЛЖЕН...»

Я люблю слушать Зураба долгими застольными вечерами, когда он вспоминает прожитые годы, ушедших мастеров, благословивших его на мучительно-прекрасную участь художника. Он подробно и неторопливо рассказывает свою жизнь, полную печали и радостей, и доверительно делится будущими планами, которых у Церетели так же много, как разноцветных камешков в его мозаике. Иногда его монологи затягиваются далеко за полночь, но время незаметно скользит по доброй и чуть извиняющейся улыбке Зураба («Простите, вы не устали?») и по неожиданным задумчивым паузам. Грузинский акцент придает его речи особую интонацию. Когда ему не хватает слов, он обращается к метафоре, и рассказ становится объемнее и шире. Сколько было таких вечеров, заполненных искусством и грустью, юмором, откровенностью и сомнениями. Я ни разу не попытался записывать за Церетели, никогда не брал магнитофон, потому что искренность и экспромт не запишешь. Они тут же потеряют свое очарование и перейдут в разряд обычного журналистского интервью. И потом Зураб распахивается только перед близкими людьми, вовсе не желая, чтобы кто-то посторонний вмешивался в его откровенность.

Помню, я пришел к нему как-то необычно рано. Он стоял с кистью у мольберта, в кожаном фартуке. А рядом на стуле высился огромный букет полевых цветов в темной вазе. На холсте пробивались неясные очертания васильков. И по всей мастерской — цветы, цветы — на подрамниках и в золоченых рамах. Полевые, садовые, осенние, выписанные сочно и выпукло, словно их только что принесли с улицы в комнату. Я не удивился, потому что знал: цветы — слабость Зураба. Каждое утро он пишет их с натуры, расставляет и развешивает по всему дому. И все-таки спросил:

— А зачем так много цветов?

Он взглянул на меня, как мне показалось, с укором и неожиданно засмеялся:

— Как зачем? Чтобы жизнь была краше, радостнее...

Через некоторое время он пришел в гостиную, застав меня за разглядыванием большой фотографии памятника Гоголю, который Церетели только что поставил в Риме. Я был однажды в том римском доме, где великий писатель прожил несколько лет и где он много работал... Зураб сумел передать весь трагизм и неуловимую безысходность гения. Найденная им метафора, была раскрыта скульптором через достоверность портрета и болезненное состояние души. Николай Васильевич сидит в задумчивой позе и держит в руках собственную маску. Два лица, две жизни, два человека...

Вообще Зураб Церетели не просто мастер портрета. Его Петр Первый, например, который вызвал в свое время бурю споров, восторга и непонимания — это ведь тоже не только портрет. Это биография, вписанная в эпоху... Как-то мне позвонила из Саратова раздраженная женщина из позабытой уже гвардии революционерок, что любят все ниспровергать, и закричала в трубку: «Дементьев, как вы могли посвятить стихи такому памятнику?» И тут же процитировала мои строки: «...Все, что может гений, понятно только гениям добра». А мне, например, совершенно непонятно это, с позволения сказать, гениальное творение. Буду в Москве — непременно приду посмотреть церетелевский шедевр. Если, конечно, он до того времени устоит.

Устоял. И памятник, и его автор, которого злобно, с издевкой, часто без знания дела уничтожали любители черного пиара. А Петр по-прежнему величественно возвышается над Москвой и с царской высоты ему хорошо видна вся эта возня «защитников истинного искусства», чем-то похожая на свирепость мелких грызунов.

В ответ я написал тогда веселые стихи, которые прочел Зурабу. Он заулыбался, довольный, и забрал их себе.

Однажды как-то поутру
Зураб во сне сказал Петру:
«Как вам сидится на коне,
Куда вознес вас Фальконе?»
И молвил Петр ему:
«Зураб,
Хочу с кобылы на корабль.
На корабле хочу поплыть.
И чтоб вокруг Москва была,
Чтоб золотились купола.
Хочу...
И так тому и быть!
Проси Лужкова подсобить...»
Зураб ответил:
«Я готов».
И встал сей памятник Петров...

Я знаю, как переживал Зураб скептическое отношение некоторых снобов к его Петру. И продолжал еще неистовее трудиться. Создал Музей современного искусства, писал картины, ваял портреты современников, воскресил старую грузинскую эмаль... Невольно поражаешься, как один человек может столько сделать в искусстве, сколько уже успел сделать Церетели, По творческим масштабам и размаху он — Человек эпохи Возрождения. Чернорабочий своей Музы. А для меня еще и верный друг.

Помню, как он растрогал меня, прилетев в Израиль со своей дочерью Ликой — тоже художницей — на мои творческие вечера. Вообще — делать людям добро, по-моему, это его высокое назначение на Земле.

Когда Москва не оплатила Зурабу работу на Поклонной горе, он попросил вместо гонорара несколько квартир. И раздал их бесплатно своим коллегам и помощникам. Узнав, что некоторые выдающиеся художники — члены Президиума возглавляемой им Академии художеств — не приходят на заседания, потому что не очень здоровы, а давиться в их возрасте в переполненном метро уже не хватает сил, он подарил им по «Волге» в личное пользование... Зураб, как никто, умеет радоваться чужим успехам. И получает искреннее удовольствие даже от малого участия в чьей-то судьбе. Когда столетний художник Борис Ефимов прозрел благодаря Зурабу, который оплатил сложную операцию, старый Мастер был несказанно счастлив не только тому, что разноцветный мир вновь открылся его взору, но и тому, что он увидел воочию, как же выглядит этот человек, творящий людям добро.

...Зураб очень переживал, когда я потерял сына. Через несколько месяцев после его трагической гибели я попросил своего друга порекомендовать мне скульптора, который бы создал памятник Диме. Зураб вопросительно посмотрел на меня и сказал: «Если разрешишь, я сам все сделаю...» И вскоре, в годовщину смерти Димы, день в день, — на Ново-Кунцевском кладбище был установлен памятник. С мраморного портрета сын улыбается и смотрит на меня, словно хочет что-то сказать, чего не успел при жизни...

В бытность мою студентом Литературного института один очень старый человек с Кавказа, узнав, что я «учусь на поэта», сказал мне: «Много надо в жизни горя изведать, мальчик, — и своего, и чужого, — чтобы хорошо писать». Он как бы уговаривал меня отказаться от этого. Позже я часто вспоминал его слова, потому что восточный мудрец оказался прав. И когда я смотрю на скульптурную композицию Зураба Церетели «Трагедия народов», где обреченная на смерть мать закрывает ладонью глаза своему ребенку, чтобы тот не видел всего ужаса, который вершится вокруг, я чувствую, КАК переживал Мастер, входя в далекую и столь близкую ему трагедию страшной войны.

Однажды он позвонил мне и спросил: «Ты Лолобриджиду любишь? Она у меня. Приходи». — Я, естественно, тут же вспомнил гениальный фильм с моим кумиром Жераром Филипом, где юная Джина играла невесту Фанфана-Тюльпана. До чего же она была хороша! Не знаю, почему, но я задержался, а когда приехал, торжество было уже в самом разгаре. Рядом с Зурабом сидела уставшая королева кинематографа, попрежнему красивая, но уже другой, более спокойной и какой-то задумчивой красотой. По мимолетному взгляду, обращенному ко мне, я понял, что она в переизбытке впечатлений. Было видно, как ей нравится грузинское застолье с его веселым шумом и бесконечными тостами. Джина внимательно слушала переводимые ей слова и все время поднимала свой бокал, кокетливо наклоняясь к Зурабу. В какое-то мгновение мне показалось, что среди этого искреннего веселья и шума она чувствовала себя немного одинокой... И когда меня попросили прочесть что-нибудь, я неожиданно для самого себя начал со стихотворения — «Самое горькое на свете состояние — одиночество...» Ей переводили вслед за мной. Она внимательно слушала и смотрела не на переводчика, а на меня. Потом зааплодировала, восторженно крикнула «Браво» и стала что-то говорить Зурабу. Я, конечно, внутренне возгордился, что великая актриса так реагирует на мою поэзию, не зная, что тут примешалось еще одно обстоятельство. Оказывается незадолго до моего прихода Джина произнесла тост в честь... одиночества. Она призналась, что всю жизнь была одинока. Одинока среди всеобщего поклонения и восторга. Одинока из-за своей красоты и популярности, которые мешали ей отличить искренность от банального интереса. И я, ни о чем не догадываясь, как бы продолжил ее сокровенные мысли. Потом мы с ней перемолвились несколькими фразами. Она благодарила меня, а когда узнала, что во мне есть толика итальянской крови, то и совсем потеплела. Но мне было грустно. Я мысленно возвращался в далекие годы нашей юности, когда молодой и обаятельный Жерар Филип и невероятно соблазнительная в своей красоте Джина Лолобриджида дарили нам свою влюбленность, восторг и талант... Как жаль, что все проходит... Но Зураб, видимо, не разделял моих сомнений и печали. Он фотографировался рядом со своей знаменитой гостьей, смеялся, ухаживал за ней, рассыпал комплименты и на какое-то мгновение я вдруг почувствовал, что годы здесь ни при чем... Есть Женщина — на все века царица и Муза, есть ее величие и выдающийся талант. Все остальное — от лукавого.

Вспоминая многие встречи и разговоры с Зурабом, я поражался его точным прогнозам будущего и анализу нашего сегодняшнего бытия. Мудрость художника — это всегда особая субстанция. А здесь она к тому же восходила на вековых традициях, фольклоре и на неуемном любопытстве к жизни. А жизнь к Зурабу предъявляла особые требования и нередко была жестока. Когда Звиад Гамсахурдия — недолгий Президент Грузии — назвал выдающегося художника, столько сделавшего для своей Родины и воспевшего ее в красках, мраморе, бронзе, эмали — «врагом народа», мать Зураба, увидев эти страшные слова в газете, умерла от горя и обиды. А потом пришло еще одно несчастье. Вдали от Грузии скончалась его любимая жена Инесса, которая была тяжко больна. Зураб делал все, чтобы продлить жизнь этой мудрой и прекрасной женщины. Приглашал лучших врачей, отправил ее в США, где медицина всегда была сильной. Но судьба и болезнь оказались сильнее...

О Зурабе Церетели написаны книги, поставлены телефильмы, выходят многочисленные цветные альбомы, монографии, статьи. Его жизнь и творчество на виду у всей страны, у всего художественного мира. А потому — кто хочет — может все это прочесть, увидеть или сходить к нему в Галерею на Пречистенке.

Я горжусь, что там у входа в скульптурную композицию «Яблоко» на бронзовом полотне выгравированы мои стихи, посвященные Зурабу Церетели. И в книгах моих немало строк, обращенных к Мастеру.

Я не профессионал и вряд ли смогу что-то доказать или утвердить в многообразии его творчества. Но для меня важно и другое — многообразие его души, характера и дружбы. И об этом я вкратце пытался рассказать. Думаю, что эти воспоминания — только начало моих будущих житейских открытий Зураба Церетели — художника Божьей милостью и доброго Человека с большой буквы.

«Я БЛАГОДАРЕН ДРУЖЕСКОЙ ПОРУКЕ...»

В годы моего редакторства в «Юности» я часто виделся с Робертом Рождественским и его женой Аллой Киреевой, которая была очень талантливым критиком и часто печатала острые статьи в нашем журнале. Почти каждую субботу они устраивали «Рождественские посиделки» для друзей в своем гостеприимном доме, который находился на улице, носившей тогда еще имя Горького. Там я познакомился и потом подружился с детским доктором Леонидом Рошалем, которого через несколько лет узнает вся страна. «На огонек» к Рождественским приходило много известных людей — писателей, артистов, музыкантов. Мы весело проводили время — слушали новые песни Арно Бабаджаняна, Оскара Фельцмана, Марка Фрадкина, читали стихи и дарили друг другу книги, которые тут же и «обмывались».

Устав за неделю от работы, суеты и всяческих деловых общений, все мы в охотку и с большим удовольствием расслаблялись в доме Аллы и Роберта.

Помню, в одну из суббот приехал еще совсем молодой композитор и певец Полад Бюль-Бюль оглы и радостно объявил, что у него жена в роддоме и что они на днях ждут ребенка. Он очень хотел сына. Все стали гадать, кого же родит Белла Руденко — примадонна Большого театра. Иосиф Кобзон на спор с Робертом предсказывал Поладу сына. Рождественский — дочку. Может быть, потому, что у него с Аллой были две девчонки. Но шампанское пили за оба варианта.

В тот вечер мы сидели с Вячеславом Тихоновым чуть в стороне и в споре не участвовали. Я делился с ним своими впечатлениями о фильме «Война и мир», в котором Слава блистательно сыграл Андрея Болконского. О чем я ему и сказал. Знаменитый артист внимательно выслушал все мои восторги, а потом как-то очень стеснительно переспросил: «Тебе и вправду так понравился мой герой?» И по его тону я понял, что у него самого были какие-то сомнения на этот счет. Или просто он очень нуждался в еще одном добром слове... Вообще Тихонов поражал своей скромностью. На одной из передач на Всесоюзном радио кто-то из редакторов мне сказал: «В соседней студии записывается Вячеслав Тихонов. Сверх программы он прочитал нам одно ваше стихотворение. Мы его записали на пленку... Хотите, прокрутим?» Я впервые услышал, как Слава читает стихи. Раньше он никогда не говорил, что любит поэзию. Глуховато и как-то очень по-домашнему зазвучали мои строки — «Самое горькое на свете состояние — одиночество...» Вечером я позвонил Тихонову. Поблагодарил. Он сказал: «Вообще-то это я для себя читал. Не для публики. Но если тебе понравилось, я не буду ругать редакторов за их самоуправство...»

Как-то мы с ним в группе членов Комитета по Государственным премиям поехали в Вильнюс смотреть спектакль Некрошюса в Русском драматическом театре, который был выдвинут на Государственную премию СССР. Слава уже сыграл Штирлица в кинофильме «Семнадцать мгновений весны», и его популярность была просто фантастической. Но он несколько тяготился ею и стеснялся всеобщего интереса к себе. В Вильнюсе заматывал лицо шарфом, чтобы не узнавали на улице, и так ходил...

Однажды в перерыве между нашими заседаниями на Неглинной, где располагался комитет по премиям, он спросил: «Хочешь, расскажу анекдот про Штирлица?» Мы сидели в комнате отдыха и пили чай. Весело поглядывая на меня, Слава стал рассказывать: «Штирлиц стоял у окна. Дуло. Штирлиц закрыл форточку — дуло исчезло».

Я всегда плохо запоминал анекдоты и потому нередко попадал впросак. Так вышло и с этим анекдотом. Через пару дней по окончании бурных дебатов на редколлегии «Юности» по поводу очередного номера журнала, где кроме известных писателей были и сотрудники редакции, я спросил своих коллег: «Хотите услышать анекдот про Штирлица, который рассказал мне сам Штирлиц?» Уставшие от собственной серьезности, все приготовились слушать. «Штирлиц стоял у окна, — начал я. — Дуло. Штирлиц закрыл форточку — дуть перестало». Никто не засмеялся. Но все посмотрели на меня с сочувствием. И только тогда я понял, что все переврал... Потом уже весело смеялись не на анекдот (со второго раза я рассказал его правильно), а надо мной...

Кто-то поведал о моем конфузе Тихонову. И когда мы встретились с ним у Роберта Рождественского, он хитро спросил меня: «Хочешь, я расскажу тебе еще один анекдот про Штирлица?» Мы оба засмеялись.

Очень жаль, что нынешние поколения плохо знают Вячеслава Тихонова — выдающегося актера, сыгравшего много ярких ролей в кино и вписавшего в отечественный кинематограф неповторимые страницы. Но Слава — не просто скромный человек. Он известен среди друзей и своим деликатным юмором. Недавно я услышал новый анекдот про него. Но скорее — это правда. Тихонов приехал отдохнуть в какой-то закрытый санаторий. Юная медсестра попросила заполнить анкету и стала задавать «Штирлицу» вопросы. «Фамилия?» — спросила она. «Тихонов Вячеслав Васильевич», — покорно просветил девушку допрашиваемый. Анкета была длинной. На последний вопрос о воинском звании пациента Тихонов на полном серьезе сказал: «Оберштандартенфюрер...» Медсестра юмора не поняла.

Конечно, мы не только веселились в доме Рождественских. Нередко наши встречи переходили в короткие вечера поэзии и музыкальные презентации. Хорошо помню замечательный моноконцерт Эдиты Пьехи, которая впервые тогда исполнила трогательный романс «Эхо любви» и много других песен на стихи Рождественского.

Однажды Роберт показал нам только что изданную книгу стихов Владимира Высоцкого «Нерв», которую он подготовил к печати и написал к ней предисловие. Это было первое издание произведений знаменитого актера, вышедшее, к сожалению, уже после его смерти. Издать опального поэта, который в то время, по сути, был запрещен, стоило Роберту невероятных усилий. Но он стойко одолел все преграды, и книга вышла. В этот вечер в доме Рождественских звучали стихи Владимира Высоцкого, которые мы читали вслух прямо из его книги. Нередко хозяин дома с присущей ему застенчивостью просил гостей послушать и его новые произведения. Читал он очень своеобразно, глуховатым голосом, выделяя интонацией важные для него смысловые детали. Как правило, после таких чтений я забирал у Роберта странички рукописи, чтобы напечатать их в журнале «Юность».

Чаще других в доме Рождественских бывал Муслим Магомаев. В то время он был на вершине своей славы. Знаменитый певец был немногословен. Больше слушал других, при этом очень много курил. Както я пожурил его: «Что же вы не бережете голос, Муслим. Никотин — это же погибель для вокалиста...» Он улыбнулся: «А я не собираюсь петь, как ваш любимый Лемешев, до 70 лет».

К сожалению эти слова оказались пророческими. Муслим ушел из жизни в 66 лет.

Детский доктор Рошаль, еще не вкусивший мировой известности, был душой нашей компании. Его любили все. Вскоре я с удивлением узнал, что Леня что-то «пописывает». И однажды он вдруг сказал мне: «Я тут начиркал о своем недавнем путешествии. Вернее, об отпуске. Но это была поездка в незнаемое... Может, ты посмотришь?» Я посмотрел. И напечатал его очерк в своем журнале. Это было интересно. Без претензий на литературу, но очень талантливо. Но дальше дело не пошло. Видимо, настоящий врач навеки остается врачом. А Чехов скорее исключение, потому что здесь вмешалась Природа, одарившая Антона Павловича гениальными способностями. И потому для Леонида Рошаля прежде всего — это больные дети, долгие вечера за книгами о них, худенькие лица с огромными глазами, в которых и боль, и отчаяние. И нередко полувзрослые улыбки, сияющие, как тихое «спасибо»...

Доктор Рошаль подтверждал каждую минуту, что дружба — понятие круглосуточное. Такое же, как и милосердие врача. Ему можно было позвонить ночью, не боясь скрытого раздражения и зная, что он приедет. Не только ко мне. Ко многим, когда неожиданно заболевали наши дети, и сумасшедшим родителям казалось, что все на грани...

Мы все любили встречаться у Рождественских. Там можно было и отдохнуть от суеты, и побрататься душами с тем, кто вдруг становился тебе близок и дорог. Я помню, как, приехав на дачу к Роберту в день его рождения 20 июня 1981 года, который мы отмечали среди сосен и цветов, я решил догнать гостей юбиляра «по уровню градуса» и тут же принялся открывать шампанское. И вдруг тяжелая бутылка неожиданно взорвалась у меня в руках. По какому-то наитию я перед этим опустил руки вниз, и осколки полетели под стол, а не в лицо. Все бросились ко мне, но я был цел и невредим. Правда, с ног до головы облитый сладкой влагой. Оскар Фельцман сочувственно сказал: «Андрей, тебе повезло. Тут как-то в одной компании моему знакомому пробкой от пива глаз выбило...» Я пошутил: «Покажите мне этого одноглазого...» Роберт притащил мне свою спортивную форму, чтобы я переоделся. Я пошел в дом, натянул на себя огромные штаны и куртку и стал похож на карлика, которого по ошибке укутали в костюм российского богатыря Ивана Поддубного... Но, может, благодаря именно этому полусмешному случаю с шампанским я познакомился в тот вечер с легендарной Джуной. Она подошла ко мне и как-то очень уж по-свойски проговорила: «Слава Богу... Могло ведь всякое быть. Вон какие острые стекляшки валяются...»

Мы разговорились. Когда гости стали уже разъезжаться, Джуна неожиданно пригласила меня и еще нескольких своих знакомых к себе домой. И хотя было поздно — все поехали. Она устроила массовый сеанс гипноза. Помню, что меня поразило ее какое-то мистическое проникновение в каждого из нас. Жене одного дипломата — красивой полной женщине — она сказала: «Следите за печенью... С ней у вас не все в порядке». И когда опешившая от неожиданности гостья призналась, что недавно по этому поводу попала в больницу, я стал притворно испуганно собираться домой, чтобы, не дай Бог, Джуна не обнаружила и у меня какой-нибудь хвори...

С того вечера я стал часто бывать у нее. Мы вскоре подружились. Джуна была необычайна во всем — от нарядов, где иногда случалась и генеральская шинель, и экзотическая восточная накидка, — до таинственных движений музыкальных пальцев. Помню, как-то вернувшись из командировки, я почувствовал, что заболеваю. А на другое утро мне надо было выступить в одной из телепередач. Я растерянно позвонил Джуне. Она сказала: «Приезжай. Все будет хорошо...» И я поехал. Джуна усадила меня рядом с собой, положила свои волшебные руки мне на спину, и я почувствовал, как приятное тепло разливается по всему телу. В это время ее отвлекали домашние, звонил телефон, но она ни на секунду не отнимала своих рук. «Хорошенько выспись...» И отправила меня домой. Утром я встал свеженький, как огурчик. Ни озноба, ни температуры...

Она очень любила рисовать. Полуфантастические героини поражали воображение многих. Я был в их числе... А еще я любил слушать рассказы Джуны о ее детстве, когда она впервые почувствовала в себе неясные предчувствия божественного волшебства, которому не было названия и в котором порой не было логики.

Талант ее проявлялся во всем — и когда писала свои рассказы и песни, и когда угадывала скрытые недомогания своих пациентов. Не имея систематического медицинского образования, Джуна производила впечатление профессионала. Хорошо разбиралась в терминах. Знала фармакологию. И никогда не бралась за то, в чем не была уверена. Ее предсказания очень часто сбывались.

Я напечатал в «Юности» ее фантастический рассказ, написанный хорошим литературным языком. Она позвонила мне ночью и наговорила столько благодарных слов, словно я присудил ей Нобелевскую премию. Ей важно было утверждаться во всем, к чему она прилагала свой природный дар, свою мудрость и интуицию. Но с годами, к сожалению, чувство меры стало изменять ей. Я исподволь почувствовал эту опасность. Однажды сказал ей об этом. Началось наше охлаждение друг к другу. На что-то она обиделась, в чем-то я не понимал ее. И лучшие времена нашего общения ушли в прошлое. Но мне грустно оттого, что мы теперь далеки и не видимся больше. Когда у нее погиб сын, Вахо, выросший на моих глазах, я пытался дозвониться ей из Израиля, где в тот год работал, но увы... Не дозвонился. Мне говорили, что беда сломала ее и что теперь Джуна живет как бы машинально... Я бесконечно сочувствую ей, потому что, как никто другой, понимаю ее состояние. Мне иногда очень хочется ее увидеть. Но в прошлое вернуться невозможно. А нынешнюю Джуну я могу и не узнать. Лучше уж жить воспоминаниями, тем более что они добры и безоблачны.

Сейчас, когда с той поры прошли годы и многих участников «Рождественских посиделок» уже нет на свете, как и главного вдохновителя их, я часто обращаюсь памятью в то далекое и счастливое для нас время. И хотя оно в чем-то было застойным, совковым, как теперь его называют молодые циники, наши творческие и дружеские общения были прекрасны.

Спасибо им! Спасибо всем, кого я назвал и вспомнил, и тем, кто не назван здесь, но по-прежнему жив в моей душе.

В 2007 году Роберту исполнилось бы 75 лет. За несколько дней до этой даты мне позвонила Алла и пригласила приехать к ним 20 июня, чтобы отметить его юбилей. На той самой даче, где мы отмечали все дни рождения Роберта, собрались старые друзья, постаревшие, но по-молодому влюбленные в поэзию нашего выдающегося друга. Казалось, что время остановилось. Звучали песни Рождественского в исполнении наших эстрадных звезд, а он смотрел с огромных фотографий на всех нас и словно бы молча участвовал в юбилейной встрече. При жизни он был не особо разговорчив. Оживлялся, когда читал стихи. А в тот вечер стихи Роберта читали мы — его друзья, коллеги, поклонники. Я видел, как утирали слезы бывалые спорщики, бывшие солдаты, поседевшие классики... А ведущий вечера Леонид Рошаль ходил между столиками, подсаживался к знаменитым друзьям Роберта — то к Оскару Фельцману, то к Андрею Вознесенскому, то к Александре Пахмутовой и Николаю Добронравову, то к Святославу Бэлзе. И каждый говорил высокие и добрые слова, которые не были бы для Роберта откровением, потому что мы успели сказать ему их при жизни.

Я смотрел на его дочерей — Катю и Ксению — и думал: «Боже, как летит время! Помню их совсем маленькими, смешными...» Помню, Ксюша еще только начинала свою журналистскую карьеру, когда редакция «Юности» послала ее на какой-то международный конкурс. И она выиграла его! Ей вручили ключи от автомашины «Москвич». Вот уж радости было! А старшая — Катя — ныне стала такой знаменитой...

Это надо же было придумать совершенно новый вид фотоискусства, когда современные VIP-персоны, переодетые по ее воле в костюмы королей и живописцев прошлых эпох или приняв обличье великих актеров и наших российских гениев и отснятые на пленку, глядят со страниц красочного журнала, вновь убеждая нас, что Время создают и хранят Личности...

У поэзии нет возраста. Вернее, у нее тот возраст, который ей определило Время. Время Рождественского — это вечность. Потому что он настоящий поэт. И лучшие его стихи переживут все нынешние и будущие эпохи, политические системы, взаимное непонимание поколений, — и останутся такими, какими их написал для всех Рождественский.

И опять я переживал те пронзительные строки о солдате Великой Отечественной, впервые прочитанные Робертом когда-то на одной из «Рождественских посиделок».

Автомат ему выдали маленький,
Сапоги ему выдали маленькие.
Каску выдали маленькую
И маленькую — по размерам —
шинель.

...А когда он упал —
некрасиво, неправильно,
в атакующем крике
вывернув рот,
то на всей земле
не хватило
мрамора,
чтобы вырубить парня
в полный рост!

Сын войны, ее современник и ее боль, он рассказал о ней и своим сверстникам, и будущим поколениям так взволнованно, что кажется — все это было с каждым.

Помню, когда вышла его книга стихотворений «Это время», я напечатал в журнале «Знамя» восторженную рецензию. Он позвонил мне и по-мужски коротко поблагодарил. А потом, словно спохватившись, что был недостаточно любезен, добавил: «Старик, никто еще так восторженно не писал обо мне... Спасибо».

В наших отношениях с Робертом не было ни грана сентиментальности, но в этот раз я как-то особенно остро почувствовал его нежную и ранимую душу. Мы не писали друг другу писем, потому что жили, можно сказать, по соседству и вообще часто виделись. Но одно письмо все-таки было. Роберт прислал его в тяжелые для меня дни...

Дорогой Андрей!

Слова искренней благодарности, которые я хочу тебе сказать, могут прозвучать сегодня не совсем ко времени. И все-таки я говорю их.

А еще я говорю о том, чтобы ты держался. И хочу, чтобы дети твои были здоровы. И что мы с Аленой — с тобою.

Я хочу, чтобы ты понял это, и поверил, что у тебя есть друзья. Рассчитывай на нас, пожалуйста!

Будь!

Роберт.

Я помню, как тронуло меня тогда это дружеское участие и внимание... С виду суровый и скрытный, он оказывался всегда в нужную минуту рядом с теми, кто нуждался в его слове, в его поддержке. И судьба за это одаривала Роберта творческими радостями, доверчивой нежностью его девчонок — Кати и Ксюши — и верной любовью единственной женщины, которой он посвятил столько прекрасных стихов. Перечитайте их вновь, и вы почувствуете, каким искренним и глубоким человеком был поэт Роберт Рождественский...

А песни его! Он сочинял их на уже готовую музыку, писал для кинофильмов и по просьбе знаменитых певцов... Вся страна замирала, прильнув к экранам и повторяя за певцами знакомые строки.

Творчество Рождественского еще ждет своих исследователей. При жизни его не очень баловала вниманием критика. Литературоведы не писали о нем монографий, а коллеги зачастую пропускали мимо себя выход новых сборников своего известного собрата. Он получал премии, побеждал на международных песенных фестивалях, вел телепередачи и всегда был в центре внимания читающей публики. Но где-то в душе чувствовал себя иногда одиноким от того, что по воле Бога, одарившего его талантом, был выше многих литературных современников, которые не могли ему этого простить... И потому ему было особенно обидно, когда некоторые наши снобы называли его поэзию официозной... Но он никогда не врал в поэзии, потому что верил в то, о чем писал. Внешне Роберт был всем доволен и не показывал вида, что ему порой бывает очень трудно с самим собой. Но доверившись своему вдохновению, много работал. И творчество гасило в душе темные всполохи сомнений и грусти...

А когда случилось с ним несчастье и уже не было сил жить и творить на полную катушку, он ушел в себя, мужественно борясь со смертельным недугом.

Стихи, которые он написал в этот горестный и

невыносимо тяжелый для него период, потрясают своей обнаженностью, художественной силой и героическим самообладанием.

Тихо летят паутинные нити.
Солнце горит на оконном стекле...

Что-то я делал не так?
Извините:
Жил я впервые
На этой Земле.

Я ее только теперь ощущаю.
К ней припадаю.
И ею клянусь.
И по-другому прожить обещаю,
если вернусь...

Но ведь я
Не вернусь.

ИЗ ДНЕВНИКА

1976 ГОД

Первого января Нового года у меня были гости — Соня Ротару с мужем. Сидя за праздничным столом возле нарядной сверкающей огнями елки, мы смотрели передачу «Песня — 75», которая была записана раньше, 13 декабря. И вновь я вспомнил тот страшный для меня вечер, когда прямо в студию позвонили и передали, что моего сына Диму увезла «Скорая».

Соня еще пела нашу «Лебединую верность», а я уже пробирался между рядами, чтобы уехать в больницу. Она увидела меня со сцены, и на какое-то мгновение я перехватил ее тревожный взгляд... Но, слава Богу, тогда все обошлось.

А сейчас она сидела рядом со мной на диване и почему-то была печальна. На экране в это время, как всегда красивая и эффектная София Ротару принимала букеты и кланялась восторгу зала. Я нежно поцеловал ее на глазах у ревнивого мужа и предложил выпить за счастье. И вдруг Соня заплакала — тихо и по-детски обидчиво, словно в душе ее что-то произошло непоправимое. Правда, она тут же улыбнулась и весело попросила: «Не обращайте внимания. Я просто устала...» И мы действительно не обратили внимания на ее слезы или сделали вид, что ничего не произошло. Праздник продолжался и всем было хорошо. Выпили за Женю Мартынова, который по телефону радостно пропел нам первые строки «Лебединой верности», посетовав, что мы не вместе.

...Ранним утром я проводил гостей до такси и незаметно для Сони шепнул Анатолию: «Береги ее... Она, по-моему, на пределе». Толя похлопал меня по плечу и тихо промычал: «Да брось ты. Все в порядке. Что ты не знаешь нашего брата — артистов?» Соня обняла меня, и я почувствовал, что она осталась очень довольна нашими праздничными посиделками.

P. S. С той новогодней ночи нам больше не пришлось вот так долго и доверительно побыть вместе с Соней. Были случайные встречи на телевидении, на концертах, на записи тематических передач, но то бесконечно искреннее и дружеское общение 1976 года осталось единственным... Правда, спустя много лет, когда Софию Ротару выдвинули на Государственную премию СССР, я пришел на ее концерт в Колонный зал, и она, спустившись к зрителям, на мгновение остановилась около меня. Нам обоим было приятно увидеть друг друга.

Как член Комитета по Государственным премиям, я активно поддержал ее кандидатуру. Но случилось непредвиденное. Под предлогом того, что Соня пела «под фанеру», концерт сняли с обсуждения. Я пытался возражать, но мне объяснили, что певица нарушила условия конкурса.

Была еще одна встреча. Виртуальная. На родине Евгения Мартынова в Камышине осенью 1993 года должен был состояться концерт его памяти. Мы с Иосифом Кобзоном приехали накануне, и я узнал, что в этом же отеле остановилась Соня. У нее были гастроли по стране. Я позвонил ей поздно вечером и попросил принять участие в концерте. Она не пришла. Потом объяснила мне, что не очень здорова и страшно устала. Для замороченной концертами хрупкой женщины, наверное, это было естественно... Но не для Софии Ротару, которая начинала свою карьеру с песен выдающегося композитора и нашего друга Жени Мартынова. Мы с Иосифом обиделись, и на концерте он довольно сердито сказал об этом со сцены. Я понял, что Соня внутренне изменилась, стала, может быть, слишком зависима от своего успеха и новых знакомств. Увы, как говорят французы, c'est la vie.

Но я по-прежнему люблю эту талантливую певицу и жалею, что мы так редко теперь видимся с Софией Ротару. Давно нет Жени Мартынова, ушел из жизни и ее муж Толя. Осталась лишь память. Кажется, все это было вчера — наши общие вечера, песни, дружеские встречи, новогодние концерты, восторг молодости...

И когда я вижу Соню на телеэкране, я радуюсь, что голос ее все так же красив и что сама она неувядаема-прекрасна. Иногда, правда, мне бывает обидно, что не поет певица больше мартыновских песен и что нередко в ее репертуар попадают однодневки. Но опять хочется повторить — c'est la vie.

ИЗ ДНЕВНИКА

1976 ГОД

Сегодня, 2 января, на весь вечер к нам домой приехали Андрей и Зоя. По телевизору показывали «Театральные встречи», где София Ротару пела песню Арно Бабаджаняна на стихи Вознесенского... И мы радостно отметили это событие. Поначалу Андрей показался мне уставшим и чем-то озабоченным. Но завязался разговор, и он оживился. Я показал ему новую книгу Евгения Евтушенко «Отцовский слух», которую он подарил мне на писательском съезде. И почему-то вспомнилась прошлогодняя встреча в писательском клубе. Мы тогда очень резко и откровенно поговорили о наших непростых отношениях. Евтушенко не смог простить мне, что я снял его стихи из «Юности», посчитав их политической конъюнктурой. Владимир Амлинский, который близко дружил с Евгением, пытался смягчить мою нетерпимость. А Толя Алексин, поначалу молчавший при нашей схватке, вдруг пылко и убедительно поддержал меня.

Вероятно, никто раньше так резко не говорил с известным поэтом, но именно эта откровенность, как мне кажется, позже сблизила нас, потому что состоялся настоящий мужской разговор. И Евтушенко оценил это. Когда я рассказал обо всем Андрею, тот принял мою сторону.

Через пару дней Вознесенский зашел в редакцию «Юности», и мы спустились вниз в «Софию» пообедать. Там, хитро на меня взглянув, он достал сигнал своей новой книги, отпечатанной в «Молодой гвардии» и показал на тираж: 130 тысяч! Ничего себе. Мы выпили за книгу, и тут подошла Тамара, очень скромная и милая женщина, которая обычно нас в ресторане обслуживала. Андрей неожиданно поднес ей бокал вина, что вообще не принято, — угощать официантов. Но она нарушила условность, и мы выпили втроем за успех поэта. Мне было приятно, что в новом сборнике оказались стихи, посвященные мне...

Потом пришел Женя Мартынов, и начался обычный треп о песнях. Но что интересно, Андрей очень серьезно отнесся ко всему, что говорил Мартынов. Как человек деликатный, он понимал, что для Жени очень важно его внимание. Не потому ли они потом вместе написали шлягер — «Начни сначала».

В этот день мы вдруг вспомнили авторский вечер Вознесенского в моем родном городе Калинине. Стоял тихий золотой сентябрь. В библиотеке имени А.М. Горького собралось столько народу, что нам пришлось минут пять пробираться к сцене. Андрей читал много и, как всегда, вдохновенно. Зал завороженно слушал. А потом он попросил меня почитать свои стихи. Я не был готов к этому и пытался отшутиться, но Вознесенский настоял... И мне было очень приятно, что земляки приняли и мою поэзию взволнованно и горячо.

На другое утро я повез Андрея в березовую рощу на берег Волги. Было прохладно, и вода в реке казалась черной. Но березы были великолепны — золотые, стройные и тихие в своем осеннем убранстве... А чуть позже мы отправились в Торжок. Побывали на могиле Анны Керн. В это время туда приехала свадьба. Два юных существа молча постояли у ограды и так же тихо удалились...

«По-моему, это стало традицией твоих земляков, — сказал Андрей, — начинать новую жизнь отсюда, где витают гениальные строки. И повторил их — «Я помню чудное мгновенье...»

А потом мы побродили по дому Олениных, тоже связанному с Пушкиным, но уже через другую Анну, к которой великий поэт неудачно сватался еще до встречи со своей судьбой — Натальей Гончаровой... По подсчетам пушкинистов, Александр Сергеевич бывал в этих краях около тридцати раз — Торжок, Берново, Малинники, Тверь, Старица... Позже Андрей написал стихи о Пушкине. Заканчивался 1975 год.

ИЗ ДНЕВНИКА

1977 ГОД

4 февраля в зале Чайковского состоялся творческий вечер Андрея Вознесенского. Я сидел близко от сцены и видел, как он волновался. И потому, наверно, у него не сразу наладился контакт с залом. Поэт почувствовал некоторую натянутость общения со слушателями и по ходу вечера перестроил программу, «вытащив» вперед стихи, которые всегда проходили «на ура». И зал откликнулся восторженными аплодисментами... Но, по-моему, он допустил еще одну тактическую ошибку — в зале не было обычного света. А читать в темную пустоту, — по себе знаю, — очень трудно. И Андрей попросил вскоре включить свет, чтобы видеть глаза и лица своих поклонников, чувствовать их реакцию. Когда он что-то забывал, зал подсказывал ему любимые строки...

После вечера мы вместе с Арно Бабаджаняном поехали к Вознесенскому домой на Котельническую набережную. Народу собралось немного. На кухне Юрий Любимов и Олег Табаков «травили» анекдоты. Их громкий смех заглушал порой хрустальный звон рюмок, поднимаемых в честь триумфатора. А тот устало ходил между гостями и как-то отрешенно улыбался.

Приехал космонавт Виталий Севастьянов и быстро включился в общее торжество. Арно Бабаджанян, окруженный женщинами, веселил их своими остроумными байками.

Ближе к концу торжества Андрей взял бокал и попросил слова, полагая, что скоро народ разойдется и надо что-то сказать в ответ на все похвалы и поздравления. Зоя, естественно, ждала благодарных слов в свой адрес, поскольку приложила немало усилий, чтобы вечер прошел хорошо.

Да и вообще она была не только менеджером Вознесенского, но и его доброй феей. Однако произошло невероятное. Андрей нарушил привычный для всех и для самого себя банкетный эпилог. «У меня есть мама, — сказал он, — которая только что звонила. Спасибо ей! У меня есть сестра Наташа, есть жена Зоя... Но у меня не было брата. Раньше не было, давно... Теперь у меня есть брат, мой друг. Я хочу выпить за него, за моего тезку». Он посмотрел на меня, позвенел своей рюмкой о мою и обнял. Я видел, что Зоя была несколько обескуражена. И, по-моему, даже обиделась на Андрея. Она чокнулась со мной и вышла на кухню. Потом тут же вернулась и как ни в чем не бывало продолжала общаться с гостями. Андрей подошел ко мне и тихо шепнул: «Скажи несколько слов о Зое...» Я не поскупился. После чего он увел меня в коридор и заговорил о своих сугубо личных и очень не простых делах, которые тут вряд ли кого касались.

А со мной он был бесконечно откровенен...

Глядя в тот вечер на нарочитую веселость Зои, на ее деловитую заботливость и внимание к гостям (лишь бы никто не заметил ее обиженности на Андрея и вообще плохого настроения хозяйки), я подумал, что ей очень нелегко с таким непростым человеком, как Вознесенский. Сколько пришлось пережить за эти годы — и огорчений, и ревности, и тревог... Но она сама выбрала эту судьбу — быть женой выдающегося поэта. А женщина она сильная. И в конечном счете все одолела и еще одолеет. Странно, но я никогда не жалел ее...

«В ХУДОЖНИКЕ ПРЕВЫШЕ СТРАСТИ ДОЛГ...»

Среди моих друзей есть несколько человек, чьи судьбы складывались и счастливо, и очень трагично. Один из них — выдающийся художник Илья Глазунов. Помню очереди в Манеж на его выставки, которые тянулись на километры. Стоявшие в них люди иногда попадали в зал лишь на другой день, скоротав целую ночь возле стен Манежа. Я читал книги отзывов и поражался тому, что творчество одного человека может вызывать и безграничный восторг, и резкую неприязнь одновременно. Правда, восторженных отзывов было неизмеримо больше. Но если заглянуть в историю, то искусство всегда было слишком субъективной областью нашего бытия и всеобщей духовности. И все-таки столь полярных мнений я не встречал раньше...

Мы познакомились с Ильей Сергеевичем очень давно. И как-то незаметно знакомство перешло в дружбу. Помню, я решил в журнале «Юность» дать цветную вкладку с авторской выставки Ильи Глазунова. Когда репродукции были уже готовы, я позвонил ему и спросил — кто из художников может написать статью, чтобы мы напечатали ее вместе с вкладкой. Илья помолчал и грустно выдохнул: «Боюсь, что никто». Я решил, что мой друг просто скромничает, не желая вмешиваться в наши планы. Но когда мы встретились и он увидел те работы, что отобрали наши редакционные художники для публикации в «Юности», то так разнервничался, что мне пришлось его долго успокаивать. Оказывается, из сотен картин, что были представлены на выставке, они отобрали только ранние вещи художника и не самые важные в его творчестве. Уже на ходу пришлось переделывать вкладку. Несколько репродукций мы с Ильей заменили. Я спросил у главного художника редакции Олега Кокина, почему они не посоветовались с Ильей Сергеевичем, выбирая для вкладки его работы. Ответ очень удивил и разозлил меня, потому что, по мнению Кокина, профессиональный уровень живописных работ Глазунова якобы везде одинаков и не очень высок. Оценки эти, ничтоже сумняшеся, давал не Пластов или Суриков, а начинающий художник... Я понял, что за всей этой неприязнью и высокомерием стоят определенные силы, создавшие предвзятое априорное мнение о творчестве выдающегося Мастера.

Мне было очень обидно от такой несправедливости. Выходит, что искренний интерес десятков тысяч людей, бравших штурмом выставки Глазунова, уже ничего не значит. Кроме того, среди его поклонников было много настоящих знатоков, любящих и понимающих искусство. Но для недоброжелателей и завистников Глазунова это не имело никакого значения. Все доводы и мнения в его пользу не принимались. Именно тогда я понял, откуда та резкость и агрессивность, которые нередко поражали меня в публичных выступлениях моего друга. Он отвечал своим явным и неведомым противникам, многие из которых вообще мало что значили в искусстве и пытались за счет Глазунова утвердиться и повысить свой авторитет.

...Я вновь и вновь ходил по оживленным залам Манежа, подолгу задерживаясь у любимых мною полотен. Вот «Незнакомка» Блока. Невероятный по художественной глубине и духовной достоверности портрет. Вся аура его — из стихов великого поэта... «О доблестях, о подвигах, о славе я забывал на горестной земле, когда твое лицо в простой оправе передо мной сияло на столе...» А через зал — гениальные иллюстрации к Достоевскому... И бесконечно трогательная, почти библейская фигурка художника среди белого безмолвия и одиночества нашей жизни.

Наконец «Мистерия XX века». Трагический Образ государства и его история в лицах. Позже я написал об этом впечатляющем полотне небольшое эссе и опубликовал его в журнале «Огонек», когда его редактировал Виталий Коротич. Некоторые тогдашние демократы не приняли моего восхищения Глазуновым. Помню неформальную встречу по пути в Финляндию. В журналистском баре уютного корабля собрались «прогрессисты» — известный публицист Андрей Нуйкин, умная литераторша Людмила Сараскина и другие. Кто-то спросил меня: «Эту статью в «Огоньке», надеюсь, написали не вы, а ваш однофамилец? Не может быть, чтобы серьезный поэт и редактор столь прогрессивного журнала поддерживал Глазунова». Я не успел ответить, как вмешался Андрей Нуйкин: «Он, он написал... И оставьте Андрея Дементьева в покое. Они дружат с Глазуновым, а в наше время это много значит. Каждый имеет право на свое мнение и свою позицию...» Я был благодарен тезке за то, что мне не надо было все объяснять заново.

Вообще же это довольно распространенное ныне явление — хулить талантливых людей только за то, что они не вписываются в чье-то представление о подлинном творце — будь то живописец, музыкант или писатель. Со вкусовой подачи таких критиков, не принимаемые ими художники предстают в их исполнении, то как служители китча, то как апологеты дурного вкуса, а то и просто как бездари. И зачастую подобные оценки выдаются за общественное мнение, ибо звучат они со страниц газет и телевизионных передач. Не утруждая себя серьезным анализом и, как правило, не вникая в труды разруганных ими творцов, свои ярлыки они все равно навешивают.

Поневоле вспоминаются далекие пятидесятые годы, когда младшие братья нынешних «ниспровергателей» так же вот безуспешно пытались убедить миллионы читателей Евгения Евтушенко, что вся его поэзия — это просто погоня за «дешевой популярностью», а не дар Божий. Ну, и где ныне эти критики? Как в басне Крылова: «Ах, Моська, знать, она сильна, что лает на слона...» Хотя, справедливости ради, надо сказать, что среди хулителей и ниспровергателей творчества Глазунова были, конечно, и профессионалы. Помню, как во времена моего пребывания в Комитете по Ленинским и Государственным премиям, выставленные для обсуждения работы Ильи Глазунова, келейно разругивались его коллегами. Приводились витиеватые аргументы от имени высокого искусства, за которыми, как мне тогда казалось, крылись иные мотивы. Может быть, политические, а может быть, личные и чисто вкусовые. Впрочем, все это объяснимо, как объяснимы, например, известная вражда Рафаэля и Микеланджело. Ибо во все века человеческая натура остается неизменной, сохраняя в себе не только милосердие, честность и доброту, но нередко ревность, зло и зависть... Не потому ли долгие годы не давали Илье Сергеевичу Глазунову звания Народного художника СССР, хотя по своим творческим достижениям и по определению самого народа он давно уже стал истинно народным художником. И сейчас, возглавляя Всероссийскую академию живописи, ваяния и зодчества, он передает свой опыт и духовную доброту талантливой молодежи.

Но это к слову. А редакционную статью тогда к глазуновской вкладке в «Юности» (такие статьи обычно публикуются без подписи) написал я сам. Помню, как на редколлегии, где обсуждался этот номер, будущий министр культуры Евгений Сидоров, работавший некогда в редакции «Юности» заведующим отделом критики, а в то время состоявший членом редколлегии журнала, начав, было, ругать Глазунова, не без ехидства спросил: «А кто же написал столь добрую статью о нем?» И узнав, что главный редактор, тут же осекся: «Ну, ясно. Тогда можно не обсуждать...» Все рассмеялись. Вскоре, вопреки мнению некоторых моих коллег, журнал вышел с публикацией работ Глазунова.

В то время мы часто встречались с Ильей. Я все пытался понять истоки недоброжелательства, которое мутной волной прокатывалось по его жизни, душе и творчеству. Однажды я спросил его о политических симпатиях. Он честно признался: «Я — монархист. Очень болею за Россию, которую большевики унизили и разорили...» — «А что, нельзя болеть за нее в ином качестве, а только в монархическом обличии?» — спросил я. — «Не вижу сейчас ничего достойного», — запальчиво ответил Глазунов. — «Но в монархии существовала так называемая черная сотня. Стало быть, и к ней ты имеешь отношение, если считаешь себя монархистом?» Илья вспылил: «Я выбрал идею, а не подонство, которое может примазаться к чему угодно».

Этот разговор не был единственным и последним. Когда Глазунов писал мой портрет, то после всех наших многочасовых сеансов мы подолгу говорили с ним по душам. Говорили об искусстве, о литературе, спорили, горячились, зачастую не соглашаясь друг с другом. Но я все больше и больше понимал его. Мне казалось тогда, что Илья Глазунов — трагический художник. По-настоящему, думал я, его поймут и оценят лет через пятьдесят, когда наше столь противоречивое время, которое сейчас кровоточит, уйдет в историю. Я был убежден, что великие Глазуновские полотна помогут потомкам понять драму нынешней жизни — ее взлеты, падения и боль. В стихах, посвященных Илье, я писал:

Минует жизнь... И ты сойдешь с Креста,
Чтоб снова жить неистово в грядущем.
И кровь твоя с последнего холста
Незримо будет капать в наши души.

Но, слава богу, Илью Глазунова поняли наконец и оценили многие его современники. Кто-то — по совести и наитию — высоко и справедливо. А кто-то — трудно и не сразу. И все-таки он счастливый художник. Его знает мир, его выставки вызывают постоянный интерес. О картинах спорят, ими восхищаются. Творчество Глазунова всегда в центре внимания. Он пишет нас и нашу жизнь, как он ее понимает. И заслужил право иметь на все свое авторское мнение...

Илья Сергеевич много пережил — и начало ленинградской блокады, и смерть близких, и глухое непонимание современников, и трагическую гибель любимой жены Нины... Я знал ее. Красивая, талантливая художница из рода Бенуа. Помню, как прекрасны были созданные ею костюмы в оперном спектакле «Сказание о граде Китеже».

Илья написал печальные и нежные портреты Нины, сохранив для всех нас и для будущего образ доброй и ранимой женщины, без которой Глазунов мог и не состояться в полной мере.

ИЗ ДНЕВНИКА

1990 ГОД

Сегодня поздно вечером (5 мая) неожиданно приехал к нам Илья Глазунов. Он долго не мог попасть в закодированный подъезд нашего дома и весело закричал мне снизу: «Дементьев! Ты — где? Глазунов тут тебя домогается...» Я открыл ему дверь, и мы радостно обнялись... Потому что давно не виделись.

У нас в это время был гость — мой старый друг — Саша Родионов — красивый генерал в штатском, «пензюк», приехавший на денек в Москву из Пензы, где он возглавлял какое-то секретное промышленное объединение. Я их познакомил. Все уютно расположились за начатыми бутылками, и Глазунов, быстро освоившись, стал рассказывать нам о своих прошлых поездках за рубеж, о встречах со знаменитыми людьми, и в частности, с Фиделем Кастро, портрет которого он писал в Гаване. Илью всегда было интересно слушать. Нередко он «ворожил» по поводу тех, с кем общался впервые. И на этот раз остался верен себе: совершенно точно рассказал опешившему генералу о том, что было в его прошлой жизни... А потом еще более поразил всех: «Быть вам министром вскоре». И лукаво улыбнувшись, Глазунов как ни в чем не бывало продолжил свои воспоминания о загранице.

(***Примечание.*** Забегая вперед, скажу, что А. Родионов действительно через какое-то время переехал в Москву и стал министром по своему профилю... Предсказание выдающегося художника сбылось. Мифическая проницательность Ильи меня поражала и раньше.

Вспоминается такой случай. Как-то в бостонском аэропорту я познакомился с неким бизнесменом. По крайней мере, он так представился мне, сказав, что всегда был поклонником журнала «Юность» и до эмиграции приходил на мои авторские вечера...

В самолете мы разговорились, и он признался, что хотел бы продолжить начатый им бизнес — продажу на Запад картин известных русских художников и, в том числе, одного из самых известных в мире маэстро Глазунова.

Незадолго до того Илья говорил мне, что намерен продать одну из своих последних работ, потому что времена для творческих людей наступили тяжелые. Я пообещал моему новому знакомому, что поговорю с Ильей Сергеевичем. И на другой день позвонил ему. «Пусть придет», — кратко ответил мне Глазунов.

В один из вечеров мы с бизнесменом пришли к Илье в мастерскую. Сидели, пили чай... Глазунов курил и хитро щурил глаз, слушая зарубежного гостя. Потом через несколько минут под каким-то предлогом отозвал меня в коридор и сердито сказал: «Не приводи ко мне больше бывших таксистов...» Я опешил и засмеялся. «Да ладно, чего ты взъелся. Он же с делом пришел...» «Вот пусть своим делом и занимается», — сказал Илья, сделав ударение на слове «своим».

А когда через пару месяцев я вновь оказался в Бостоне, то через знакомых с удивлением узнал, что Эрик (так звали моего случайного знакомого), не одолев заманчивого бизнеса, вернулся к своей прежней работе таксиста.

Прилетев в Москву, я пришел к Глазунову и первым делом спросил его, как он узнал, что приходивший со мной эмигрант был таксистом?

«Интуиция, наверно. А потом говорил он очень непрофессионально о бизнесе. Зато слова были из лексикона «водил».

Помню, меня поразила тогда глазуновская проницательность.)

Возвращаюсь к нашему майскому застолью. Часа через четыре мы все поехали к Илье на дачу посмотреть его новое полотно — «Эксперимент». Я стоял возле огромной картины в золоченой раме с характерными для Глазунова штрихами знакомых исторических фигур и думал, что опять будут вокруг него споры, ибо тут и философия, и художественный домысел, и явные политические акценты. Новая работа Ильи произвела на меня сильное впечатление. И в этот момент я увидел вновь, как Илья одинок. Наверное, именно от одиночества так много боли и безысходности в его лирических картинах. Хотя именно это поражает и влечет меня к его творчеству...

«БЕЗ ТЕБЯ НЕТ ПЕСЕН У РОССИИ...»

Много лет назад в редакцию «Юности» неожиданно пришел Иосиф Кобзон. Он только что вернулся из Афганистана и принес свои заметки о непонятной и жестокой войне, затеянной по воле тогдашних руководителей нашей страны.

Главный редактор журнала Борис Николаевич Полевой был в это время в командировке, и я, не мешкая, принялся читать отпечатанные на машинке чуть помятые страницы, на которых знаменитый певец честно рассказывал обо всем, что видел и пережил в далеком Афганистане. Мне было особенно интересно прочесть этот очерк, потому что я тоже успел побывать на земле моджахедов. Этот незнакомый и по-восточному загадочный мир поражал меня тогда каждую минуту своей непредсказуемостью. Я заметил, что некоторые афганцы при разговоре не смотрят собеседнику в глаза. «Это плохой признак, — говорили мне наши дипломаты. — Остерегайтесь таких людей. Днем они — земледельцы, а ночью — автомат в руки и новые жертвы...»

Но Иосиф рассказывал в основном о наших солдатах, об их боевой жизни, о кровавых сражениях в горах, когда не знаешь, откуда нападут и где заложена смертельная мина. Артисту приходилось выступать в самых неожиданных местах, петь под грохот канонады и свист пуль. Но Кобзон и в Афганистане Кобзон: бесконечно мужественный и бесстрашный человек. Он ведь один из первых полетел потом и на Чернобыльскую АЭС. Облучился...

Я не перестаю ему удивляться. Жесткий в своих принципах, бескомпромиссный в спорах, он по существу очень добр и даже порой сентиментален. И еще Иосиф очень надежный друг. Рыцарь слова. Сказал — сделал. Помню, я попросил его порекомендовать мне какую-нибудь рок-группу, чтобы поиграли и попели на свадьбе моей дочери, где собиралась в основном одна молодежь. Иосиф весело посмотрел на меня и сказал: «Есть такая группочка... К девяти часам прибудут. Раньше никак нельзя — концерт...» И ровно в девять вечера нарядный Иосиф Давыдович вошел в шумный свадебный зал вместе со своими ребятами. И это было незабываемо. Он пел без устали веселые советские песни, русские романсы, а его молодые коллеги наполнили дом Хаммера — так назывался открывшийся Центр международной торговли — потрясающей музыкой...

Вспоминаю предъюбилейную суматоху моего авторского вечера в Театре эстрады. Мы договорились с Иосифом, что он будет вести концерт. Оставался один день до празднества. И вдруг по телевизору я увидел Кобзона в элегантном смокинге, поющего где-то среди снегов Сибири перед кутающейся в шубы восторженной толпой. Моя жена Аня чуть не упала в обморок. «Он же простудится!» И вдруг вспомнила: «А как же наш вечер? Ему же завтра вести... И петь, между прочим, твои песни...» Но я был спокоен: «Он прилетит. Раз сказал, что будет, значит будет». И действительно, прямо с аэродрома Иосиф приехал в Театр эстрады и почти четыре часа не уходил со сцены...

Прошло уже много лет, как мы дружим. С того памятного юбилейного вечера великий певец ведет все мои авторские концерты: в Москве, в моей родной Твери, в Израиле. Я очень дорожу нашей дружбой и его вниманием к моей творческой судьбе и жизни.

Но однажды случился конфуз. Мы снимали для ТВ новогодний праздник в формате моей авторской программы «Семейный канал». Было много артистов, телевизионщиков, гостей. Приехал Иосиф Кобзон. По-видимому, он очень спешил. А я все никак не мог закончить разговор со своим молодым коллегой, который тоже был участником нашего праздника. Шли долгие минуты. И вдруг Иосиф Давыдович при всех громко, с едва заметной обидой сказал мне, кивнув на соседа: «Ну, конечно, молодым всегда некогда, а мы — народные, можем и подождать... Не на кладбище же спешить». Помню, я ответил на эту реплику не очень любезно. Удивленно взглянув на меня, Кобзон встал и, не говоря ни слова, уехал с записи. Я был в ужасе, потому что по сюжету знаменитый певец должен поздравить телезрителей, спеть две песни и рассказать какой-нибудь веселый анекдот, что у него всегда получается блестяще... Но будущий концерт остался без Кобзона. Я, естественно, очень переживал. Миновали новогодние празднества, и както вечером мы оказались в Концертном зале «Россия». Иду по коридору, а навстречу мне — мой старый друг. Поравнялись. Я поздоровался. Он мрачно ответил. И тогда я остановил Иосифа. Несколько секунд мы молча стояли друг против друга, потом я сказал:

«Иосиф, прости. Я был не прав... Погорячился...» Он обнял меня и тихо произнес: «Спасибо, Андрюша...» И пошел дальше. Я понял, как ему было важно не само извинение, а мое понимание наших отношений, когда общее дело превыше всего и нельзя срываться на мелочах. Но то был единственный случай раздора за все годы нашей дружбы.

Минуло много встреч, вечеров, концертов. И в центре их всегда — Иосиф Кобзон. Помню, как на мой творческий вечер в Тель-Авиве приехал премьер-министр Израиля Беньямин Нетаньяху с супругой. Охрана устроила такую проверку, что концерт начался с большим опозданием. И когда премьер выступил с большой речью, переполненной политикой, Иосиф Кобзон с присущим ему юмором сказал Нетаньяху: «Благодарю вас, господин премьер-министр, что Вы столь подробно рассказали нам о роли и значении поэта Андрея Дементьева в предстоящих выборах». Двухтысячный зал радостно зашумел. Реплику Б. Нетаньяху тут же перевели, и он весело помахал нам рукой. Шутка была принята всеми.

В другой раз тоже на одном из концертов в Израиле, когда мой давний друг писатель Толя Алексин долго повествовал о маршале Жукове, пересказывая его анекдоты, Иосиф Кобзон, провожая гостя со сцены, доверительно спросил: «Вы, наверно, и Чапаева помните, Анатолий Георгиевич?» Все засмеялись, но обижаться на Кобзона трудно, потому что шутит он всегда без злобы и ехидства, очень по-доброму, с подкупающей улыбкой.

Мне нравится, что Иосиф — человек азартный. Любит, к примеру, попытать счастья в казино. Я, кстати, тоже. Иосиф играет на автоматах. Я — в русский покер. Как-то он говорит мне: «Ты все в покер играешь? Но ведь это игра для идиотов...» В тон ему я ответил: «А кто играет на автоматах?..» На том, рассмеявшись, и разошлись. В Израиле запрещены азартные игры. И казино нет. Но в Иерихоне (территория Палестинской автономии) одно время работало большое казино, которое держали арабы. Приезжая на мои вечера в Израиль, Иосиф нередко посещал его. Как-то они отправились туда после концерта вместе с Аркадием Аркановым и вернулись только днем. По их виду я понял, что удача в ту ночь к ним не спешила. Через несколько дней, уже после завершения наших выступлений рано утром мы поехали с женой в аэропорт проводить Иосифа в Москву. Но в аэропорту его не оказалось. Стали звонить. Выяснилось, что он в Иерихоне. А это километров девяносто. Отправились туда. Маэстро сидел в пустынном зале у автоматов и жал на кнопки.

Пришлось по телефону менять рейс. И когда до следующего вылета оставалось уже мало времени, автомат вдруг высыпал Кобзону «на посошок» огромную кучу монет.

«Ну вот, — сказал весело Иосиф, — пора и уезжать...» Много позже я написал стихи на эту тему.

Слава Богу, азарт не захватил нас настолько, чтобы стать его рабами. Мне, например, интересен сам процесс игры. Все эти неожиданные сочетания карт и цифр. Внезапное везение или, напротив, провал. Я много читал о том, как играли Пушкин, Некрасов, Достоевский. Видимо, азартная игра — составная часть творческой жизни. Эмоциональная разрядка. И мы с Кобзоном имеем к этому отношение.

Случались у Иосифа и тяжелые времена. Помню, как он мучился от постоянных болей в позвоночнике, которые мужественно переносил сутками напролет, не показывая вида и не жалуясь. Только по уставшему лицу и печальным глазам можно было догадаться, как ему тяжко. Правда, однажды после нашего концерта, попросив принести кофе, он глухо сказал мне: «Такие боли, что жить не хочется...» Я встревоженно спросил: «Что говорят врачи? Почему это?» — «Говорят, надо ложиться». И вскоре он надолго залег в больницу. Две недели находился в коме, но болезнь одолел. Я приехал к Иосифу в тот день, когда к нему уже пускали. Больной поразил меня своим веселым настроением и совершенно здоровым видом. «Слава Богу», — подумал я. А вслух сказал: «Пожалуйста, больше не пугай нас. Еще не спето столько песен...» Он улыбнулся. И разговор пошел о другом — о планах, поездках, концертах.

Но судьба готовила Иосифу новые испытания. И когда он уехал в Германию, где ему предстояла сложнейшая операция, все его друзья и поклонники, начиная с самого Президента России, желали певцу скорейшего выздоровления. Забегая вперед, скажу, что Кобзон всё вынес, перетерпел, вернулся в Москву похудевшим, но полным энергии и планов. Никогда не забуду его первый после долгой болезни концерт в Кремле, посвященный предстоящему 60-летию Великой победы. Как встречал, как радовался и любил переполненный зал вернувшегося к своему искусству Народного артиста! Море цветов, овации... Песни «День Победы» и «Поклонимся великим тем годам» все слушали стоя...

Идут дни. И снова концертные поездки, встречи с избирателями, заседания в Думе, новые песни, новые планы. Дружеское участие в судьбах многих и многих. И по-другому Кобзон жить не может.

Недавно мы побывали с ним в Республике Беларусь с «Эшелоном Победы». Юбилейную поездку организовало Правительство Москвы. В делегации было много ветеранов Великой Отечественной войны, и в том числе генерал армии В. Варенников, адмирал флота И. Сорокин, а также деятели искусств — А. Пахмутова, Н. Добронравов. Не повезло с погодой. Каждый день шли дожди с пронизывающим ветром. А встречи проходили под открытым небом. И везде выступал Иосиф Кобзон. Неизменно в праздничном костюме, по которому текли струи воды. Но он невозмутимо выдерживал все и ни разу не сократил свое выступление. Потому что как истинный артист очень уважает слушателей, и тот праздник «со слезами на глазах», который собирал тысячи ветеранов и молодежи по всей нескончаемой улице великой Победы.

Лет двадцать назад мы с Володей Мигулей написали танго «Признание» («А мне не надо от тебя...»). Отдали Иосифу. Через несколько дней песня зазвучала в эфире. Однажды он позвонил мне из Днепропетровска и весело сообщил: «У меня такое впечатление, что на мои концерты ходят только для того, чтобы послушать ваше Танго. Все время пою на «бис». И до сих пор давняя песня в его репертуаре.

Иосиф любит приезжать в Израиль. Его там очень чтут. Стало уже традицией, что на День Победы знаменитый певец привозит с собой группу артистов и устраивает большие концерты в честь великого праздника и в честь ветеранов. И все мои творческие вечера на Святой земле всегда ведет Иосиф Кобзон. В любой приезд он непременно собирает друзей и коллег в Тель-Авиве в ресторане «Кавказ». Ему нравится делать людям маленькие радости. И большие тоже. Именно Израиль очень сблизил нас. И хотя ему, человеку обязательному и точному, не по душе обычные на земле Обетованной нарушения договоренностей и неаккуратность во времени, когда на концерт люди могут опаздывать или забывать о каких-то своих обещаниях, Иосиф терпеливо привыкает к особенностям тамошней размеренной жизни. Помню, после одного неприятного эпизода он спросил меня: «И за что ты так евреев любишь, Андрей?» Я ответил ему: «Тебе этого не понять». Он засмеялся, и я почувствовал, что настроение у него улучшилось.

Как-то я повез его на нашем редакционном «линкольне» — этаком «членовозе» — в Иерусалим. По дороге наша комфортабельная колымага вдруг неожиданно встала. Это с ней бывало и раньше. Потому что в Израиле не умеют чинить американские машины. Одно исправят, а другое обязательно испортят. Иосиф вышел из машины и говорит нам с Аней: «Ну, ребята, вы действительно из племени «еб — ко». И тут опять случилось чудо: «линкольн», словно устыдившись, шумно затарахтел и мы двинулись дальше.

Первое время, да и позже тоже, я очень рвался домой в Москву. Не все мне нравилось в новой работе. Но из столицы приходили призывы сидеть тихо и не рыпаться. Даже Иосиф привез мне просьбу Михаила Швыдкого, который в то время был руководителем на российском телевидении, чтобы я повременил и не торопился возвращаться. А в это время на ТВ открыли канал культуры, что мне было и ближе и интереснее... И только поближе узнав Израиль, полюбив его, я успокоился и проработал на Святой земле почти пять лет.

В двухтысячном году мы приехали на несколько дней из Израиля в Москву. Красавица Неля — жена Кобзона — пригласила нас посмотреть их новую квартиру на Арбате, сказав, что Иосиф тоже увидит ее в первый раз. Весь ремонт и дизайн Неля взяла на себя и теперь приглашала хозяина и гостей на новоселье. Мы пришли. Приглашенных было человек пять. Все там было красиво, чувствовался изысканный вкус хозяйки. Иосиф ходил по комнатам, поднялся наверх, вышел на широкий балкон, откуда открывался прекрасный вид столицы, и сказал Неле: «Больно уж тут шикарно. Я, пожалуй, буду жить на даче». Все засмеялись.

Неля предусмотрела в доме все. И даже игральные автоматы поставили в маленьком казино... Я спросил у нее: «А если Иосиф выиграет, кто платить будет?» — «Я завязал», — пошутил Иосиф. А когда мы сели за стол, он долго присматривался к стильной посуде, перебирал разные блюда, а потом, наклонившись ко мне, разломил пополам большой свежий огурец и сказал доверительно: «Давай по-нашему, по-простому, выпьем под огурчик...» Мы оба рассмеялись, потому что застолье вдруг вернуло нас в далекие годы, когда все мы жили скромно в обычных домах, где не было ни роскоши, ни претензий на нее. Но прошло много лет, полных постоянного труда, творчества, успеха и тревог. Изменилось время, изменилась страна. А Иосиф Кобзон — любимец миллионов, всемирно известный артист, уважаемый в народе политический деятель — остался все тем же добрым, отзывчивым и веселым человеком. Что, кстати, выгодно отличает его от многих нынешних звезд и нуворишей, шагнувших «из грязи в князи».

Как и в те далекие времена, так и теперь Кобзон очень любит хорошо одеваться. Думаю, что в этом ему помогает все та же Неля. И в обыденной жизни, и на концертах, и на думских заседаниях он всегда безукоризненно одет. С большим вкусом. Он никогда не выйдет на сцену в помятых брюках или с плохо завязанным галстуком, словно дает понять своим молодым коллегам, что зрителя надо уважать и самому себе быть приятным...

Как-то я подарил ему коробку с модным галстуком. Иосиф оценил фирму. Но тут же спросил: «А платочек?» «Ну, а как же без?» — ответил я, зная, что это уже стало стилем Кобзона.

В конце лета 2007 года я неожиданно попал в больницу. Пришел в клинику снять перед командировкой кардиограмму, а врачи тут же уложили меня под капельницу в реанимацию. Сказали — инфаркт. (К счастью, не подтвердилась).Через дня три-четыре, когда мне разрешено было вставать, в палату шумно вошел Иосиф. За ним внесли невероятное количество всяких пакетов и кульков. «Это тебе на поправку — витамины», — весело пояснил Кобзон, усаживаясь в кресло.

Заглянувший на минуту главврач сказал гостю: «У вас только десять минут». Но Иосиф собрался домой только через полчаса. Нам было о чем поговорить. Прощаясь, он обратился к Ане: «Я хочу рассказать тебе наш еврейский анекдот. Андрюха, можешь не слушать...» Но не слушать Кобзона, рассказывающего анекдоты, невозможно. «Умирает старый еврей, — начал Иосиф. — Говорит жене: «Сара, ты помнишь, у меня был инфаркт и ты неделю сидела около меня?» — «А что делать, Абрам...» — «А потом я лежал с инсультом, и снова ты была рядом...» — «А что делать, Абрам...» — «Когда я сломал ногу и ее подвесили к потолку, ты целый месяц не отходила от меня... Сейчас я умираю, и ты опять рядом. А я вот лежу и думаю — а может, это все от тебя?»» На этой минуте веселой терапии мы и расстались с Иосифом... И мне, конечно же, вспомнилось, как несколько лет назад я приходил сюда навестить моего друга, который лежал тогда в той же самой клинике... Но, слава Богу, без инфаркта...

Я намеренно не пишу о политической и общественной жизни Кобзона. Во-первых, потому, что это широко известно. А, во-вторых, потому, что мои отношения с ним складывались прежде всего в творческой плоскости, в житейских перипетиях. Однажды мы вчетвером — Иосиф с Нелей и я с Аней — возвращались на машине из небольшого израильского городка Арад к себе в гостиницу. Дорога шла под уклон, петляя меж каменных склонов...

И вдруг я почувствовал, что отказали тормоза. Пришлось сказать об этом моим спутникам. Женщины притихли, а Иосиф неожиданно рассмеялся! «Не стал ты, Андрей, своим для этой земли. Был бы евреем, ничего бы не случилось...» Но мне было не до шуток. Тормоза проваливались. Наш огромный «линкольн», как доисторический монстр, катился куда-то в преисподнюю. И только луна мелькала в окнах... Однако, чтобы поддержать настроение, я ответил: «Зато у меня пассажиры какие! Вся надежда на вас...» И вновь усиленно надавил на тормоза. Не знаю, что произошло, но через секунду машина встала. Теперь уже засмеялись наши спутницы. У всех отлегло от сердца. А когда мы благополучно добрались до дому и уселись в отеле ужинать, Кобзон спросил: «А что было-то? Машина старая?» И не дожидаясь ответа, сказал: «Все-таки не зря земля эта называется Святой... Могло ведь и хуже кончиться...»

И тут же рассказал анекдот. Некто зашел в морг. Смотрит, один «жмурик» улыбается. «Чего это он?» —

«Да молния его убила», — говорит служащий. — «А улыбается чего?» — «А он думал, что его фотографируют».

Как-то я ему признался, что анекдоты не запоминаю напрочь. И вдруг получаю от Кобзона большой альбом, красиво оформленный, где на каждой странице по несколько анекдотов. Штук триста. Я читал весь вечер, смеялся и самые смешные пытался запомнить... Но увы. Надо иметь феноменальную память Иосифа и его умение их рассказывать.

А память у него действительно замечательная. Столько песен, сколько знает Кобзон, не знает никто. Советская классика, современные шлягеры, фронтовые песни, зарубежные хиты. И конечно же, русские романсы. А как он их поет!.. И никогда под фонограмму, а всегда вживую. Слишком уважает слушателей, — чтобы обманывать. И очень дорожит репутацией. Музыка — это его душа. А ее не продублируешь... Потому и написал я в посвященных ему стихах: «Без тебя нет песен у России. А без песен и России нет».

И О ТОМ, КАК МУЧИЛСЯ ХУДОЖНИК...

Александра Шилова я впервые увидел на его автопортрете. Красивое одухотворенное лицо. Образ романтического героя девятнадцатого столетия. Даже по одежде можно было понять, что это художник. Из рассказов наших общих приятелей и друзей вырисовывался человек глубокой и доброй души. Но полнее всего мне раскрыли Сашу Шилова его выставки, где с портретов смотрели на мир грустные старые люди, как видно, прожившие нелегкую жизнь. Улыбались своему будущему юные звезды. И зачаровывали искренностью и красотой дорогие сердцу пейзажи России...

Шилов ворвался в изобразительное искусство стремительно и победно. Помню, какие очереди выстраивались к нему на Кузнецком мосту. О молодом художнике заговорила вся Москва. Им восхищались, ему завидовали, его обсуждали.

А как мы познакомились с ним, честно сказать, сейчас я уже и не помню. Может быть, потому, что Саша стал для меня близким человеком, еще до нашего очного знакомства, когда я серьезно увлекся его творчеством и по нему почувствовал родство наших душ. А потом мы стали встречаться на разных тусовках и приемах. Я зачастил к нему в галерею, что находится неподалеку от Кремля.

Однажды он предложил написать мой портрет. Я сразу согласился, потому что очень высоко ценил его художнический талант. И особенно это тонкое умение — через лицо, взгляд и настроение передавать не только характер человека, но и его затаенную внутреннюю жизнь...

Помню, когда я увидел на шиловском полотне моего кумира и земляка — великого певца Сергея Яковлевича Лемешева, я рассказал Саше, как однажды, еще будучи студентом Литературного института, оказался рядом с легендарным тенором на переходе Тверского бульвара. Но так и не решился подойти к нему.

В те студенческие годы я часто бывал в Большом театре на всех его операх. А когда приезжал домой в Калинин, снова и снова смотрел на бывшее здание кавалерийского училища, что было рядом с моим отчим домом в Пивоварском переулке. Именно из этого училища юный певец отправился в Московскую консерваторию, решившую его судьбу.

Помню, как внимательно слушал меня Саша Шилов, не перебивая и не торопя, хотя знал Лемешева лично и много с ним общался. Но меня уже «понесло». Я рассказывал своему новому другу, как каждый год великий певец выступал в родном городе Калинине на замечательной сцене Дома офицеров, похожего в миниатюре на московский Колонный зал.

Однажды Лемешев приехал туда с красивой молодой певицей из Кировского (ныне Мариинского) театра — Верой Кудрявцевой, которая тогда стала его женой... И вот тут Саша перебил меня: «А хочешь, я тебя познакомлю с ней?» Так благодаря Шилову я попал в дом Лемешева на Тверской... В гостиной было много старых фотографий, где Сергей Яковлевич был запечатлен в разных ролях. По всему чувствовалось, что Вера Николаевна бережно хранит память о своем великом муже. Потом мы еще приходили с Сашей к ней в гости на Тверскую, пили чай, вспоминали хозяина дома, радовали Веру Николаевну своим искренним вниманием.

Шилов написал ее портрет. Замечательный и психологически очень точный. И теперь оба эти портрета — Сергея Яковлевича Лемешева и Веры Николаевны Кудрявцевой висят рядом в галерее Александра Шилова.

Мне всегда казалось, что Шилову во всем очень везет — и в творчестве, и в друзьях, и просто в жизни. Но однажды... Саша позвонил мне поздним вечером и глухим голосом, в котором было столько боли и отчаяния, выдохнул:

— Помоги мне. Нужен хороший экстрасенс... Или, может быть, мудрый знахарь. Серьезно больна моя дочь. Врачи, по-моему, уже ничего не могут...

Я услышал слезы в его горестном молчании и растерянно попытался утешить своего друга, понимая, что никакие слова ничего не изменят... Потом стал лихорадочно рыться в своих блокнотах в поисках телефонов Джуны и других целителей. Но когда на другой день я позвонил Саше — никто мне не ответил. Позже я узнал, что он повез Машу куда-то за границу в последней надежде на чудо. Но чуда не произошло...

И судьба, как сломанная ветка,
Бьется возле пламени лампад...
И восходит образ,
По-девичьи светлый.
Бесконечно грустный,
Как отцовский взгляд.

Только работа — изнурительная и каждодневная — спасла его от безумия и отчаяния... И в галерее появлялись все новые и новые полотна Мастера. Люди толпились возле картин, тихо обсуждая их и делясь своими впечатлениями.

Иногда он неожиданно появлялся там — печальный, поседевший, но по-прежнему красивый, и, отрешенно посмотрев на многолюдный зал, так же внезапно уходил. Что творилось в те дни в его душе, — не знает никто. Но помогало время. Оно пыталось лечить его, хотя истинное горе, как известно, неизлечимо... Душевное одиночество и бесконечная грусть чуть-чуть затихали в измученной душе художника, когда он вставал к мольберту... Неслись дни, шли годы... Маша на своих портретах навсегда осталась юной и безмятежной...

А жизнь продолжалась. Каждое утро художник приходил в свою мастерскую и работал. Писал знаменитых соотечественников и простых тружеников. Вместе с героями будущих картин мысленно возвращался в далекие годы Великой Отечественной... А иногда просто уходил в родную российскую красоту и писал с натуры пейзажи.

Так он жил. И так жило в нем высокое и неповторимое искусство... Оно было полно искренности и мужества.

Когда Саша писал мой портрет, я приезжал к нему по утрам, вставал с книгой около мольберта и он начинал работать. При этом мы говорили обо всем на свете, как, может быть, не могли бы говорить в обычной повседневности — откровенно, запальчиво перескакивая с одной темы на другую и не стесняясь фольклорного словаря. Так проходило часа три, четыре. Потом он складывал кисти, предварительно повернув мольберт «лицом» к стене и уводил меня на кухню. Там он ставил на стол тарелки, разливал борщ или суп, в зависимости от того, что приготовила домработница, и начиналась наша трапеза. И опять мы с ним говорили. Мне всегда было интересно. Если художник Шилов рассуждал о превратности судеб своих коллег или оценивал эпизоды творческой жизни Москвы, то делал это всегда широко и конкретно, но без ехидства и злобности, без раздражения, и уж тем более без зависти к чьим-то успехам... Он очень отзывчив на чужую беду и чужую жизнь. Я заметил, что книги, которые ему дарят знакомые писатели, он читает. Это теперь большая редкость среди творческой братии.

Иногда мне приходилось встречаться в доме Шилова с героями его полотен. Эти встречи убеждали меня вновь и вновь, что свое отношение к людям, которые восходили или уже взошли на его полотна, он непременно передавал через кисть, краски или карандаш и зрителям тоже.

Конечно, он выдающийся портретист. Это знают все. Но я очень люблю и его пейзажи. Сколько в них романтики и одновременно конкретной точности, сколько настроения и раздумий. И, глядя на эти картины, забываешь, как много труда, нервов и таланта вложено в каждый штрих, в каждую деталь...

Я всегда думал, что художник Божьей милостью, как талантливый поэт или выдающийся музыкант, не может быть плохим человеком. И, хотя моя наивность уже не однажды терпела крах, в случае же с Александром Шиловым Природа соблюла достойное равновесие. Она до краев наполнила его выдающийся талант добротой и милосердием. Я мог бы привести еще немало высоких эпитетов, но в наше жестокое время именно доброта и сострадание так необходимы сегодняшней жизни...

И не тем ли дорого искусство,
Что с былым не порывает нить,
Говоря то радостно, то грустно
Обо всем, что не дано забыть?

И о том, как мучился художник
Возле молчаливого холста,
Чтобы, пересилив невозможность,
Восходила к людям красота.

ИЗ ДНЕВНИКА

1989 ГОД

9 февраля. Зал Чайковского почти полон. Начался авторский вечер Андрея Вознесенского. Когда он вышел на сцену, я с грустью отметил про себя — Андрюшка стал сутулиться. Поседел еще больше...

Но читал он по-прежнему превосходно.

На этот раз все было довольно спокойно: ни словесной борьбы, ни хамских записок, ни «Памяти». Среди новых стихов особенно понравилось мне одно — «Я ухожу со сцены...»

Публика хорошая, дружелюбно настроенная. Но впервые ажиотажа нет. На улице не спрашивали лишних билетиков, а наоборот — предлагали свои. Видимо, кто-то не пришел. Хотя в зале свободных мест почти не было. Андрей отвечал на записки, упоминал друзей — и выбор этот почти неизменен за все последние годы. Очень хорошо говорил о «Юности». Может быть, потому, что знал — я в зале. Но наши отношения пока не изменились — добрые, доверительные, дружеские, хотя и наметилось некое отчуждение. После концерта Андрей расспрашивал меня — как он «провел» вечер. В ответ я сказал ему, что пора уже получать Нобелевскую премию. Он слегка улыбнулся. «Мы тут в перерыве с

Родионом Щедриным решили, что пора. Ты один из крупнейших поэтов современности...» Андрей искренне рассмеялся. Но в его веселье я уловил какие-то скрытые нотки встревоженности.

Потом мы поехали в ресторан и долго говорили о делах, о литературе, о жизни. Я посетовал, что из-за занятости в журнале очень мало пишу. И это плохо. Не знаю, как для читателей, но для меня — точно плохо. Андрей перебил: «Прежде всего плохо для читателей. Тебя любят. Я в этом много раз убеждался...» Уже дома мысленно продолжая этот разговор, я подумал — лучшие годы прошли в донорской суете. Сколько книг не написано, сколько стихов не родилось...

Зато «Юность» вышла в лидеры. Но для меня очень дорогой ценой. А наш брат — писатель, как правило, думает только о себе. Почти никому из коллег нет дела до моего творчества. Не пишешь? Твои проблемы. А, может, тебе хватит и того, что ты главный редактор такого популярного журнала?

Однажды я поделился своими обидами с Михалковым-старшим. И он мне полушутя ответил: «Знаешь, что я думаю, Андрей, о наших писательских взаимоотношениях? Вот если у тебя в десять лет будет выходить одна маленькая книжица, а не каждый год по тому. Если ты серьезно заболеешь, и лучше, безнадежно. Если от тебя ушла любимая жена, и сгорела дача, а купить новую — денег нет, — вот тогда тебя будут все любить. А так за что любить-то? Молодой, красивый, знаменитый. Не побираешься пока». Помню, я рассмеялся в ответ, и Сергей Владимирович весело посмотрел на меня. «Я, конечно, позлобствовал малость... Но, в принципе, живут у нас по таким законам. Не все, но многие...»

А мне, наоборот, всегда радостно на душе, когда я

читаю чью-то талантливую рукопись. Или когда вижу, как поднимается на литературный олимп молодой автор «Юности». Спасибо родителям, что воспитали меня в доброте и милосердии. И спится мне хорошо, потому что не терзаю себя завистью, злобой или ревностью к чужим победам. А иначе как бы я вел журнал?

...Сегодня в редакции был Саша Соколов — русский писатель, живущий в Канаде. На первый взгляд, суров в общении. Говорит без оглядки на производимое впечатление. Разбрасывает походя характеристики на знакомых эмигрантов и весьма убедительно. Думаю, что мнение о себе как о ярком художнике, он уже никогда не изменит, что бы о нем ни писали и ни говорили. Признался, что ни на чью поддержку никогда не рассчитывал. Каждый должен пробиваться сам. И абсолютно уверен, что его проза — это класс. Не знаю. Пока не читал. Но эссе, которое он нам оставил, интересное и глубокое. Мы его непременно напечатаем.

Потом Саша обратился к прошлому. И сказал, что социалистический реализм уничтожил отечественную литературу. А классика важна только потому, что помогла родиться авангарду. Достоевского он ставит выше Толстого. Последнего развенчал за скуку и обычность творчества. И потом, по мнению Соколова, у него нет второго плана, нет недоговоренности.

Возражать ему было бесполезно. Он слушал только себя. «Сейчас надо писать так, — продолжал гость, — как пишут свои картины художники новой волны, заранее предполагая воображение зрителя, ибо голая мысль неинтересна...»

Посмотрим, а как сложится его собственная творческая судьба в России... Вообще эти встречи в «Юно-

сти» с нашими соотечественниками — писателями русского зарубежья, которые разбрелись по всему миру, очень важны для понимания трансформации творческой личности под влиянием иных политических и социальных условий, в которые они попали. Хотя все это можно проследить по их книгам. Некоторых из них — Владимира Максимова, Владимира Войновича, Анатолия Гладилина, Георгия Владимова — мы печатали в «Юности» и будем дальше печатать, как, например, Сашу Соколова...

ИЗ ДНЕВНИКА

1991 ГОД. 19 АВГУСТА...

Сегодня рано утром по личному приглашению поэта Делюи мы прилетели с Аней в Париж. Только разложили чемоданы, как позвонил наш коллега корреспондент «Литературной газеты» Кирилл Привалов. «Беда-то какая, Андрей, — запричитал он. — В Москве переворот. Включи телевизор...» Мы включили. Вспыхнул экран, по которому, глухо урча, ползли танки. Бежали какие-то люди. Камера выхватывала из толпы молодые лица. Шум стоял невообразимый. Понять что-либо было трудно. Я стал звонить в редакцию своего журнала «Юность». Женский голос по-французски монотонно твердил — «Занято, занято...» А на телеэкране в это время начался балет «Лебединое озеро».

Из Брюсселя нам дозвонился Владимир Емельянович Максимов. Он с ходу стал нас уговаривать не возвращаться в Москву. Сказал, что попытается выяснить подробности... Потом позвонил Василий Аксенов, который знал, что мы здесь. Он сидел со своей переводчицей у нее дома... Они трудились над французским вариантом его однотомника. Сказал: «Надо увидеться». Весь день прошел в перезвонах и суматохе. После того, как до нас дозвонилась из Лондона Галя Вишневская, —

наш телефон ей дал Максимов, — мы поехали к ним домой на бульвар Мандель в надежде увидеть Славу Ростроповича. Нам казалось, что у него больше возможностей дозвониться до Москвы.

Домработница Римма сказала, что Мстислав Леопольдович обещал к ужину быть дома. Но домой он не пришел. На другое утро мы узнали, что он улетел в Москву... Французские авиакомпании не отменили своих рейсов. Наш «Аэрофлот» притих. Самолеты стояли на приколе.

В российском посольстве не знали, что делать, то ли признавать новую власть, то ли подождать. Мы поняли, что надо ждать дальнейшего развития событий.

Утром 20 августа я поехал на радиостанцию «Свобода» и выступил со своим комментарием к московской ситуации. Я резко осудил путч, назвав ГКЧепистов «хунтой». Теперь уже отступать было некуда. «Если они победят, — сказали мне ребята со «Свободы», — то вам лучше не возвращаться. Мосты сожжены...» Но я не верил, что политические авантюристы могут победить. Хотя по телевизору в этот день было показано особенно много страшных кадров. Все говорили о предстоящем штурме Дома Советов РСФСР.

Я пошел и купил серебряный крестик. Повесил его на грудь, решив, что если все окончится плохо, то, вернувшись в Москву, в тюрьму пойду с этим крестиком.

(***Примечание.*** Несколько дней спустя, уже после ареста членов ГКЧП, мы узнали, что журнал «Юность» стоял в начале их списка на закрытие.)

Ночь мы, конечно, не спали, как и предыдущую тоже. Постоянно кто-то звонил... Синявский, Розанова,

Аксенов, Привалов, Максимов... Парижане сочувствовали всем русским, кто оказался в эти дни в их городе. Помню, как поздним вечером 20 августа мы возвращались в отель после долгих хождений по парижским улицам. Неподалеку от Эйфелевой башни стояла машина, около которой суетился высокий молодой человек. Я спросил у него — как пройти к отелю «Бастилия». Узнав, что мы русские, он тут же усадил нас с Аней в авто, где были еще двое парижан. И поехали мы с ними в отель. По дороге они расспрашивали нас о Москве, о происходящих событиях. И столько было участия и доброты в их отношении к нам, столько сочувствия, что мы поняли, как много значит для всех на Западе наша многострадальная Россия.

Когда мы вошли в свой номер, надрывался телефон. Звонила из Лондона возмущенная Галя Вишневская: «Ты знаешь, конечно, мой-то авантюрист в Москву укатил. Словно без него там не обойдутся...» — «Не обойдутся, Галя», — серьезно сказал я великой певице.

(***Примечание.*** После провала путча, когда Слава Ростропович улетал к себе домой в Париж, кто-то из журналистов спросил его: «Страшно было, Мстислав Леопольдович?» — «Страшно? — переспросил он. — Страшно будет дома. Вы не знаете мою Галю...»)

Ночью перед рассветом Ане позвонили ее друзья из Вашингтона. Сказали, что путч провалился — танки уходят, лица на экранах стали веселее. Напряжение спадало. Вечером мы пошли к Аксенову. Отметили шампанским победу. И его день рождения. Совпало. А потом завалились в какое-то кафе на Монпарнасе, снова пили шампанское, радовались, что все обошлось. Вася рассказал, как он, глядя на ребят, пытавшихся остановить танки около Белого дома, говорил и пла-

кал: «Это мои дети, мои дети...» Потом заметил, что повторяет эту фразу по-английски, и разрыдался.

Всех тогда очень сблизили те тревожные дни, общая беда и надежда. Я сказал Аксенову: «На улицы Москвы вышли твои читатели, новые люди, познавшие свободу. Твои книги и общие страдания, наш журнал «Юность» и долгое время борьбы за будущее не прошли даром. Дети стали другими, страх ушел из душ, и поэтому пришла победа...»

Вася, уже изрядно выпив, одобрительно кивал мне... А на другой день мы улетели в Москву.

Но перед этим была еще одна встреча — с Марком Халтером, который вместе с Владимиром Максимовым организовал «Международный Комитет в защиту демократии в СССР». Я вошел в этот Комитет. А когда хунта пала, Комитет переименовали в «Комитет бдительности». Мы договорились, что он будет на базе «Юности». Дал согласие войти в него В. Аксенов и другие известные деятели культуры и искусства.

Приехав из аэропорта в редакцию, я почувствовал, как много пережили мои коллеги, как они пытались хоть чем-то помочь защитникам Белого дома. Хотя, к моему удивлению, не догадались принять вовремя документ в поддержку Российского Правительства, не пробились на пресс-конференцию путчистов, чтобы там высказать свою точку зрения на происходившие события. Думаю, что личная честность моих коллег не вызывает сомнений, но как коллектив, как политическая сила редакция оказалась не на высоте. Жаль, что в эти дни я не был рядом. И потому были упущения и ошибки. Так на встрече в «Литературной газете», где представители всех независимых изданий выработали документ протеста, «Юность» представлена не была. Виноват в этом оказался член нашей редколлегии Ю. Зер-

чанинов, знавший о предстоящем совещании. Но он не предупредил редакцию, объяснив свою оплошность тем, что в это время находился в Белом доме. Впрочем, все это понятно — люди жили почти во фронтовых условиях, носили защитникам еду на площадь, фотографировали, участвовали в митингах, собирали материал для журнала... В десятом номере «Юности» все это будет опубликовано.

Жизнь входит в свое русло, но, по-моему, еще многое придется переосмыслить в ней. И мое отношение к коллегам — тоже.

ИЗ ДНЕВНИКА

1992 ГОД

Вечером 11 ноября я позвонил на дачу М.С. Горбачеву. Договорились увидеться. На другое утро его секретарь передала мне, что шеф ждет меня в 17 часов в своем Фонде. Мы долго сидели в этот день за чашкой чая и не торопились расставаться. Михаил Сергеевич рассказывал мне о последних событиях, о поездках, о встречах за рубежом.

Поразил один эпизод. На похоронах Вилли Брандта главы многих государств подходили к нашему бывшему Президенту выразить свое уважение, хотя он и не был в официальной делегации. Все это издали видел его бывший соратник Бурбулис. Он тоже поспешил к Горбачеву с протянутой рукой для приветствия. «Здесь я тебе подам руку, но говорить будем дома», — сказал ему Михаил Сергеевич, который так и не простил Бурбулису его политических шараханий; ведь все документы по Беловежской пуще готовил Бурбулис и был одним из ярых инициаторов развала СССР.

А потом он рассказал об одном смешном предложении, которое сделал ему на встрече в узком кругу Олег Ефремов. «Приняв дозу», великий артист неожиданно спросил Горбачева:

— Михаил, ты партию будешь создавать?

— Какую?

— Все равно какую, но без партии тебе никак нельзя. Всегда готов пойти к тебе замом.

Я пошутил: «Но у вас уже был в замах один любитель выпить... И что вышло?»

Горбачев рассмеялся и сказал:

— Кстати, я очень жалел, что тебя не было на моем дружеском приеме. Но мне доложили, что ты улетел в Америку. А было интересно...

(***Примечание.*** Интересной была и наша встреча с Михаилом Сергеевичем, когда к нему в Фонд приехал Владимир Емельянович Максимов. Это произошло в начале 1993 года. Мы сидели втроем в просторном кабинете, и поначалу зарубежный гость держал себя весьма настороженно. До того он долго пытал меня, а действительно ли бывший Президент хочет поговорить с опальным писателем, который был выслан советской властью из родной страны. Но когда выяснилось, что Максимов с Горбачевым земляки по Ставропольскому краю, они тут же перешли на «ты» и стали вспоминать былую юность... Однако ни тот, ни другой без политики обойтись не могли. Помню, как Максимов неожиданно спросил Горбачева, а почему он допустил распад Советского Союза. «Ведь Ельцин, Кравчук и Шушкевич нарушили Конституцию, приняв в Беловежской Пуще решение о ликвидации СССР... — горячился Владимир Емельянович. — Почему ты не арестовал их?»

Михаил Сергеевич, видимо, не ожидал такого поворота в разговоре и на секунду задумался. Потом сказал: «Но как я мог?! Я же всегда стоял на позициях демократии — отменил цензуру, как ты знаешь, узаконил Церковь, ввел демократические нормы жизни в нашей стране... Это не мой путь — арестовывать, подавлять, применять насилие...»

И тогда Максимов резко выдохнул: «Ну, Михаил, тебе видней — или на коне или под конем...»

Я перевел разговор на литературу, и напряжение спало. Но отношения Горбачева с Максимовым от той встречи не ухудшились. Наоборот. Они встречались еще не раз, перезванивались и даже вместе выступали в передачах на Российском телевидении.

Когда Владимир Емельянович серьезно заболел, Горбачев переживал, звонил его жене Тане в Париж — спрашивал, не нужна ли помощь...)

Я спросил М. С. о книге Бориса Олейника «Князь тьмы», в которой бывший зам. Председателя Президиума Верховного Совета СССР, известный украинский поэт, по сути, предал Горбачева и подверг сомнению все их совместные порывы в тогдашней борьбе за демократию.

Горбачев задумчиво покачал головой:

— Не могу понять... Ты ведь знаешь, как мы дружили, как я его любил. Но злобы на него не держу. По-моему, он не совсем здоров. Безудержный алкоголь даром не проходит. Иначе мне трудно объяснить его поступок.

— А вы читали в «Литературной газете» статью поэта Красникова, в которой он представил Олейника очень неприглядно, жестко проанализировав его книгу?

— Нет, не читал... Бог судья всем, кто предает друзей.

В ответ я процитировал Горбачеву другого русского поэта: «Не знал ты, Шиллер, где коварство, где настоящая любовь...»

— Это беда — наша национальная доверчивость... Но характер трудно переделать. Когда я ушел с поста Президента, помнишь, это было в конце декабря, с Новым годом из бывших соратников меня поздравил только Назарбаев.

— А чего вы удивляетесь, Михаил Сергеевич? Царская карета понеслась дальше. А вы с нее сошли... — Горбачев на секунду задумался о чем-то, а потом вдруг весело предложил:

— Давай пить чай.

ПРОСТИТЕ МЕНЯ...

Как важно вовремя успеть
Сказать кому-то слово доброе,
Чтоб от волненья сердце дрогнуло.
Ведь все порушить может смерть.

Андрей Дементьев

1983 год. Глубокая осень. Я готовлюсь к своему авторскому вечеру в Театре эстрады. Уже давно развешены афиши с именами артистов, распроданы билеты. И вдруг накануне концерта раздается телефонный звонок. Звонила Майя Кристалинская.

Мы были хорошо знакомы, иногда пересекались на концертах и телепередачах. Но не помню, чтобы она пела мои песни. И потому весьма удивился, когда Майя очень деликатно дала понять, что хотела бы принять участие в моем авторском вечере. Но в этой ситуации, когда сценарий был уже разработан и все роли распределены, менять ход концерта было невозможно. Я осторожно сказал ей об этом и совершенно искренне пожалел, что Майя позвонила мне так поздно. Тогда я не знал, что Кристалинская очень больна и что любое приобщение к какому-либо творческому празднеству было для нее исключительно важно, вселяло надежду и, может быть, даже продлевало жизнь.

Мой вечер прошел успешно, но без Майи. И когда спустя несколько месяцев я прочел некролог о ее смерти, я ощутил запоздалую вину перед этой замечательной артисткой и мужественной женщиной, ушедшей от нас так рано и чью просьбу я тогда не исполнил.

Простите меня, Майя...

Жизнь так складывается, что часто не успеваем мы вовремя совершить добро, откликнуться на чужую просьбу и вообще помнить о том, что все может случиться неожиданно и помимо нашей воли... Однажды, выступая на литературном вечере в Центральном доме работников искусств, я разговорился за кулисами с великим артистом Олегом Борисовым. В ходе разговора и как бы между прочим он спросил меня: «А вы видели наш спектакль об императоре Павле?» Я признался, что еще не успел, хотя был наслышан о гениальной игре Борисова в главной роли. Вся театральная Москва была в восторге от этого спектакля. Олег Иванович улыбнулся и сказал: «Будет желание пойти, позвоните мне заранее...» Я поблагодарил и смущенно пообещал пойти в ближайшее же время. Но навалились дела, поездки, рукописи. И, к своему огорчению, я не успел посмотреть Борисова в том спектакле. Осталась горькая печаль и эти стихи, которые я написал в память великого Мастера.

Простите меня, Олег Иванович...

ИМПЕРАТОР

Сын Екатерины Великой
Был невзрачен и мал.
И над дворцовой кликой
Характер свой утверждал.

Взращенный чужой муштрою,
Поставив страну на плац,
Он думал, что стал героем
Под общий хохот и плач.

Взбалмошный император
От собственной славы слеп...
И был навсегда упрятан
В фамильный имперский склеп.

И все его позабыли.
И минуло двести лет,
Когда над архивной пылью
Взошел его силуэт.

И вновь император Павел
В шинели своей до пят,
Весь мир собой позабавил,
В грядущее бросив взгляд.

Он был во всем гениален.
Верней, гениальным был
Актер, что его представил,
Чужую судьбу открыл.

...Играет Олег Борисов,
Уставший от царских пут...
И Павел его — как вызов,
Как запоздалый суд.

Спасибо, Олег Борисов,
Великий наш лицедей,
За гениальность риска,
За лучшую из ролей.

Как жаль, что не повторится
Ваш выход в тот звездный час.
...В гримерной мундир хранится,
И трон, не забывший Вас.

* * *

Сколько таких запоздалых сожалений прошло через мою жизнь, которая была бы намного интереснее, духовно богаче, если бы не мешала эта сиюминутность и суета. Наверное, не один я, размышляя о своем бытие, хотел бы остановить мгновение и вернуться в близкие или далекие времена, чтобы что-то исправить, переиначить, успеть...

Помню, позвонил мне Анатолий Дмитриевич Папанов, которого я просто боготворил, и пригласил на спектакль «Гнездо глухаря». Автор этой замечательной пьесы Виктор Сергеевич Розов был членом редколлегии журнала «Юность», который я тогда возглавлял. И мне хорошо была знакома эта пьеса, перешагнувшая немалые преграды, прежде чем попасть на сцену.

Спектакль просто потряс меня своей обнаженностью и актерской игрой. Папанов был гениален. Вообще этот человек, сполна познавший подлинную славу и всенародную любовь, в повседневной жизни был прост, общителен и в чем-то даже застенчив. Когда на одном из концертов, где Анатолий Дмитриевич читал стихи из знакомой классики, я сказал ему, что его чтение достойно пушкинских строк, артист искренне засмущался и переспросил: «Что, действительно было хорошо?» Позже мне рассказывал Юра Васильев, тогда еще молодой актер Театра сатиры, что если Папанов узнавал, что кто-то из известных людей в зале, он предупреждал молодежь: «Не подведите. На спектакле сегодня...» И называл фамилию. Так он однажды назвал Юрию Васильеву, игравшему вместе с Мастером, и мое имя, чем я невероятно гордился. Потому что доброе слово из уст великого артиста дорогого стоит. И потом я очень люблю этот театр. На его сцене играли Андрей Миронов, Спартак Мишулин, Анатолий Дмитриевич... И всю свою жизнь театру верны мои любимые артисты и друзья — Вера Кузьминична Васильева, Александр Ширвиндт, Наташа Селезнева, Юрий Васильев...

Однажды, когда театр отмечал юбилей своего Главного — Валентина Плучека, прошедший шумно и весело, на банкете ко мне подошел мой земляк Спартак Мишулин. Протянув бокал с шампанским, попросил: «Андрюша, давай двинем к Плучеку, выпьем за его здоровье...» — «Так ведь мы только это и делаем, что пьем за вашего начальника», — отшучивался я, поскольку уже был «хорош». Но, видно, Спартаку почему-то надо было снова подойти к юбиляру. «Ну, что тебе жалко пожелать старику доброго здоровья?» — не унимался он. Мы направились к уже совсем осовевшему от празднества Плучеку и наперебой вознесли свои тосты за юбиляра. Спартак что-то успел ему сказать о предстоящем спектакле... Вероятно, очень важное.

Сохранились стихи, которые я посвятил Театру сатиры и которые прочел на том торжественном вечере.

Когда мятежная сатира
Была у власти не в чести,
Цензура в образе сатира
Нам снилась, Господи прости.

Но Ваш театр был свободен
От раболепств и суеты.
И Плучек так был всенароден,
Что даже власть несла цветы.

И не было таких законов,
Чтоб запретить Ваш смех и боль,
Когда блистательный Миронов
Врывался гениально в роль.

Когда Папанов мудрым словом
Ломал бездумья благодать, —
Мы в нашей жизни бестолковой
Себя учились уважать.

И на плаву нас всех держали
Остроты чудные, — когда
Стоял красавец М. Державин
Вблизи красавца Ширвинда.

А мой земляк Спартак Мишулин,
Уйдя с директорских постов,
В пустыне банду обмишурив,
Вновь был к овациям готов.

Теперь пошла такая мода:
На посиделки в Кремль бежать.
И там от имени народа
И в рот смотреть, и речь держать.

Зачем так далеко мне топать,
Когда Театр сатиры есть.
Пришел — и всех увидел скопом.
И Кремль ныне тоже здесь.

Благодарю Театр сатиры
За то, что выжить помогал.
За то, что кресла и мундиры
В сердцах за глупость низвергал.

Спасибо ветеранам сцены
За их талант на сотни лет.
И за приемлимые цены,
Каких в других театрах нет.

Благодарю за Веру с Ольгой,
За обаянье их и грусть...
От театральной жизни долгой
Умней я вроде становлюсь.

Ваш путь в бессмертие нам ведом.
Люблю Ваш гениальный дом.
И если повезет с билетом,
Мы завтра вновь сюда придем.

Жизнь в театре особая, иногда для нас непонятная. Свои обиды и свои трудности. Дадут роль или пренебрегут — зависит не только от таланта. Но Спартак Мишулин был во всем удачлив — от ролей до любви зрителя. Вот и его уже нет. А я помню Спартака еще совсем молодым, когда он играл в нашем Тверском драматическом театре. Играл талантливо, самобытно. Потому и забрали провинциального артиста в Москву. Ах, пан директор, пан директор! Как нам не хватает твоего неповторимого юмора, извиняющейся улыбки, твоего мастерства. Ведь никому и никогда невозможно повторить истинный Талант. Но жизнь продолжается. Приходят молодые... Дай им Бог взойти на творческие вершины. На свои, не похожие ни на какие другие...

Прости меня, милый Спартак, за то, что встречи наши были так редки...

* * *

..Мы летели из Тель-Авива в Москву вместе с Егором Яковлевым — легендарным журналистом, первым редактором газеты «Московские новости»... И о чем только ни переговорили с ним за долгий перелет! О нашей журналистской молодости, о развале Союза, о переменах и временах, теперь столь непонятных и тревожных. И рассказывали анекдоты. «Мы уходим в анекдоты, чтобы слезы скрыть свои...» — процитировал я свои стихи. Он посерьезнел и вдруг сказал: «Прилетим в Москву, зайди ко мне. Разговор есть». Я пообещал.

И вскоре мы встретились у него в редакции «Общей газеты», которую он придумал и пестовал с присущим ему азартом и талантом. Пили чай, продолжая самолетный диалог. Наконец я его спросил: «Так что за разговор у тебя ко мне?» Егор опять посерьезнел, минуту помолчал, словно раздумывая с чего начать, и неожиданно для меня сказал: «Ну, ты понял, что здесь жить нельзя? Надо уезжать... Уезжай, а?» Вопросительная интонация подсказала мне, что в нем накопилась какая-то душевная усталость. То ли от забот и разочарований, то ли просто от прожитых в напряжении лет... Я перевел разговор в шутку. «Куда уезжать-то? У меня здесь все — от книг и гонораров до моей любимой Волги. Она в ту сторону не течет...» — «А у меня газета!» — неожиданно весело сказал Егор, словно открыл в моих словах ответ на какие-то свои сомнения... Но я чувствовал, что душа его полна противоречий и недосказанных мыслей...

А спустя год он все-таки ушел... Расстался со всеми нами, с работой, которую любил преданно и самозабвенно. Мы провожали его в последний горький путь, и я думал о том, что Бог наконец-то избавил Егора от мучительных сомнений и душевной неустроенности. Были на похоронах и те, кто когда-то покинул Россию и вновь вернулся к ней, потому что только издали можно до конца понять, что тебе нужно в этом мире — постоянной борьбы или тихой гавани... Ненависти или любви. Самовлюбленности или самоотверженности. Иногда все это, правда, свивается в один клубок. Но, может быть, это и есть то Божественное назначение, которое человек получает при рождении.

* * *

Сколько выстрадал на Родине и на чужбине один из самых совестливых людей, с кем мне посчастливилось встретиться и потом подружиться, Владимир Емельянович Максимов. Мы увиделись впервые у него дома в Париже. Колючий, подозрительный, с притаившейся где-то в глубине взгляда добротой, он был настолько щепетилен в своих отношениях и с друзьями, и с малознакомыми коллегами, и особенно с чиновниками всех рангов, что трудно было всем — и ему, и другим. Когда он захотел приехать в Москву после долгих лет изгнания, когда уже ему было возвращено гражданство, он попросил вернуть ему квартиру, конфискованную Советской властью. Квартира была в свое время приобретена им на полученные гонорары. Представитель Моссовета цинично предложил Максимову выкупить его же собственность. Владимир Емельянович послал в Моссовет телеграмму: «Куплей ворованного не занимаюсь».

Журнал «Континент», которым он руководил много лет, был запрещен в Советском Союзе. В те годы за хранение и чтение «Континента» можно было вылететь с работы и даже угодить за решетку. Сейчас, когда наступила эпоха гражданского примирения и в Москву перевезли прах одного из злейших врагов большевиков — генерала Деникина, — я вспоминаю написанные давным-давно главы романа В. Максимова «Заглянуть в бездну», посвященные адмиралу Колчаку, где писатель раскрывает человеческие качества, талант и незаурядность личности знаменитого белогвардейца. Я напечатал эти главы в журнале «Юность», и выдающийся писатель русского зарубежья был бесконечно рад, что снова пришел к своему читателю. И еще тому, что историческая правда поднялась над всеми политическими ярлыками и классовой близорукостью.

...Схоронили мы его под Парижем на кладбище Сен-Женевьев-де-Буа, где покоится прах Ивана Бунина, Дмитрия Мережковского, Виктора Некрасова, Александра Галича... А в скромной парижской квартирке моего старого друга, где когда-то мы подолгу засиживались за беседой и крепким чаем, вспоминая Москву и его родное Ставрополье, я еще и еще раз с горечью думал о том, как несправедливы мы к своим пророкам, задолго до всех перестроек и вселенской гласности открывавших нам истину о нашей жизни — прошлой и будущей.

У меня хранятся стихи Владимира Максимова, которые он мне посвятил, а я в своих книгах печатаю поэтические посвящения ему — с любовью и благодарностью за дружбу. И на книжной полке стоят томики с дорогим мне именем...

АНДРЕЮ ДЕМЕНТЬЕВУ

Русь кончилась.
На выгонах ее
Клубиться тьме, цвести чертополоху.
Стучимся мы, впадая в забытье,
В принадлежащую не нам эпоху.

Как там поется в песне: «Дан приказ».
Расходимся искать по белу свету
Страну, которая была у нас,
И родину, которой больше нету.

Но если не утонем, не сгорим
В пути, то мы вернемся.
Подождите ж!..
Отворотись от нас,
Наш Третий Рим,
Откройся нам,
Завороженный Китеж!

Владимир Максимов
Москва — Париж

* * *

О многом мне хочется рассказать. И многих помянуть добрым словом, кто прошел через мою судьбу, оставив в душе радость от общений и печаль неожиданных расставаний, не замутненных ни временем, ни другими событиями. Не все легко и просто складывается у всех нас в отношениях друг с другом. Иногда к пониманию чужой души приходишь через обиды и разочарования. А иногда теряешь веру в друга, который, казалось бы, никогда не может быть для тебя далеким... Помню свою первую встречу с замечательным поэтом, фронтовиком, чье имя было выбито на мемориальном памятнике в Одессе среди погибших в Великую Отечественную. Позже он напишет замечательные строки о своих сверстниках: «Были юнцами, не стали старее. Тех, что погибли, считаю храбрее...» А ведь он — разведчик Григорий Поженян — тоже считался погибшим... Но никогда не говорил об этом. Считал не вправе ровнять себя с ними, продолжая жить.

Он был человеком сложным, в чем-то иногда агрессивным, но по сути очень тонким и ранимым. Когда однажды Гриша подарил мне свою новую книгу (это было в Пицунде, где мы отдыхали в Доме творчества), я на другое же утро сказал ему, как мне было интересно провести вечер с поэтом Поженяном. И стал на память цитировать его строки. И вдруг пронзительные и строгие глаза Гриши увлажнились. Он тихо произнес лишь одно слово — «Спасибо...» А потом вдруг ни с того ни с сего «завелся» и в сердцах выпалил: «Знаешь, сколько я по жизни раздарил своих книг? Вот так даришь по доброте их, и все. Ни ответа, ни привета... Не читают, гады... Не соизволят...» Мне это было тоже знакомо. Но Гриша тут же быстро остыл: «Пойдем, выпьем, а... Есть повод».

Были у нас с ним и другие встречи и разговоры. Помню, он позвонил мне в редакцию спросить про свою подборку в журнале. Я сказал, что стихи его идут в пятом майском номере «Юности». Он вдруг вскипел: «А почему в пятом? Война уже давно кончилась. Я пишу мирные стихи. Может, ты меня в тринадцатом номере напечатаешь?» И я, чтобы как-то потушить его пыл и успокоить, весело ответил: «Можно и в тринадцатом...» И повесил трубку. Думаю, пусть остынет. Но Гриша, как я потом узнал, «завелся» не на шутку, потому что воспринял мой ответ как издевательство. Тринадцатого номера в журналах, естественно, не существовало. Со всех сторон мне передавали, что Поженян поносит меня среди наших коллег. Ну, думаю, Гриша закусил удила. Характер его был известен еще со студенческих лет. Рассказывали, как однажды, нагрубив ректору Литературного института старейшему писателю Федору Гладкову, он довел его до шока. И тот гневно крикнул студенту: «Чтобы ноги твоей тут больше не было...» Поженян неожиданно сделал стойку и вышел из кабинета ректора... на руках. Чтобы уже больше никогда не вернуться в институт. Вот такой он был — непредсказуемый и взрывной... Старый морской волк.

После конфликта прошло какое-то время, и однажды я встретил Григория Поженяна в писательской поликлинике. Он был непривычно тих. Мне сказали, что у него в семье беда. Я подошел и передал ему свои соболезнования. Гриша протянул мне пачку сигарет. «Я знаю, ты не куришь. Значит, сигареты останутся нетронуты и по ним ты будешь вспоминать о нашем примирении...»

Он был удивительным рассказчиком. Уходя в дальние плавания, Гриша возвращался из них с ворохом впечатлений и стихов. Приходил ко мне в «Юность» и рассказывал, рассказывал... Я оставлял все дела и слушал. Жалею теперь, что ничего не записал. А плавал он, чтобы заработать денег, потому что поэзия не давала доходов. Однажды мы столкнулись с ним в бильярдной. Он играл «на интерес». Позже я написал об этом стихи и посвятил ему: «Как видишь, продается вдохновенье, коль невозможно рукопись продать...»

Его печатали с трудом, потому что он не был «в обойме» и не жаловал добрым словом тогдашние порядки и их авторов. Как-то ни с того ни с сего накинулся на меня: «Почему ты не пишешь в стол? Тебя что — всё в этой жизни устраивает? У меня большинство стихов не опубликованы...» Я, растерявшись, назвал несколько своих стихотворений — «Черный ворон», «Россия пьет», которые долго лежали в столе, прежде чем я их пробил в печать. Гриша успокоился и остыл. «Ладно, не сердись. Просто, я не в духе сегодня...»

...Мы приехали с Аней в Переделкино прямо с похорон Егора Яковлева. Над Гришиной могилой уже гремел траурный салют. Моряки стреляли в небо, куда вскоре устремится душа поэта. Комья земли летели на гроб, и стук их отдавался в душе скорбью и обидой. Уходил от нас последний из могикан — замечательный поэт, воин, совестливый человек.

Там, у свежей могилы, его друзья и поклонники подарили мне последнюю Гришину книгу, верстку которой он успел подписать. «Спешите делать добрые дела...» — звучит во мне его завещание.

* * *

...Жила на Северном Кавказе очаровательная девочка — талантливая и бесстрашная журналистка — Катя Малик.

Не помню, как мы с ней познакомились, но помню, что сразу подружились. Может быть, потому, что она самозабвенно любила стихи и была очень приветлива и интеллигентна в отношениях с самыми разными людьми. Иногда я читал в «Комсомольской правде» ее мужественные репортажи из горячих точек. Она приезжала или прилетала туда всегда первой и честно писала обо всем, что видела, что ее потрясло и что становилось горькой страницей ее жизни.

В свои двадцать с небольшим она ничего не боялась. Кроме риска обмануть своих читателей даже малой неправдой. Ее журналистский опыт нередко приходил к ней через жестокость и слезы, через кровь и гибель простых людей — ее героев и земляков. Но такая уж у нас жизнь, полная тревог, потерь, опасностей и сожалений.

Мы встречались с ней в Москве и на Кавказе. И каждая встреча была для нее и для нас с Аней неожиданным праздником, интересным событием, потому что Катя была образованна и непосредственна, искренна и доброжелательна, что, кстати сказать, влекло к ней и молодых и старых.

Я дарил ей свои книги и знал, что она не просто читала их, а перечитывала и многие стихи знала наизусть. Однажды она привезла нам газету со своей статьей о моем творчестве. Я поразился ее глубоким суждениям о поэзии, ее вдумчивому проникновению в суть творчества.

Катя была талантлива. Я был уверен, что ее ожидало яркое будущее. Как-то сказал ей: «Будь я сейчас главным редактором той старой «Юности», я непременно печатал бы твои статьи и очерки...».

Но жизнь ее оборвалась на крутом взлете таланта — оборвалась внезапно и трагически...

Прости, Катя, что мы не почувствовали вовремя твою сверхчеловеческую усталость, с которой тебе одной не удалось справиться.

НА ВИРАЖАХ

МИМО АЛЛЫ БОРИСОВНЫ

Недавно на юбилее моего друга Владимира Березина, который несколько лет назад открывал мою именную Звезду перед бывшим концертным залом «Россия», я слушал хорошо знакомых артистов, пришедших поздравить своего коллегу. Было много музыки, песен и остроумных тостов. Где-то к концу торжества под аккомпанемент рояля двинулись между столиками «с песней по залу» звезды нашей эстрады — Алла Пугачева и Максим Галкин. Она была красива и молода. Пела с удовольствием и весело. Когда прима остановилась около нашего стола, я встал, и она озорно пропела мне — «А я вредная такая...» Я засмеялся, потому что мгновенно вспомнил наши прошлые встречи, которые кончались почему-то недоразумением. Однажды, когда Алла была еще в самом начале своего звездного пути, она спела на престижном концерте новую песню, которую написал какой-то, как она сказала, талантливый инвалид, прикованный к постели. Фамилия его была, по-моему, Горбонос.

А потом мы оказались в одной компании (не помню, как звали хозяйку дома, но она представилась композитором) и весь вечер провели вместе. Народу было человек шесть. Алла была в ударе, то и дело садилась за фортепьяно и пела, пела... И ссылалась на неведомого Горбоноса, который вроде бы все это сочинил. Песни были неплохие.

Но по поводу одной из них — на стихи великого Микеланджело — я высказался весьма скептически. Пугачева, кажется, всерьез обиделась и, пытаясь меня переубедить, снова села за фортепьяно и наиграла мелодию уже без слов... Но именно мелодия-то мне и не понравилась... Уже позже я узнал, что великая певица просто всех нас мистифицировала. Никакого Горбоноса на свете не существовало, а музыку писала она сама. Кстати, у нее есть очень яркие песни, которые она создала в те времена.

Однажды на концерте «Песня года» Алла Борисовна подошла к нам с Женей Мартыновым и сказала: «Давайте чего-нибудь создадим вместе... Пора бы уже...»

Честно сказать, я обрадовался, потому что очень высоко ценил ее талант и был искренним поклонником Пугачевой. Но Женя писал тогда свои песни для себя и для Сони Ротару. А без него предложение примадонны повисло в воздухе.

Как-то она передала мне кассету и попросила написать слова на уже готовую мелодию. Я так и не узнал, кто был ее автором, потому что пленка каким-то образом закрутилась, когда я вставил кассету в магнитофон, и порвалась. Мне было неловко признаться Пугачевой, что я запорол кассету, и я ничего ей не сказал. А когда она позвонила мне и спросила — не звонил ли я ей, надеясь, что я написал песню, я сказал, что нет. На этом и закончилась наша попытка поработать вместе. Сейчас я об этом очень жалею.

И еще был неприятный случай в Кремлевском дворце, куда меня пригласили почитать стихи по случаю Дня Победы. Режиссером концерта была Алла Борисовна. Я прочел «Балладу о матери» — очень известное свое произведение, на которое уже давно была написана музыка Женей Мартыновым и которое всегда принималось любым залом очень хорошо — исполнялась ли песня или просто звучали эти стихи. Но мой номер был изъят из телевизионной версии. Как мне потом сказали — инициатором этого решения была Алла Пугачева. Я не очень поверил, но, как говорится, осадок остался...

И вот, стоя в «Метрополе» рядом с поющей примадонной, когда она озорно спела мне — «А я вредная такая...», я мысленно прокрутил в памяти те далекие и близкие времена и подумал, что все это суета, а есть лишь талант, творчество и прекрасный голос, которым я опять заслушался в тот вечер...

К БАРЬЕРУ

В начале января 2006-го года мне позвонили с НТВ и пригласили в передачу «К барьеру». Тема была злободневная — «Монетизация льгот». Я спросил, кто мой противник. Мне назвали имя одного молодого депутата, который был активным сторонником новой реформы. Но поздно вечером с телевидения позвонили вновь и сказали, что к барьеру придет другой дуэлянт — В.В. Жириновский. Надо сказать, что постоянный возмутитель спокойствия, каким Владимира Вольфовича знают у нас в стране, не однажды был моим гостем в авторской программе «Виражи времени» на «Радио России», и у меня с ним сложились нормальные отношения.

Я выступал активно против монетизации льгот и приготовил, как мне казалось, убедительные аргументы. А Жириновский был «за». Наши точки зрения никак не сочетались, и схватка предстояла жестокая.

Зарекомендовав себя очень опытным и остроумным полемистом, он редко проигрывал в подобных дебатах и потому мои друзья и коллеги, узнав о предстоящем поединке, отговаривали меня участвовать в нем. Может быть, потому что я предлагал им стать моими секундантами. И кое-кто из них побоялся. Не решился прийти на поединок и известный возмутитель спокойствия А. Минкин. А времени было в обрез. Я искал соратников. И нашел.

На другой день мы сошлись с Владимиром Вольфовичем на площадке у Владимира Соловьева. Моими секундантами стали Светлана Петровна Горячева — очень уважаемая мной депутат Государственной Думы, и Матвей Ганапольский — мой коллега, известный своей бескомпромиссностью и умением спорить.

Поскольку мы не знали, как идет голосование и кто из нас побеждает по количеству голосов телезрителей, каждый из «дуэлянтов» изрядно нервничал. Забегая вперед, скажу, что рейтинг у передачи в этот вечер был очень высок. И количество участвовавших в голосовании телезрителей перевалило за сто тысяч. Владимир Вольфович проиграл мне с разгромным счетом — 18 тысяч против 87 тысяч. Но это стало известно позже. А пока мы стояли друг против друга, как два разъяренных быка, и пытались доказать всей стране, прильнувшей к телевизорам, свою правоту. Но правда оказалась на моей стороне, потому что я защищал интересы поколения — интересы бывших солдат Великой Отечественной, ветеранов тыла, пенсионеров, инвалидов, отдавших Родине лучшие годы своей жизни, труд и здоровье, которых новая реформа загоняла в темные закоулки бедности, одиночества и бесправия. Я и сейчас убежден, что «монетизация льгот» была серьезной политической ошибкой и примером социального закабаления простых людей.

Не буду пересказывать все подробности и наиболее острые моменты дискуссии, но не могу не признаться, что мои секунданты, выступавшие умно и аргументированно, и аплодисменты сидящих в зале телезрителей помогли мне в нелегкой дуэли с опытным противником. Ведущий программы Владимир Соловьев, как всегда, блестяще вел дуэль.

Вечером, сидя у экрана телевизора, я вновь переживал ту схватку у барьера... После передачи телефон мой разрывался от звонков коллег, политиков, известных деятелей культуры, знаменитых артистов и просто незнакомых людей, которые поздравляли меня с победой.

И много еще дней после той схватки меня останавливали на улицах москвичи и благодарили за поддержку. В основном это были люди пожилые, которых впрямую касалась новая реформа.

На какое-то время мы с Владимиром Вольфовичем отошли друг от друга... Он, как я думаю, сильно переживал свое поражение. Ибо политики избалованы успехом. Я чувствовал эту отчужденность. И прошло несколько месяцев, прежде чем мы объяснились с Жириновским. Он признал объективность моей позиции... Но шли письма ко мне от радиослушателей программы «Виражи времени», и схватка как бы продолжалась. Потому что в письмах они писали о том, как больно ударила по неимущим людям — пенсионерам и инвалидам — реформа, которую так рьяно защищал мой оппонент. Я посвятил одну из своих передач на радио этой жизненно-важной проблеме, что вызвало новый поток писем. Во многих из них мои сверстники просили от их имени написать письмо в Правительство или Президенту о той несправедливости, которую учинили над ними власти. Я пригласил в следующую передачу моего старого друга доктора Леонида Рошаля, чтобы заручиться и его поддержкой в отстаивании законных интересов наших пенсионеров. Не знаю, чем все закончится, но меня удивляет, что Партия пенсионеров, которую возглавил боевой политик, пока занята только выборами в будущую Думу, а не борьбой за права тех, кто дал ей свое имя. А в это время пожилые люди, лишенные нормальной медицинской помощи, изнемогающие от непосильных трат на дорогостоящую жизнь, навсегда уходят от нас с обидой в душе и обманутыми надеждами.

На этом поле брани
Я — старый Дон-Кихот.
Уж лучше бы не врали,
Что все вершит народ.

Вершат другие люди —
Вельможи и чины...
И времена, как судьи,
Не снимут с них вины.

Я выбыл отовсюду
За смелость быть судьей...
За риск не верить в чудо,
Не ставшее судьбой.

Судьбой простого люда,
Кем быть нам суждено.
На кой мне это чудо,
Коль не для нас оно.

Я отовсюду выбыл.
Я всем им поперек,
Кто нашу веру выбил,
Как землю из-под ног.

Набиты души страхом.
И есть на все цена.
И наглым олигархам
Распродана страна.

ИЗ ДНЕВНИКА

1995 ГОД

Я только что вернулся из США, когда неожиданно позвонил Чингиз Айтматов и пригласил меня на презентацию своего нового романа «Тавро Кассандры». «Билеты твои у меня. Я оставлю их на входе...» Я был тронут его вниманием. Чингиз почувствовал это и вдруг спросил: «Андрюша, как ты живешь?» И это еще больше растрогало меня. Теперь редко кто из знакомых и даже друзей так заинтересованно спрашивает тебя о твоем житье-бытье. Времена тяжелые. Все заняты собой, выживанием, суетою, своими удачами или огорчением.

Презентация проходила в «Палас-отеле». И когда мы с Аней приехали туда, опоздав немного, все уже началось. Я увидел знакомые лица — Михаил Сергеевич Горбачев с Раисой Максимовной, Фазиль Искандер, Евгений Евтушенко. Вела вечер Зоя Богуславская. Вела хорошо. Все говорили подолгу, с большим уважением и пиететом к классику. Он был доволен. Я тоже выступил. На банкете Чингиз сказал мне: «Разреши, я подпишу тебе книгу позже, дома. Не в спешке. Мне хочется тебе многое сказать...» А я вспомнил, как прошлой весной мы с Аней приехали к нему в Брюссель из Парижа, на громоздком «Мерседесе», взятом напрокат и прове-

ли целый день в посольской резиденции, где у него были домашние апартаменты. На столе лежала рукопись того самого романа «Тавро Кассандры», который мы только что обсудили. Чингиз говорил тогда, что ему в Брюсселе хорошо пишется. И, выложив перед нами целую груду своих книг, изданных на разных языках, усмехнулся: «Видишь, я не вру...»

Мы провели у Айтматова целый день. Его очаровательная жена Мария принимала участие в наших разговорах, но не забывала при этом водружать на стол все новые и новые яства и напитки. А мы говорили о Москве, о литературных новинках, помянули нашего общего друга замечательного писателя Владимира Максимова...

За все долгие годы нашего знакомства с Чингизом, я не раз убеждался, — какой он тонкий и ранимый человек. Будучи всемирно известным писателем, он, как и все смертные, очень нуждался в добром слове, во внимании к своему труду простых читателей. Помню, во времена нападок на роман «Плаха» я послал ему письмо, в котором высказал свое восхищение этим непростым, но ярким произведением. Сцена охоты на волков с вертолета была написана так пронзительно и сильно, что ее можно поставить в ряд самых выдающихся страниц мировой литературы.

Чингиз ответил мне удивительным письмом. Оно не только свидетельство нашей дружбы, но и подтверждение моей убежденности в том, что без доброго слова коллег, без читательского понимания трудно быть счастливым писателем. Привожу письмо Чингиза Айтматова целиком.

Дорогой Андрей!

Та полушутка-полуистина, что с возрастом время наше уходит быстрее, увы, становится все более очевидной. Вот уж где настоящее ускорение! В самом деле, не успел собраться ответить на твое письмо, как вкатился новый 1987 год. (Легко писать очередную цифру, но не легко ее прожить.) Теперь получается, что отвечаю тебе через год, хотя это не так.

Но не в том суть, дорогой Андрей. Пусть время истекает, я же рад тому, что есть у меня такие искренние, в полном понимании этого слова, друзья, как ты. Сегодня пишу им письма, и прежде всего тебе.

О «Плахе» ведь что только не говорят: и с восхищением, и с высокомерием, и умно, и глупо. Но то, что сказано тобой в письме, для меня имеет особое значение. Я ведь, что называется, кожей чувствую рождение слова. Когда человек доподлинно правдив и доброжелателен — это ведь благо жизни!

Что скрывать, все мы жаждем такой взаимной теплоты, во всяком случае, мы с тобой, это точно. Но как много «оцинкованной жести» обретают в ходе бытия те, кто живет в мути зависти, снобизма, злорадства... И когда знаешь человека свободного от этих вещей и сам врачуешься им...

Твой афганский реквием, Андрюша, заставил меня опечалиться, заставил меня еще раз подумать о многом, что связано с этим несчастным делом. И вот тебе налицо все та же проблема — войны́ и личностных судеб... Должен ли человек жертвовать своей жизнью, даже в таких случаях — у меня большие сомнения...

Андрей, я желаю тебе и твоему журналу цельности духа, чем вы и отличаетесь...

Привет твоему дому от меня и Марии, от наших детей.

Обнимаю, друг.

Твой Чингиз. 7.01.1987 г.

С того времени прошло более двадцати лет. Действительно, годы несутся все стремительнее и все беспощадней, не оставляя надежд на то, что впереди этих лет будет больше, чем уже прожито. Но, слава Богу, мы не зацикливаемся на этом, потому что стараемся жить в том же ритме, что определили себе еще в юности... Но как-то опечалясь тем, что время все-таки уходит и что в этом времени так мало встреч с близкими друзьями, я написал еще одно письмо Чингизу...

ПОСЛАНИЕ ЧИНГИЗУ АЙТМАТОВУ

Не забывай друзей, Чингиз...
И тех, кто у судьбы в фаворе,
И кто сошел с Олимпа вниз,
Чтоб успокоиться на взгорье.

Не забывай, Чингиз, друзей,
Прошедших по твоим дорогам,
И верных мудрости твоей,
Твоим обидам и восторгам.

Ты стал поверенным послом
В стране — по имени Читатель.
И если мир пойдет на слом,
Тебя разрушить — сил не хватит.

Не забывай друзей, Чингиз...
Все, что писал ты в эти годы,
Как говорится, шло «на бис»,
Вдали от китча, мимо моды.

Я видел на столе твоем
В далеком городе Брюсселе,
Как зарождался новый том,
Стремительно, как взлет газели..

На ежегодный праздник к Лермонтову в Тарханы. 2004 год

Тарханы. Встреча друзей. Директор Лермонтовского музея-заповедника Тамара Михайловна Мельникова

Тарханы. Фотография на память. 2006 год

Тарханы. На переднем плане Сергей Безруков

Тарханы. Праздник начался

Автографы

Пятигорск. Домик Лермонтова. Рядом со мной директор музея Светлана Гавриловна Сафарова и журналистка Екатерина Малик. Это последняя фотография с Катей – корреспондентом «Комсомольской правды» на Северном Кавказе, – которая вскоре погибла

Пятигорск. С С.Г. Сафаровой на месте дуэли великого поэта. Я часто бываю в местах, связанных с М.Ю. Лермонтовым

«Каждый день, –
Как подарок...
Лотерейный билет.
Уж пора мне быть старым,
Да не чувствую лет...»

Москва. Выдающаяся французская певица Мирей Матье в гостях у художника Ильи Глазунова. 1987 год. Мирей подарила мне свою фотографию с автографом, а я ей посвятил стихи

Московская делегация писателей в Удмуртии. 1979 год

Скульптор Олег Комов за праздничным столом,
где я по ошибке вместо джина плеснул ему в бокал оливкового масла.
Но он еще об этом не знает

Великая
Майя
Плисецкая
з редакции
«Юности»

1980 год. Кинодраматург Алексей Каплер и его жена поэт Юлия Друнина. Мы очень дружили. И даже в отпуск иногда ездили вместе на Кавказ

Всегда загадочная Джуна

Писатель Борис Васильев вручает редакции тяжеленную шпалу с выбитыми на ней цифрами —3 200 000. Это тираж «Юности», которого мы достигли к 1990 году

Булат Окуджава после получения им Государственной премии СССР, на которую его выдвинул журнал «Юность»

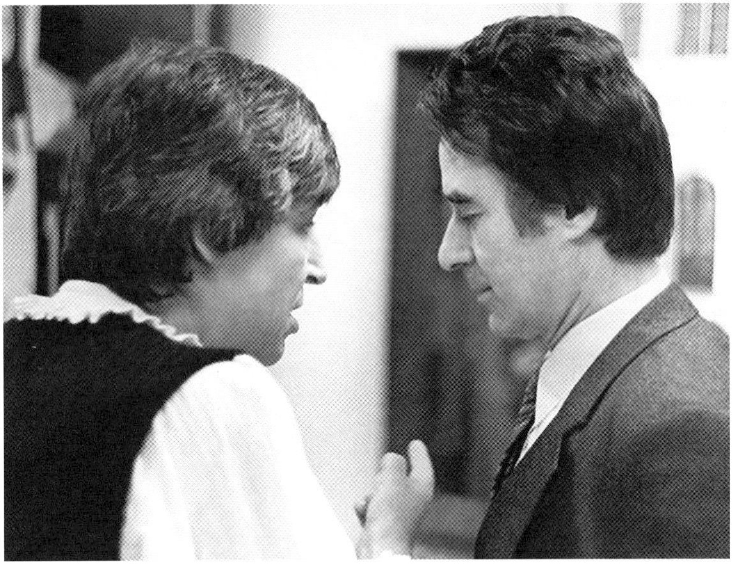

Юнна Мориц рассказывает о своей поездке по стране

Редакция «Юности». Михаил Задорнов и Вероника Долина. 1981 год

Москва. Колонный зал. С Чингизом Айтматовым на Международном форуме деятелей культуры. Мы дружили. К сожалению он не дожил до своих 80 лет несколько месяцев

Писатель и автор «Юности» Владимир Амлинский выступает на редколлегии. 1982 год

Петербург. В гостях у актера и поэта Владимира Рецептера. Сидят — Виктория Токарева и Булат Окуджава. 1986 год

Москва. Центральный дом литераторов. Мой первый серьезный юбилей — 50 лет. Поет композитор и певец Владимир Мигуля

В Кремле на новогоднем приеме. С Родионом Щедриным

Владимир Мигуля с женой Мариной. Только что мы отгуляли на их свадьбе

1978 год. Композитор Арно Бабаджанян и его сын Араик

Анатолий Алексин ведет мой авторский вечер.
Справа — Женя Мартынов. Уже написаны наши первые песни

1985 год. Кремль. Вручение Государственных премий

Москва. Мой творческий вечер в культурном болгарском центре. В первом ряду сидит Андрей Вознесенский с женой — Зоей Богуславской. Ведет вечер болгарский писатель Божидар Божилов. 1993 год

После передачи «Виражи времени», в которой принимал участие Евгений Евтушенко. 2008 год

В тревогах, в радости, в любви
Родится искренность Пророка...
И мир спасут слова твои,
Когда ему так одиноко.

P. S. Я пробирался в пробках по запруженной машинами Москве, когда мне позвонили с радио. «Умер Чингиз Айтматов», — прозвучал в трубке печальный женский голос... У меня перехватило горло, и я прижал машину к обочине. Не замечая, как по лицу текут слезы, я тупо смотрел пред собой и никак не мог справиться с наступившим отчаянием. А девушка все просила: «Скажите радиослушателям несколько слов, пожалуйста. Успокойтесь... Мы подождем...» В этот день я улетал в Прагу, где должен был проходить «круглый стол» по проблемам русской диаспоры в европейских странах. Вместе с коллегами из Общественной палаты мы почтили добрым словом память человека, который так много сделал для объединения всех людей планеты.

ИЗ ДНЕВНИКА

1995 ГОД

Конец мая выдался на редкость теплым. В один из таких приятных вечеров мы с Аней попали на литературный концерт в ЦДЛ, который закончился очень поздно. Было много знакомых. Подошел Евтушенко. Женя был чем-то расстроен. «Поехали на юбилей «Комсомолки», — предложил он. — Это в «Метрополе».

Но когда мы там появились, в зале почти никого уже не было. Еще бы — журналисты гуляли с шести часов. На входе охрана остановила нас: «Ваши пригласительные...» Евтушенко, который был не в духе, сердито ответил ребятам в стандартных костюмах: «Я — Евтушенко. А это Андрей Дементьев... Думаю, вам этого достаточно...»

Я удивленно взглянул на него — чего он так раздражился...

Немного пообщавшись с остатками журналистской братии, мы поехали искать место, где можно было бы поужинать.

О причине плохого Жениного настроения мы с Аней узнали позже, когда уселись за столик в ресторане какого-то шахматного клуба. Цены там были чудовищные. Видимо, специально для чемпионов.

После первой рюмки Женя чуть успокоился и, обра-

щаясь почему-то только к Ане, распахнулся в своей обиде на Вознесенского. Оказывается, тот не пригласил его в «Политехнический» на вечер «Литературной газеты». «Ты же, говорит, теперь иностранец. В Штатах живешь...»

«Какой я иностранец! Я — русский поэт. И потом «Литературка» — моя газета», — возмущался Евтушенко. Аня простодушно перебила Женю: «И всего-то? Зачем расстраиваться. Вас и так много всюду и без этого вечера...»

Женя громко рассмеялся. И мы почувствовали — напряжение снято. «А можно я вам прочитаю из нового?» — тут же спросил он. И стал негромко читать наизусть очень хорошие стихи, посвященные своей жене Маше. Выслушав наши комплименты, вновь вернулся к больной теме: «Как-то один знакомый журналист спросил меня — в каком доме я хотел бы жить. Я ответил: «В доме в Переделкине. И чтобы из окна было видно Черное море, и чтобы позади шумел сибирский лес, а сбоку узнавалась бы картинка моей американской деревни»».

«Все-таки американской», — съехидничал я. Женя помолчал немного и продолжал исповедоваться: «Однажды мой отец мне сказал — вы бы повнимательнее были с Робертом Рождественским. По-моему, очень не хватает ему общений. И потом, мне кажется, он серьезно болен... Представляешь, Андрей, это было за несколько лет до его болезни. Видимо, она жила в нем давно, и отец почувствовал это...»

Я вспомнил, как на похоронах Роберта Евтушенко сказал: «Рождественскому и всем нам — шестидесятникам — достало лиха. И оттепель наступила потому, что это мы ее надышали — Окуджава, Вознесенский, Роберт...»

Помню и другое. Когда Роберт, тяжело больной,

вернулся после операции из Парижа, мы все — его старые друзья старались ему помочь. Чтобы не уходил в болезнь, а возвращался в творчество. С его согласия я ввел Рождественского в редколлегию «Юности». Мы уговорили его принять участие в телевизионной передаче «Браво», где он читал на всю страну свои новые стихи. Потом мы напечатали их в нашем журнале... Он мужественно боролся с болезнью, но...

В этот вечер мы переговорили с Женей о многом. И о том, что теряет наш читатель интерес к поэзии. И что тяжело ныне живется российским писателям. И что некогда самый популярный журнал «Юность» потерял не только свои миллионные тиражи, но и престиж...

Литература, к сожалению, уходит на обочину отечественной культуры. Как остановить это горькое отступление, вероятно, никто не знает... Я рассказал Жене, как много лет назад в Льеже, где проходили международные поэтические фестивали, я с удивлением увидел, что один немолодой бельгийский поэт прямо на улице продавал свои книги. У нас тогда в Советском Союзе такого не было. Читательский спрос планировал тиражи и книготорги хорошо выполняли свою работу. А сейчас?..

Было уже далеко за полночь, когда мы разъехались по домам. Аня по дороге сказала мне: «Евгений Александрович весь из стрессов и порывов. Какой он разный — и добрый и злой, и мудрый и наивный...» — «И какой талантливый», — добавил я.

ИЗ ДНЕВНИКА

АВГУСТ. 2006 ГОД

На днях исполнилось пять лет, как впервые в эфире прозвучала моя авторская передача «Виражи времени». Я хорошо помню, что поначалу мы долго не могли придумать название. Ольга Третьякова, Анна Пугач и я сидели в кабинете у Славы Умановского — заместителя генерального директора «Радио России» и перебирали разные словосочетания. Все это походило на рассказ Чехова «Лошадиная фамилия»... Наконец, меня словно осенило: «Виражи времени», — радостно гаркнул я, и мои строгие редакторы согласно закивали своими прелестными головками. Умановский многозначительно молчал. Заглянул Леша Абакумов — наш главный босс. «Все мучаетесь?» — радостно спросил он и тут же скрылся.

Но мы уже отмучились, потому что название будущей передачи было единогласно принято. И начались творческие будни.

Первыми из моих гостей были известные в стране люди, с которыми меня связывала многолетняя дружба, — Иосиф Кобзон, Генрих Боровик. На них я пытался проверить свою способность общения в прямом эфире. Дело для меня хотя и не новое, но трудное. Как известно, все мы порой грешим косноязычием, когда рядом нет написанного текста. Всякие там «так сказать», «вот», «как бы» и т. д. засоряют прямую речь, хотя и придают ей некую естественность. До сих пор я борюсь со своими дурными привычками.

За эти годы через нашу студию прошло много замечательных людей — артистов, писателей, политических деятелей, музыкантов... Назову несколько фамилий — народные артисты Вера Васильева, Станислав Говорухин, Василий Лановой, Александра Пахмутова, Давид Тухманов, Александр Ширвиндт. Писатели — Евгений Евтушенко, Юрий Поляков, Андрей Вознесенский, Римма Казакова.... Политические деятели — Михаил Горбачев, Светлана Савицкая, Светлана Горячева, Владимир Жириновский. В общей сложности за эти пять лет в программе «Виражи времени» побывало около двухсот гостей. Не всегда наши встречи проходили гладко. Помню, как композитор Евгений Дога в самый разгар передачи неожиданно выскочил в комнату оператора, чтобы поменять песню, которая уже стояла на записи. У меня все внутри похолодело. Но как ни в чем не бывало я продолжал «говорить с Догой», словно он сидел напротив. А через стекло я красноречиво махал ему рукой, прося вернуться в студию. Маэстро понял и через секунду виновато уселся у микрофона. Радиослушатели, конечно, ничего не заметили и продолжали звонить и задавать свои вопросы.

Когда у меня в программе была Вера Кузьминична Васильева, неожиданно для нее я попросил выдающуюся актрису спеть что-нибудь «живьем». Она не стала упрямиться и в эфир поплыла задушевная песня. То же самое было с Иосифом Кобзоном и Валей Толкуновой. Но от таких экспромтов передачи только выигрывали.

Мне нередко приходится извиняться перед радиослушателями, что с некоторыми своими гостями я веду разговор на «ты». Но так уж сложилось по жизни: с одними я дружу много лет, с другими вместе работаем... Курьез случился только однажды. Михаил Сергеевич Горбачев по давней партийной привычке обратился ко мне в прямом эфире на «ты» и без отчества. Тут же раздался откуда-то из глубинки звонок — откуда, мол, такая фамильярность. Ведущий к вам со всем пиететом, а вы, Михаил Сергеевич, хотя и моложе Дементьева, к нему на «ты». Горбачев весело «выкрутился»: «Да, мы с Андреем давно дружим... Только он, видимо, более интеллигентен...»

Программа наша набирает обороты и стала очень популярной. Тысячи звонков со всей страны в прямой эфир и тысячи писем подтверждают это. Когда я читаю эти письма, на которых стоят штампы сотен российских городов и селений, я поражаюсь широте гражданских воззрений и политических интересов моих радиослушателей. Единственно, что меня огорчает, так это физическая невозможность ответить всем пишущим...

Иногда, правда, я готовлю передачи по письмам, которые приходят в адрес программы «Виражи времени». И сейчас, пользуясь случаем, искренне благодарю всех радиослушателей за внимание к нашей непростой и, как я не раз убеждался, нужной работе...

ПИСЬМА

* * *

Если у писателя нет обратной связи со своими читателями и они ему не пишут письма, не звонят, не приходят на его вечера, не восторгаются, не ругают на чем свет стоит, не благодарят и не просят в чем-нибудь помочь, не спорят с ним и не покупают его книг, да и вообще не знают, что такой-то — имярек — живет рядом с ними на одной планете, — значит, срочно нужно менять профессию и навсегда расстаться с письменным столом или с компьютером, потому что Бог и Природа не благословили горе-литератора на творчество...

Вот почему я всегда с особым интересом и вниманием относился и отношусь к читательской почте, стараясь как можно больше прочесть присылаемых в мой адрес писем, звонить или отвечать своим корреспондентам, и постоянно иметь возможность напрямую общаться с читателями — на творческих вечерах, в программах телевидения или на радио... И в этой книге я публикую переписку не только с коллегами, но и привожу письма совершенно незнакомых мне людей, с которыми у нас полное взаимопонимание, даже если мы и в чем-то расходимся. Конечно, велик соблазн побольше напечатать приятных строк, тем более, что подавляющее число писем именно таковы — они полны благодарности, восторга или просто добры по сути. Но жизнь писателя и его творчество — сложный процесс. И путь этот увит не только розами и лаврами. Немало разочарований, горьких обид, несправедливости пережил и я в своей долгой жизни, отданной литературе.

Обо всем этом и моя переписка, которую я поместил в книгу воспоминаний.

ЛИТЕРАТУРНЫЕ КИЛЛЕРЫ

В 1984 году моя книга лирики «Азарт» была выдвинута на Государственную премию СССР. В периодике стали появляться статьи. Тираж по тем временам был не очень большой — 50 тысяч. Он быстро разошелся. Стихи переводились на разные языки. Отдельные издания вышли на болгарском, грузинском, азербайджанском, узбекском языках. Я встречался с читателями на авторских вечерах, в библиотеках, школах. Много выступал на радио и по телевидению. Успех настраивал на творчество.

И вдруг перед самым финишем, когда в печати обнародовали список кандидатов на Госпремию, московское объединение поэтов устроило обсуждение моей книги, не сочтя нужным пригласить автора. Обо всем я узнал уже позже от Андрея Вознесенского, который был на том заседании и активно поддержал меня. А потом я получил письмо от очень уважаемой мною Юнны Мориц, которое и привожу здесь.

Дорогой Андрей!

Ты, конечно, знаешь о безобразном собрании поэтов, которое было в твое отсутствие. Сперва Глушкова заявила, что не желает стоять рядом со мной в одних докладах, поскольку я поэт антипатриотиче-

ский. А потом Лазарев, выдернув одну твою строчку, стал обливать грязью все твое творчество. Выступления Глушковой и Лазарева были четко и целенаправленно запрограммированы. Это — одна шайка, и кому-то они очень выгодны, чтобы держать в страхе и будоражить публику, вдохновляя на «поиски ведьм». Как раз накануне мне довелось читать письмо Глушковой, Бурича и Куприянова в ЦК КПСС, где они писали, что я «последовательно вытравляю чувство Родины у своих читателей и у переводимых поэтов». (Это в ответ на мою статью в «Литгазете» об их отвратительных переводах.) Поэтому я сочла, что мое выступление в твою защиту на этом собрании, когда дело уже близилось к ночи и все подлые страсти вскипели, может только причинить тебе вред. Прекрасно, что это сделал Саша Говоров. Это прекрасно во всех смыслах и контекстах.

На следующее утро я вылетела во Францию на 10 дней, а вернулась оттуда с воспалением легких. Когда меня не было в Москве, звонили какие-то люди, собиравшие письма в твою защиту. Но я была далеко. А главное, меня мучает мысль — может ли «антипатриотический», а также «последовательно вытравляющий чувство Родины» поэт выступать за честь своего друга, не причинив ему вред?

Если мое слово что-нибудь значит, я напишу толковое и неслабое письмо в любую инстанцию и выступлю на любом обсуждении. Я знаю, Андрей, что мое слово для очень многих — свет совести, что бы там ни орали все эти мерзавцы. Я не хочу кривить душой и строить из себя опальную и беспомощную дурочку. Но я хочу, чтобы ты решил сам — что именно сейчас разумнее всего делать.

Если ты захочешь, я могу зайти к тебе и поделиться рядом интересных фактов и соображений. Пока могу только сказать, что этот мерзкий донос на меня в Отдел агитации и пропаганды ЦК вызвал там отвра-

щение... «Литгазете» поручили на это ответить, и редакция ответила крепко и честно. Однако... Лева Аннинский попытался сделать свою игру и через неделю в той же «Литгазете» пробил свое интервью, где очень косвенно, но все же... защищал этих мерзавцев, не называя их фамилий. Они за это будут его больше печатать и хвалить. Все, Андрей, не просто, и запутано до крайности к выгоде определенной банды.

Я обнимаю тебя. Поклон твоему дому. И мои мужчины присоединяются к этому безоговорочно. Мы все очень тебя любим.

Твоя Юнна Мориц

29.10.85 г.

Уже позже я прочел стенограмму того самого заседания, о котором так подробно написала мне Юнна. Больше всего меня поразили злобные нападки моего коллеги Владимира Лазарева, с которым нас связывала многолетняя творческая дружба. Мы вместе выступали на днях поэзии в Москве, обменивались книгами. Он приезжал ко мне в гости в мой родной Калинин. В общем, очень хорошо меня знал. И потому его фраза: «Говорят, Андрей Дементьев — хороший парень, но это не профессия...» просто поразила меня. Тем более что незадолго до того он прислал мне короткую открытку как раз по поводу той самой книги «Азарт», что была выдвинута на Государственную премию. Привожу ее целиком:

«Дорогой Андрюшка! Поздравляю с новой, по-настоящему талантливой книгой. В ней много свежести и искренности. Мне даже захотелось повидать тебя и побалакать с тобой. Черт подери, как мы редко встречаемся. Обнимаю тебя и еще раз поздравляю! Спасибо, что прислал. Твой Володя Лазарев».

Меня всегда поражало вероломство в нашей непростой писательской среде. Видимо, зависть порой так застилает глаза некоторым деятелям культуры, что им не видно даже остатков собственного здравого смысла. Когда-то я написал стихи, которые начинались так — «Я снова за доверчивость наказан...» Но мои недоброжелатели сильно просчитались. На тайном голосовании за присуждение мне Государственной премии СССР свое «ДА» сказали все 80 членов Комитета. Воздержался один человек. Это был я, поскольку никогда за себя не голосовал. Даже тайно. Из этических соображений.

Вспоминая те горькие часы разочарований и обиды, я не пытался мерить всех одной меркой. Среди нашего брата много честных совестливых писателей, порядочных и добрых. И чем выше талант, тем ярче светит их чистая душа. Александру Говорову, который вступился за меня на том обсуждении, когда-то я вернул повесть, предложенную им журналу «Юность». Она не очень подходила нам по теме. У него, естественно, хватало оснований быть в обиде на меня. Но он оказался настоящим мужиком — выше обид и уязвленного самолюбия. Как и должно быть у нормальных людей.

Справедливости ради надо сказать, что и сейчас при совершенно иных социальных и общественных отношениях черная полоса прошлого, отголоски дурных поступков, предвзятых оценок и тому подобное нет-нет, да и выкажет себя. Появились литературные киллеры, которым за большие деньги заказывают убойные статьи, подтасовку фактов, грязные интриги... Увы, человеческая натура мало изменилась со времен Булгариных и Геккернов... Но изменились технические средства, и в связи с этим повысилась возможность коварства. Поэтому и позже я сталкивался с предвзятостью и вкусовщиной в литературной критике. И таких случаев немало. Например, явная несправедливость к роману Ч. Айтматова «Плаха», о чем я рассказал выше.

Бывает и наоборот, когда кого-то из писателей превозносят до небес, хотя, если серьезно проанализировать его творчество, оно едва потянет «на тройку». В число таких доморощенных гениев совершенно незаслуженно попал один бывший поэт, поменявший потом не только свой жанр, но и свою фамилию... «Отечественная литература — Отечественная война...» — сказал в свое время классик.

ПРЕЗИДЕНТ

Из дневника. 1989 – 1992 гг.

Скандал, разразившийся после Пленума ЦК КПСС, на котором Ельцин был снят с поста первого секретаря Московского горкома партии и выведен из состава Политбюро, необычайно поднял престиж Бориса Николаевича. В народе его жалели и превозносили. У меня было двойственное отношение ко всему. Еще в бытность его секретарства по Москве я хорошо помню, как Ельцин проводил заседания партийной группы депутатов Моссовета (а я два созыва был депутатом). Это было очень жестко и, на мой взгляд, непривычно грубо. Эдакая Кабаниха в мужском костюме. Однажды, выступая по телевидению, я упрекнул Б.Н. Ельцина в неинтеллигентности, которая неприятно поражала при его общении с аудиторией.

Помню, вскоре после этого в Москве проходила демонстрация в поддержку Ельцина за избрание его депутатом Верховного Совета СССР, и в первых рядах ее шел небезызвестный Г. Попов. Мы с приятелем в это время оказались на Крымском мосту и, стоя на тротуаре, пережидали, когда колонна освободит дорогу. Кто-то в толпе крикнул мне: «Дементьев, оставь в по-

кое Ельцина!» А трое молодых людей вышли из колонны и подошли ко мне...

Разговор был коротким, но вежливым. Мне дали понять, что не одобряют моего выпада против их кумира. Как я догадался, это были читатели журнала «Юность» и потому пиетет по отношению к главному редактору был ими соблюден.

Но я никого не послушался и остался при своем мнении. А через несколько дней написал стихи, которые и привожу здесь.

ПИСЬМО ИЗБИРАТЕЛЯМ

Голосуйте за Бориса, раз уж вам так захотелось.
И за взлет его недавний и за памятный уход.
За ответы на вопросы, где продуманная смелость
Для него теперь важнее всяких почестей и льгот.

Человек попал в немилость...
А у нас таких жалеют.
Ведь лишен поста и чина,
Потерял в зарплате треть.
И ушел простым министром он
С трибуны Мавзолея.
А кого, как не министров
В наше время и жалеть.

Голосуйте за Бориса. Он на вас имеет виды.
Он готовится к реваншу... А какой без вас реванш?
И пока восторги ваши лечат все его обиды,
Он на все на это время будет верный рыцарь ваш.

В наших жалких магазинах мы его встречали часто.
Эту скудость и порядки он в сердцах критиковал.
Но Москва словам не верит...
И сочувствие начальства,
Как и гнев его державный, не ахти какой товар.

А Москва изнемогала от нехваток и от жалоб.
Наша бедная столица — вся в грязи, в дымах, в снегу.
В дни правления Бориса очень сильно оплошала:
Взял он в долг у нас надежду и живет теперь в долгу.

Времена переменились... И Борис не так опасен.
Но во всех столичных бедах сам он тоже виноват.
А поскольку слишком долго жили мы в эпоху басен,
То побасенки Бориса лишь наивных удивят.

Он клеймит чужое барство...
Сам меж тем живет как надо.
Говоря строкой поэта —
«Чайка», дачка, водь и гладь...»
И повсюду микрофоны, и везут продукты на дом...
Отказаться от соблазнов потрудней,
Чем речь сказать.

Робеспьер перед глазами,
Бонапарт,
А, может, Кромвель...
Кто б ни вспомнился сейчас мне,
Но не дай нам Бог дожить,
Чтобы вновь цветы Свободы поливали
Чьей-то кровью,
Оборвав с грядущим миром нас связующую нить.

Голосуйте за Бориса... Он мечтает отыграться.
На гроссмейстерских турнирах разгорелся аппетит.
Вот и все, что о Борисе рассказать хотел я вкратце.
Остальное жизнь покажет.
Или сам он подтвердит.

У этого стихотворения была интересная судьба. Мой сосед по дому, известный в те годы журналист — главный редактор газеты «Неделя» Валерий

Сырокомский предложил мне опубликовать стихи. С их комментарием. Я дал. Видимо, не желая меня подставлять и на всякий случай подстраховавшись, он передал стихи помощнику М.С. Горбачева, и стихи прочли в Политбюро. Мне позвонил секретарь ЦК КПСС, член Политбюро Александр Николаевич Яковлев, который очень хорошо относился ко мне лично и к журналу «Юность», и сказал доверительно: «Андрей, забери стихи. Не печатай. Тебе это надо? Не время им...» Я послушался... И только теперь достал их из архива.

Там же в архиве я нашел и другое стихотворение, адресованное уже Президенту Б.Н. Ельцину, которое я послал ему по почте... Оказывается, история, ее виражи и события могут храниться и в поэзии.

ОТКРЫТОЕ ПИСЬМО ПРЕЗИДЕНТУ РОССИЙСКОЙ ФЕДЕРАЦИИ БОРИСУ НИКОЛАЕВИЧУ ЕЛЬЦИНУ

Дорогой Президент, я не очень-то верю,
Что допустят до Вас эти несколько строк.
Но я снова стучусь в Ваши царские двери,
И мой голос, признаюсь, не одинок.

В эти годы мы все оказались в опале
У судьбы... И у Вас, и у Ваших вельмож,
Что в свои словеса нашу жизнь закопали,
Потому что не ценят ее ни на грош.

Значит, вновь Вы себя окружили не теми.
Все, как в песне — «А карлики бьются за власть»,
Так бездарно расходуя общее время...
И воистину — как бы нам всем не пропасть.

А когда Вы несетесь в блестящей карете,
Москвичи уже больше Вам вслед не глядят.
На таких скоростях невозможно заметить,
Как мы бедно живем, как тревожен наш взгляд.

И какой-нибудь старый солдат с орденами
Усмехнется, глотая дешевенький дым.
И пойдет по Москве, затерявшись меж нами,
К старым бедам и к новым заботам своим.

Вы когда-то в своем популистском угаре
Лечь на рельсы хотели, коли цены взлетят.
Чтоб спасти Вас, мы рельсы, конечно, убрали.
Но теперь нам без них ни вперед, ни назад.

Если я Вас обидел, прошу снисхожденья.
Но от Ваших трудов, от щедрот и утех
Ничего не прошу я — ни власти, ни денег,
А прошу человеческой жизни для всех.

Москва. 1992 г.

«СТРОКИ ЛЮБВИ»

Еще мальчишкой я прочел эту книгу лирики Степана Петровича Щипачева, который в первые послевоенные годы был очень популярен благодаря своему романтическому настрою. В условиях, когда торжественно-официальная литература заполонила страницы журналов и горбатила книжные полки библиотек, искренняя поэзия уже немолодого мастера была как глоток свежего воздуха.

Любовью дорожить умейте.
С годами дорожить вдвойне.
Любовь не вздохи на скамейке.
И не прогулки при луне.

И слякоть будет, и пороша.
Ведь вместе надо жизнь прожить.
Любовь с хорошей песней схожа.
А песню нелегко сложить.

Эти строки мальчишки и девчонки моего поколения знали наизусть. Да и многие другие его стихи тоже. Например, такие:

Пускай умру, пускай летят года.
Пускай я прахом стану навсегда.
Полями девушка пройдет босая.
Я встрепенусь, превозмогая тлен,
Горячей пылью ног ее касаясь,
Ромашкою пропахших до колен.

Сейчас поэзия Щипачева может кому-то показаться старомодной и излишне простоватой. Но тогда при барабанном бое государственной публицистики и верноподданнической скороговорки отечественных трубадуров, наполненные первозданной наивностью, стихи Степана Петровича были для многих откровением.

Книга «Строки любви» долгие годы много раз переиздавалась. Поэт дополнял ее новыми стихами о любви. Они становились все короче и короче, видимо, потому, что искренние чувства не терпят многословия. В одном из журналов даже появилась веселая эпиграмма на эту книгу, обращенная к молодым авторам —

И если можешь быть
Короче Щипачева, —
Будь.

Однажды я послал Степану Петровичу свою книгу лирики (1977), которая была написана не без его влияния. Он очень скоро прислал мне письмо, которое я храню, как добрый знак наших искренних заочных отношений. Вот оно.

Андрей, спасибо за книгу «Рядом ты и любовь». Она порадовала меня тем, что я узнал еще одного хорошего поэта. Те стихи Ваши, какие я читал от случая к случаю, не давали полного представления о Вас. Муза Ва-

ша мне мила и близка. Если не родная сестра моей, то двоюродная во всяком случае. Но самостоятельная, говорящая своим голосом. Книга, повторяю, порадовала меня. Вершинными стихотворениями считаю: «Солнце Сарьяна», «Люблю», «Два имени», «Женщина уходит из роддома», «Торжокские золотошвеи», «Сказка», «Когда отпустит мне судьба». Сюда отношу и стихотворение «Встреча Пушкина с Анной Керн», но в нем, мне думается четыре последние строчки лишние. Без них стихотворение будет тоньше. И лучше сказать не «мир», а «нас потом пленят». Укоротить следует и стихотворение «Сестра милосердия». Закончить его лучше строкою «Как делили мы хлеб в войну». Хорошее стихотворение «Встреча в Дубултах».

Чтоб глаза твои синим эхом
По моим голубым прошли.

Так может сказать только истинный поэт. Отличная концовка и в стихотворении о Грине:

И за то, что прожил мало.
И за то, что бедно жил.
И за то, что парус алый
Не всегда нам виден был.

Вот то, что мне хотелось сказать о Вашем новом сборнике. Новых успехов Вам!

Степан Щипачев

2 июня 1977 г.

Я ответил Степану Петровичу благодарным письмом... Учел его замечания. Вскоре после этого мы неожиданно встретились с ним в Центральном доме литераторов на пленуме Союза писателей. Я только что выступил и, сойдя со сцены, шел между рядами на свое место в конец зала. Вдруг кто-то остановил меня, взяв за руку. Это был Щипачев. «Посидите со мной, Андрей», — сказал он. Я сел рядом. «Хочу вам сказать, что вы написали великолепные стихи о Пушкине...» И процитировал: «А мне приснился сон, что Пушкин был спасен...» Я искренне поблагодарил старого мастера, и мы немного поговорили о делах литературных, о журнале «Юность», и оба остались довольны этой встречей. Она оказалась, к сожалению, последней...

МОЙ ДРУГ ИННА

Мы встречались с Инной Кашежевой редко. То на поэтических вечерах, то в ресторане ЦДЛ. Иногда она забегала в редакцию «Юности». В неизменных спортивных брюках, тонкая, подтянутая, с темными восточными глазами, Инна походила на красивого подростка, которому родители только что разрешили в одиночку появляться в людных местах. Инна была талантлива, доброжелательна и немного замкнута. Последнее объяснялось, видимо, ее кавказским происхождением, где женщины всегда держатся чуть отчужденно... Но стихи она писала хорошие.

Однажды в Клубе писателей я подошел к ней и спросил — есть ли у нее что-нибудь новое, потому что уже давно она не появлялась на страницах «Юности». Через неделю Инна прислала мне стихи с трогательным письмом.

«Ты пригласил меня в свой журнал (по-блоковски, у стойки бара). Я откликаюсь с радостью. Прости, что по почте. Все хвораю. Ты один знаешь, сколько нас осталось первых «юновцев». И надо любить и поддерживать друг друга, как это делал ты всегда... Твоя Инна Кашежева. 5 февраля 1990 г.»

А в июне уже вышел номер журнала со стихами Инны, после чего я получил еще одно письмо.

«Спасибо тебе за подборку. Ты нас любишь, и мы отвечаем тебе тем же. По крайней мере, я. Обнимаю».

И тут же прилагались стихи:

БЛАГОДАРНЫЙ ЭКСПРОМТ ДРУГУ

Друзья не сидят день и ночь в ресторане
Где щедрая чаша и общая скука.
Но, как панацея мучительной ране,
Нам нужно порою участие друга.

К открытости слов не привыкли собратья,
Но, что бы там вдруг ни случилось со мною,
Всегда повторю я святое заклятье:
«К тебе я могу повернуться спиною,
К тебе я могу повернуться спиною,
Андрей!»

Твоя Инна Кашежева

Да хранит тебя Александр Сергеевич!»

Прости, Инна, что уже никогда не смогу сказать тебе всех добрых слов, которые живут во мне со времен твоего последнего письма....

ЭМИЛЬ БРАГИНСКИЙ

Так уж мы все привыкли, что, когда смотрим фильм и он нам нравится, запоминаем актеров. Реже режиссеров. И уж совсем редко авторов сценария. Хотя в титрах их фамилии стоят рядом с фамилией режиссера.

Когда я увидел замечательные картины, покорявшие правдивостью и талантом, — «Берегись автомобиля», например, или «Иронию судьбы», я не думал, что придется близко познакомиться с одним из ярчайших драматургов нашего времени — Эмилем Брагинским. Вопреки тому, что я сказал выше — фамилию автора этих сценариев и других не менее известных — «Вокзал для двоих», «Служебный роман», «Гараж» я запомнил сразу.

Потом мы где-то встретились, познакомились. Я не скрывал своего восхищения талантом этого худощавого ироничного человека. Взаимная симпатия перешла от одного к другому. Потом однажды вдруг раздался телефонный звонок. Звонил Брагинский. Откуда-то издалека. «Мы тут спектакль репетируем по моей пьесе. И я все время вспоминаю Вас... Для того и позвонил...» Как все сентиментальные люди — я очень был растроган этим звонком. Хотя вроде бы ничего особого не произошло. Но та искренность, которую я почувствовал в простых словах доброго Мастера, дорогого стоила.

На следующий день я послал Эмилю Вениаминовичу свою последнюю книгу. Сейчас уж не помню, какую именно. А потом получил вот это письмо:

Дорогой Андрей!

Извините, что пишу на машинке, но мой почерк невыносим...

Мы все живем, как и положено в нашем веке, в принципе одинаково. Все на бегу, все на ходу. Где-то что-то прочел. Где-то что-то поглядел. Вот я знал прежде — есть поэт Дементьев. Хороший поэт. Часто попадались стихи. Хорошие. Честные стихи. Но полного ощущения, какого-то четкого и ясного — не было. И вот совершенно случайно (все лучшее всегда происходит случайно) Дементьев дарит мне книгу. Не знаю, что на него, на Дементьева нашло. Словом, подарил. И я, как уже говорил Вам по телефону, по старой привычке, перед сном — начал читать. И до сих пор все читаю, и все мои читают. И весь дом мой погрузился в дементьевский мир. Светлый мир, мир, полный надежд и веры в чудо, и в то, что человек не зря живет и что быть человеком славно, и что есть на земле любовь, и она важнее всего.

Я, конечно, не критик и анализировать не умею, не хочу! Как и многие, я критиков читаю мало, а, когда читаю, то по диагонали.

«Любовь не только возвышает.
Любовь вершит и все решает».

Просто. Наверное, и наверняка даже — самое трудное писать просто. Потому что простое — оно проникает в сердце. И замечательно, что Вы предпослали книге удивительные по точности стихи: «Никогда ни о чем не жалейте вдогонку...» Это адресовано персональ-

но мне, да и не только мне. Разумеется. Но мне особенно. Я, к сожалению, из тех, кто всегда находит в своих поступках что-то неверное. И потом съедает сам себя.

А когда перекладываешь стихи на себя, когда они становятся частицей твоего существования — тогда это обозначает, думаю, что это и есть Поэзия. Я знаю, читал в Вашем предисловии, что Вы учились в Литинституте. Убежден, что Вы писали бы точно такие же стихи — если бы там и не учились. Потому что (и вот это уже не случайно) у Вас столько дивных стихов о Пушкине. Потому что Вы оттуда. И потому что вопреки официальной и, должно быть, правильной философии — предначертания есть! И Вам предначертано быть Поэтом. Потому что слух по-прежнему ласкает святое имя Натали. (Я нарочно не взял в кавычки.) Эти стихи о Натали — шедевр, и все стихи, связанные с Пушкиным, — шедевр.

Слово, может, громкое и ныне казенное — шедевр. Но, если вдуматься, настоящее слово.

А стихотворение:

Я — в гостинице.
А за окнами
По-осеннему грустный вид...

И дальше:

Словно где-то мой дом затерян.
И все ждет он меня, все ждет...

так точно передают то, что я сейчас потихоньку пишу (пьеса так и называется «Гостиница»), что (не спрашивая разрешения!) независимо от того, нравится это Дементьеву или нет, беру эти стихи в пьесу, где их будет читать герой. Они помогли мне ощутить настроение пьесы.

Никогда не жалейте о том, что случилось. Вот Вы

подарили мне книгу — и Ваши стихи стали частью моей жизни. Книга лежит у меня на маленьком столике и я легко дотягиваюсь до нее.

Стихи пишут многие. И много пишут. И даже хороших стихов много. Но вот стихов, которые не оставляют тебя в покое, пишут мало. Потому что для этого надо иметь Талант. И не просто Талант, а Талантливое сердце.

Спасибо.

Ваш Эмиль, который Брагинский.

Это Вам спасибо, дорогой Эмиль Вениаминоич! За все, что Вы сказали мне в ту пору, когда я особенно нуждался в добром слове. И за бескорыстное мужское участие, и за поддержку. Я не успел назвать Вас своим другом, но с первой же встречи считал, что мы единомышленники и друзья. Близкие, понимавшие один другого. В те короткие встречи — наяву и по телефону — я испытывал огромное удовольствие от наших общений. Никто не виноват, что мы так редко виделись. Кроме меня. И теперь, когда я смотрю фильмы, где в титрах значится дорогая мне фамилия, я мысленно прошу прощения у Эмиля. Кто знает, может быть, мы свидимся ТАМ и я сумею досказать несказанное...

ПИСЬМА ИЗ ЛОНДОНА

Эти два шуточных стихотворных послания Ларисы Васильевой, которые я получил из Лондона, когда она жила и работала там, хранились у меня несколько лет. Сейчас, готовя раздел «Переписка», я решил напечатать их, потому что сквозь остроумные строки проступает озорной характер моего давнего друга и удивительно открытая манера письма. И в самой непритязательности «домашнего» разговора просматривается ее доверительное отношение к коллегам. Все-таки наши взаимные дружеские симпатии насчитывают уже не один десяток лет.

АНДРЕЮ ДЕМЕНТЬЕВУ ПО ПОВОДУ ЕГО СТИХОТВОРЕНИЯ «СЕНТЯБРЬ»

«Ах, все пройдет — жалей иль не жалей!..
Для нас пройдет — начнется для кого-то.
А от тебя останутся, Андрей,
Слова, не утерявшие полета,
О том, что «лес божественно хорош
В цветах любви, надежды и печали...».

Но в посвященье притаилась ложь,
Которую пока не замечали
Читатели и критики стихов.
Их отвлекла собой фотоулыбка...
А.В. ... Что значит? Кто еще таков?
Досадная и грубая ошибка!

Л.В. — хотел Дементьев написать
И строки б «Сентября» заголубели.
Но, слабый, ты не мог противустать
В часы обеда другу в ЦДЛ-е.
В тот миг, когда Лариса далеко,
А день рабочий нуден и досаден,
Как оказалось просто и легко
На букву «Л» навешать перекладин!

Но я не рассердилась — времена
Вновь виселицу превратят в ворота.
И буква «Л» застынет, как жена
Жилище покидающего Лота.

А тот, другой, который у меня
Твое бесстыдно отнял посвященье...
Да будет хворост близ его огня
И синхрофазотрон для просвещенья
Его поклонниц. Ты ему скажи,
Что, дьявола, его люблю, целую.
Но посвящений больше не пиши.
Иначе — ненавижу и ревную...

Вот так-то! Спасибо, Андрюша, за книжку. Проглотила ее и даже, видишь, бурно отреагировала. Я еще не потеряла надежды на составление антологии — поэтому она не без дела будет жить у меня.

Скоро я приеду домой — считаю дни по пальцам. Буду в Москве все лето. А сейчас вот сижу в Риджейт-

парке и тоскую по Марьиной роще. «Совсем, как Достоевский...» Так тут обо мне в одной газете написали, после чего я получила много писем от аборигенов с приглашением в гости.

Как там Вознесенский? Он же — А. В. Зачти ему этот стишок. Пусть знает, что «враг не дремлет». Я его нежно обнимаю, но как увижу вас вместе — опять с цепи сорвусь.

Будем живы — пообедаем. Обнимаю тебя.

Лариса.

1974 г.

ТРОГАТЕЛЬНО-ПОДХАЛИМСКОЕ ПОСЛАНИЕ АНДРЕЮ ДЕМЕНТЬЕВУ ПРИ ПОСЫЛКЕ СТИХОВ, ЖАЖДУЩИХ СВЕТА ВО ВВЕРЕННОМ ЕМУ ПЕЧАТНОМ ОРГАНЕ ПО ИМЕНИ «ЮНОСТЬ»

Привет, Андрей! Ты был в Париже?
Я ощущала иногда,
Что ты придвинулся поближе,
И «пляс Пигаль» была горда
Тебе нагою показаться.
И ты забыл меня опять,
А мне, увы, уже не двадцать
И даже (ох!) не двадцать пять.

И потому я порешила,
Забывши юные грехи,
Что изведу себя на мыло.
А это значит — на стихи.

Вот тут тебе не отвертеться
От самой лучшей из Ларис...
Я лишь в стишках могу раздеться.
Сей дозволительный стриптиз
Тебя в мои объятья бросит.
Опять меня полюбишь ты...

А если Кампов[1] *завопросит*
Мои «небесные черты»,
Простим ему и пожалеем —
Старик свое уже отпел.

Где ты, неверный?
Вновь с Андреем
Ешь осетрину в ЦДЛ?
Уж, этот мне петух вселенский,
Пурпурный микротелефон!
Не Вознесенский — Возле-женский
И Около — Дементский он!

Он тоже бегал по Парижу
В самохвалительном хмелю?
Ах, как его я ненавижу,
Что даже, кажется... люблю...

Не смей с созданьем однополым
Мне изменять! Законы чти!
Когда в стихах он ходит голым,
Сравни нас... Я хоть при груди.

И при боках, при этой самой...
К тому ж умею шить, вязать.
А он перед прекрасной дамой
По биссектрисе смеет с-ть!

Прощай, Андрей! Запомни твердо:
Я не овал, квадрат, кружок,
Не параллелограм, не хорда —
И не сумеет твой дружок

---

[1] Кампов — настоящая фамилия Бориса Николаевича Полевого, бывшего в те годы (60—70-е) главным редактором журнала «Юность».

Облить Ларису из сосуда,
Что хрупче всякого стекла.
Но стоп... Я продолжать не буду —
Не далеконько ли зашла?

Все ж, думаю, — тебе приятно
Узнать, что я еще дышу...
На то, что вовсе непечатно
Бесстыдно время извожу.

21.02.1973

ПИСЬМО В РЕДАКЦИЮ

Дорогой экс-редактор, экс-президент «Юности» Андрей Дементьев!

Мне очень жалко, что Вы ушли из «Юности». Очень! Вы для меня не просто поэт, которого я люблю, не просто мой учитель, мой шеф, мой старший товарищ по перу, которого я люблю, но и символ «Юности», журнала, который всегда поддерживал меня, с первых моих шагов в литературе.

Я недавно заходила в редакцию. Мне было без Вас там пусто, словно я чего потеряла. Я понимаю, что Вы поступили так, как сочли нужным. (Я читала Ваше интервью в «Литгазете».) Но мне все равно жалко, что Вы ушли. Неужели я больше никогда не увижусь с Вами в «Юности»? Я надеюсь, что увижусь.

По сложившейся и еще не изжитой традиции поздравляю Вас с «мужским» днем! И хочу, чтобы у Вас впереди было еще «полжизни», не меньше, как в Вашем известном стихотворении, и чтобы у Вас впереди было много-много хорошего, светлого, яркого, праздничного, чудесного, в том числе и песен, и стихов, и публикаций, и выступлений на радио и телевидении. И поездок за рубежи, и цветов любви Ваших почитателей. Еще раз большое спасибо Вам за то, что Вы напечатали мои стихи в 6 — 8 номерах «Юности», да к тому же и похвалили их.

P. S. Я все жду, когда по ТВ будет повторяться Ваша необыкновенная передача об Израиле...

Остаюсь Ваша Нина Краснова, 1993

Нина Краснова как-то прислала из Рязани, где она жила тогда, свои стихи. Я написал ей письмо. Потом мы ее напечатали в «Юности». Помню, мне пришлось помогать ей получить квартиру, потому что она ютилась в каком-то жалком домишке. Познакомился я с ней очно уже в Москве. Человек она талантливый и очень доброжелательный. Именно этим объясняется ее удачное «вхождение» в литературу и в нелегкую московскую среду. Спустя несколько лет она издала книгу, где рассказала о своей жизни — рассказала искренне и благодарно.

Дорогой Андрей Дмитриевич!

Ваши стихи спасли меня, когда я перенесла две сложнейшие операции и пережила долгий ужас одиночества и отчаяния. Я педагог с сорокалетним стажем и знаю не понаслышке, что такое человеческое общение. Низкий Вам поклон за то, что в своих изумительных стихах Вы говорите о том, о чем сказали бы миллионы россиян, обладай они таким блестящим талантом, такой мужественной гражданской позицией, таким ощущением времени и таким сердцем, каким обладаете Вы... «Спасибо за то, что Вы есть...» — обращаюсь к Вам Вашими же стихами.

С уважением — Астахова Анастасия Алексеевна.

Тверская область, деревня Дементьево.

Я позвонил Анастасии Алексеевне. В письме был ее домашний телефон, что меня удивило, потому что во многих селах моего родного Верхневолжья еще недавно о телефоне могли только мечтать. И потом я никогда не встречал деревень с моей фамилией, чему тоже немало подивился. Хотя в свое время, будучи молодым бодрым газетчиком, я обходил и объездил всю нашу область, а такой деревни не встречал. Но ошибки не было. Деревня именно так и называлась. Я, конечно, чуть не лопнул от тщеславия, на мгновение решив, что все это в честь меня...

Надо сказать, что мои телефонные звонки куда-нибудь в глубинку воспринимаются, может быть, даже эмоциональнее, чем письма. Потому что есть живое общение. Правда, эти разговоры порой обходятся мне в копеечку, но я ни разу не пожалел о своих прямых общениях с интересными людьми. И разговор с Анастасией Алексеевной тоже был приятен и искренен.

БЛАГИЕ НАМЕРЕНИЯ

В разгар конфликта в редакции «Юности», когда группа агрессивных и амбициозных сотрудников, не желавших ничего менять в своей работе, хотя новое время требовало отойти от устаревших форм в литературной политике, нагло рвалась к власти, я получил тревожное письмо от своего давнего друга — главного редактора всемирно известного журнала «Континент» Владимира Емельяновича Максимова. Публикую его полностью.

Дорогой Андрей Дмитриевич!

Сажусь за письмо Вам после очередного ушата горячей информации, вылитого мне на голову несколькими международными «голосами» на русском языке. Испытание, прямо скажем, не для слабонервных: не кричать — выть хочется от всего этого потока вестей с бывшей родины о новой и новой крови, нарастающей нищете и культурном вырождении. Казалось бы, кому в такую пору, как не нашей интеллигенции, «мастерам культуры» воззвать к растерявшимся и дезориентированным людям, к их разуму и милосердию? Ан нет, куда ни взгляни, везде и всюду — в межнациональных конфликтах, в политических и эстетических противобор-

ствах, в социальном противостоянии — самой агрессивной, самой нетерпимой, самой разрушительной силой заявляют себя именно эти «мастера». Бесы, бесы, бесы и нет им другого названия, чума на их гнусные головы!

Ситуация в Вашем журнале зеркально отражает в себе общую ситуацию в стране: делятся, чтобы снова поделиться с последующим дальнейшим делением. И так без конца. В этом нельзя отыскать логики или какого-либо причинного смысла. Это род коллективного безумия поистине библейского масштаба. Излечить такое безумие способно только глобальное потрясение, после которого человек проснется в очищающем ужасе от дела рук своих.

Поэтому Ваше письмо Президенту России, может быть, и есть один из тех единственных в предложенных обстоятельствах поступков, который обязан совершить сегодня каждый подлинный интеллигент, еще не утерявший понятий о совести и достоинстве. Невелика честь бежать за колесницей победителя, тем более, что при его возможном отступлении ты окажешься под ее колесами. Куда большая честь проявить великодушие к побежденному, тем более, что победителей в конечном счете определяем не мы — грешные, а суд Истории.

Обнимаю Вас, дорогой Андрей Дмитриевич, и желаю Вам в эту трудную пору Вашей жизни здоровья и мужества.

Ваш В. Максимов

24.10.92.

Мой мудрый друг верно оценил ситуацию. В России наступила не только смена власти, но и замена понятий.

Деньги стали решающим фактором. И в определении нравственности тоже. На смену «властителям дум» пришли властители валюты. Наше прошлое со всеми его надеждами и ошибками, с политической наивностью и доверием к будущему покатилось куда-то вдаль по выложенному благими намерениями настилу. Амбиции посредственностей и алчность приспособленцев в корне изменили жизнь страны... Тогда мы еще не знали — какой она будет, наша новая жизнь. Но читать стали меньше, воровать больше, и пить тоже, жестко обозначилась пропасть между богатыми и бедными. Свобода, как цунами, прошлась по традициям, по судьбам, по морали... Все стало возможно: нарушать закон и платить за это «налом», быть независимым в выборе своей карьеры и умножать ее результаты огромными взятками чиновникам.

Россия вышла в начале 90-х годов на широкую дорогу рынка, которая для большинства простых людей оказалась закрытой, как скоростная автотрасса для велосипедистов.

Журнал «Юность»
Главному редактору г-ну Липатову
Париж. 4 января 1995 г.

Соглашаясь анонсировать свою фамилию в Вашем журнале, я, к сожалению, упустил из виду одно немаловажное для себя обстоятельство: Ваш бывший главный редактор — Андрей Дмитриевич Дементьев — мой личный друг, и, поэтому, согласитесь, пока отношения между ним и редакцией носят столь негативный характер, я считаю, что с моей стороны было бы по меньшей мере некорректным появляться сегодня на страницах «Юности» в любом качестве.

До лучших времен.

Владимир Максимов

ДЕВУШКА ИЗ НЬЮ-ЙОРКА

В январе в США с большим успехом прошли авторские вечера поэта Андрея Дементьева. В одном из самых престижных залов Нью-Йорка — «Миллениуме» — собралось около тысячи почитателей творчества известного российского поэта. Андрей Дементьев читал много стихов, написанных в разные годы, отвечал на вопросы, подписывал книги. В концерте принимали участие солист Метрополитен-опера Александр Гунько, заслуженные артисты Украины Людмила Фесенко, Эрнст Штейнберг и Игорь Афанасьев.

Встреча А. Дементьева с американскими читателями состоялась также в Бостоне.

«Литературная газета». 31.01.2006 г.

Валерию Коренную я впервые услышал в Нью-Йорке на моем авторском вечере в «Миллениуме». Она пела свои песни. С первых же слов меня покорила ее искренность и какая-то внутренняя застенчивость. Она как бы стеснялась своей исповедальности перед огромной аудиторией, где были и ее ровесники, и люди постарше. И где внимали ей доброжелательно и с интересом. Она чувствовала это настроение и с каждой минутой становилась уверенней и раскованней. Хотя, как я понял, эта раскованность вообще присуща ее общению со слушателями, потому что Бог наградил ее подлинным талантом, а он всегда естественен...

Стихи, которые она посвятила мне, были прочитаны на том же вечере, и я увез их с собой в Москву.

АНДРЕЮ ДЕМЕНТЬЕВУ

Он говорит, что ничего не должен,
Не должен ничего и никому.
Он — не случайный уличный прохожий.
Он должен вам и мне...
И я возьму
Ту песню Лебединую, как верность,
И сохраню, и унесу с собой.
И мир добрее станет.
И, наверно,
Там чайки закружатся над водой.

Он говорит:
«От хамства нет защиты...»
Но мне ЕГО защита так нужна.
Пускай у хамства рты и не зашиты,
Но как его Аленушка нежна!

И вместе с ней я возвращусь к Природе,
В тот Отчий дом на синем берегу.
Он говорит:
«Любовь навек уходит...»
Но Яблоки сверкают на снегу.

Он говорит:
«Нет женщин нелюбимых...»
Ведь у любимых женщин нет морщин.
Он научил меня, промчавшись мимо,
Что в мире нет не любящих мужчин.

Валерия Коренная
Нью-Йорк. Январь 2006 г.

ШУТКИ КОЛЛЕГ

За годы работы в журнале «Юность» я получал не только рукописи повестей, рассказов, поэм и стихотворений, но и всякого рода шутливые посвящения, эпиграммы, пародии... К сожалению, мало что сохранилось. Но кое-что из того, что я нашел в своем архиве, публикуется в этой книге.

Автор этих веселых стихов — мой земляк, прозаик Юрий Красавин, которого я когда-то рекомендовал в Союз писателей.

Дементьевы живут за девяносто.
Красавины — по восемьдесят лет.
И вот мы ляжем на сырых погостах.
Сначала я... Андрей за мною вслед.

Едва душа сомкнется с небесами,
Услышу, перед Господом представ:
«Се раб мой по фамилии Красавин,
Он что-то там писал... Я не читал.

Кто ж поручится за тебя, бедняга,
Чтоб не в подвал послать, а в бельэтаж?»

Тут встанут Чехов, Бунин и Булгаков
И скажут: «Отче! Этот парень наш.

Он честно жил, хотя и суетился.
Друзей любил, врагов всегда карал.
В земной юдоли славы не добился
И плоховато в шахматы играл...»

Бог молвит строго: «Можно покороче?!
Он, ясно, недостоин райских кущ».
А классики Ему: «Он в прозе, Отче,
Как Ты в миросозданьи, всемогущ».

Потом наступит очередь Андрея...
Трепещет силуэт его души.
С мольбой взовет он:
«Александр Сергеич!..»
И Пушкин скажет: «Все, Андрей, пошли...»

Не уклонюсь от долга, не миную,
Пред светлым ликом встать не убоюсь:
Дементьева я в рай рекомендую,
Как он меня в писательский Союз.

ВАШ Б. ПОЛЕВОЙ

Письма Бориса Полевого — это особый жанр. В них все есть — и неожиданный юмор, о котором когда-то Ираклий Андроников сказал, что ни у кого из писателей он не встречал такой живости языка и деликатности народной лексики. И редкая доверительность и почти осязаемая доброта... Даже в коротких посланиях виден был его характер — мягкий, светлый, доброжелательный.

Первое письмо Бориса Николаевича ко мне помечено 3-м марта 1960 года. Последнее — декабрем 1980... За эти годы мы много общались по жизни, работали рядом, но письма я получал неизменно. И что удивительно — он находил время писать каждому автору, который впервые напечатался в «Юности». И не на машинке, а своим почти пушкинским неразборчивым почерком и непременно зелеными чернилами.

Некоторые из писем я публикую в этой книге.

Милый Андрей Дмитриевич!

Сегодня мне впервой разрешили лежа написать письмо. Одно только письмо. Так вот пользуясь этой радостью, докладываю Вам, что если и не все о...кэй, то во всяком случае свет уже забрезжил в конце больничного туннеля.

Лежу в неподвижности, как святой Себастьян на католических иконах, с той лишь разницей, что истыкан я не стрелами, а шприцами, и не в грудь, как несчастный Себастьян, а в жопу, коя и несет на себе все тяготы лечения.

Завтра напишу письмо поподробней, а то сестра мне уже грозит кулаком.

Настроение бодрое и в самом мажорном тоне посылаю Вам свое тверское Б-э-э-э...

Ваш Б. Полевой

20 марта 1972.

Дорогой Андрей!

Отпуск мой начался весьма неудачно. В Новый год спикировал в грипп и только сейчас из него вылезаю. Но ничего. Сейчас лучше. Прочел кучу рукописей. Все — туфта. Из всего прочитанного заслуживает внимания Титов. В оценке Титова я с Вами согласен. Написал ему письмо. Попросил учесть наши замечания. Будем работать. Вытянем. Растет парень. Владислав Титов — автор повести «Всем смертям назло».

Ваш Б. Полевой

9 января 1973.

Андрей Дмитриевич!

Я зеленым карандашом пометил стихи, которые, по-моему, можно печатать. Наши мнения почти совпали. Вот только посвящения... Стоит ли? Взвесьте.

С Вознесенским хуже — блестяще по форме, но нельзя печатать у нас эту мистику. Разве что фрагмент. Скажем — Ольга Корбут, Терешкова... Это хорошо. Можно дать, как фрагмент, без всякой мистики и богокопательства.

Всего хорошего!

Ваш Б. Полевой

17 апреля 1974.

Милый Андрей Дмитриевич!

Вот номерок-то я отколол. По пути на работу заехал в больницу попробовать добыть для Леопольда (Ответственный секретарь редакции Л.А. Железнов. — *А.Д.*) лекарство. По пути решил совместить приятное с полезным — сдать на анализ каки и сики, и опять кардиограмму, и как в плохом фантастическом рассказе вместо милой моему сердцу «Юности» очутился на койке в палате 129 знакомой мне больницы.

Не знаю, что там врачей напугало, почему поднялась паника. В общем обидно. Ведь я чувствую себя совершенно нормально — и сон, и аппетит. И никаких болей.

Ну, черт с ним! Можно и полежать. Досадно только, что осталось столько незавершенных дел. Становитесь за руль и ведите корабль. Я же могу быть сейчас только лоцманом.

Так вот важные и незавершенные дела.

1. Юбилей. Если за него сейчас не взяться, то мы его просерем. И тут самое важное — издание двухтомника. С ЦК все согласовано. Добывайте бумагу и свяжитесь с директором издательства «Правды» Фельцманом.

2. Сходите в Союз писателей к Верченко, добудьте решение секретариата.

3. Оформляйте скорее документы на первую партию награждений. С райкомом согласовано.

Следите за прохождением Галки Галкиной — там надо все вычистить. Гранку обязательно мне пришлите.

Ну, а когда отпустят с койки меня — присылайте читать рукописи. У меня такая койка, что можно писать и читать лежа. А вот телефона нет. И из палаты не выпускают — даже штаны и пижаму отобрали.

Ну, всего хорошего. Привет всем «юниорам»!

Ваш Б. Полевой — в горизонтальном положении.

2 февраля 1975

Дорогой Андрей!

Улетаю не с легким сердцем, будто дезертирую от предъюбилейной суеты.(10 июня журналу «Юность» исполнялось 20 лет. — *А.Д.*) Ведь столько еще не сделано. А то, что составители юбилейного сборника «Избранное» в последнюю минуту обнаружили в прозе 7 покойников, — просто поставило меня в тупик. Если так подготовлены оба тома, не отложить ли их издания, скажем, до 25-летия?

Был на Шолоховских торжествах. Что поразило — так это строжайшая организованность. На каждого оратора отпущено строго 5 минут. За час всю торжественную часть проскочили. Отлично! Надо и нам так же сделать — на весь звон час-полтора. Подумайте.

За трансформатор великое спасибо. Теперь холодильник не журчит. Мы же все благословляем Бога и Вас.

Ну, всего, всего Вам хорошего! Привет юниорам.

Ваш Б. Полевой

25 мая 1975.

Дорогой Андрей!

Ну, вот и отбыли мы четверть срока. Целую неделю абсолютно ничего не делал. Вел чисто растительную жизнь — ел, спал и ничего не писал. Даже писем. Ей богу, чего со мной никогда не бывало.

Пятый номер «Юности» получил. Просмотрел и частично прочитал. Очень приятный номер. Разнотемный. Тематически серьезный, а главное интересный. Поздравляю!

Читаю здесь разную ерунду, вроде Агаты Кристи и Джеймса Чейза и Сименона. Голова от этого совершенно пустая. По всем Вам и по «Юности» очень соскучился, но не беспокоюсь: у руля Вы, на вахте железный Леопольд. На мель не сядете.

Произвел в библиотеке небольшое наблюдение: взял пять старых экземпляров «Юности». Они самые потрепанные. Когда я захотел перечитать последний номер — не дали. Все на руках. Записался в очередь третьим. Это очень, очень здорово! Нет большей радости, чем видеть свой потрепанный журнал. Зачитанный журнал — это, ей богу, даже лучше, чем, скажем, орден на обложке «Огонька»,

Насчет Агеева. Вы знаете, почему отдел прозы загоняет его подальше — не они открыли. Отзвуки отшумевшей войны мышей и лягушек, которую мы с Вами благополучно прекратили год назад. А Агеев — это несомненно самый большой «Зеленый листок» этого года.

Ваш Б. Полевой

25 мая 1976.

Дорогой Андрей!

Сегодня на Конгрессе миролюбивых сил прочитал Вашу книжицу. Пока миролюбцы всех мастей ходят вокруг темы мира, как коты вокруг горячей каши, я с удовольствием углубился в Вашу книжечку — такую милую, такую русскую, я бы даже сказал такую тверскую, извините меня за этот козлиный патриотизм.

О чем бы Вы ни писали — вы остаетесь в стихах своих Андреем Дементьевым, хорошим русским парнем, и даже Ваш сиятельнейший друг А. Вознесенский оказывается бессильным втянуть Вас в свою орбиту, заставить Вас «выпендриться» и почесать правое ухо левой ногой. Вот таким Вы навсегда и оставайтесь. И в этом сила Вашей поэзии.

Ваш Б. Полевой

15 января 1977.

Дорогой Андрей!

Ну, вот сегодня могу уже писать Вам письмо не тайком, а вполне легально, на что получил высочайшее медицинское разрешение. О прискорбно-комическом происшествии со мной Вы, в основном, знаете. Влипался я в инфаркт без всякой подготовки, внезапно, разом, как это бывает на лугу — идешь, собираешь цветы, слушаешь жаворонков, а попадаешь ногой в свежую теплую коровью лепешку. Но это скучная история. Писать об этом не охота. Главное — через опасность я уже перескочил, а остальное доделает время.

Второй наш номер видел только мельком. Его мне на один час приносили из библиотеки. На него очередь длиннее, чем на английские бритвенные лезвия. Ничего, в общем-то, номерок. Особенно обложка и Красаускас. Это просто здорово. Вокруг Инны Гофф спорят горячей, чем в древнеримском Сенате. И «за» и «против». Порадовался: раз спорят, значит, в точку попали.

В редакцию я так и не попал: меня увезли, вернее, унесли, как раз тогда, когда я туда собирался. Бешусь от безделья. Сохну от скуки. Как-то Вы там? Как 5-й номер? Он вроде бы вырисовывался неплохо. Поэма Барто «Переводы с детского» и в поэтическом, и в политическом смысле — это гвоздь. И летчица — очень неплохо. Нужно только достать старые снимки — она, Гризодубова, Раскова... А что нового?

Ваш Б. Полевой — Инфарктоносец Союзного значения

P. S. А с Попцовым я так и не успел поговорить. Он — парень перспективный и его повесть дотянуть можно. Но нужен личный разговор опытного человека. Боюсь — дамы наши, при всех их достоинствах, сие не вытянут.

22 марта 1977

Милый Андрей Дмитриевич!

За письмо большое спасибо: в больницу ворвался родной воздух «Юности», по которой, что там ни говори, за три с лишним месяца истосковался. И по редакции, и по работе, по настоящей, здоровой, рабочей суете, которую не заменишь никакими больничными удобствами и никакой прекрасной природой. Единственное утешение — скоро, теперь-то уж совсем скоро даже самая строгая врачебная комиссия признает меня полноценным человеком и выпустит на волю.

Рад, что с «Юностью» все хорошо. Да иначе и быть не может. Вы у руля, а тверские козлы — люди со знаком качества. И рука у Вас твердая. И все весьма щепетильные денежные дела Вы правильно решили. От души одобряю.

Снова слышал по телевизору Ваши песни. Одну пела Ваша Ротару, другую какой-то парень — очень славно пел.

Я тут тоже времени даром не теряю. Встаю в пять утра и до врачебного обхода до 9 — 10 часов понемножечку смолю. Что выходит — не знаю. Но пишется.

Сердечный привет семейству Вашему.

Ваш Б. Полевой

20 июня 1977.

Дорогой Андрей!

Вчера по радио слышал две Ваших песни. И так захотелось поскорее вернуться из когтей врачей в

«Юность». Ох, здорово я соскучился по работе. Ничего, день освобождения близок. Скоро буду среди Вас. Собственно дела не торопят. Журнал выходит хорошо. Вы на посту. За журнал можно быть спокойным, ибо два последних номера сделаны добротно. И Черный Кот своего хвоста не показывает. Но знали бы Вы, как мне осточертело болеть!

Сегодня выправляю четыре вычитанных здесь рукописи. Две из них Ласкина, которые, по-моему, совсем неплохи. А вот наши «зеленолисточники» — Макаров и Маркова — на этот раз подговняли.

Присылайте рукописи еще. Ну, всего, всего хорошего!

Ваш колченогий Б. Полевой

10 сентября 1977.

Комментарий. *Черного Кота Борис Николаевич придумал для обозначения цензурных и вышестоящих нападок. Как-то он рассказал мне одну байку: чтобы держать мышей в страхе — им время от времени показывают черного кота. С тех пор у нас и пошло — Черный Кот — это символ опасности, когда журнал подпадал под недовольство властей.*

Дорогой Андрей Дмитриевич!

Получил Ваше бодрое письмо. Рад, что все идет славно, что Черного Кота нам никто не показывает и корабль «Юности» твердо идет своим курсом. Итак, одиннадцатый номер вырисовывается. Я послал на Ваш суд возможные добавления к моей статье. Они совершенно не обязательны, но, как говорится, кашу маслом не испортишь, и какие-то примеры из сегодняшнего дня могут быть полезны.

В 12-й номер обязательно запланируйте два рассказа Воронина, и один этого мальчика из публицистики. Это не плохие рассказы и авторам я обещал.

Все больше думаю о книге из анкет, которую мы составили с предисловием от «Юности». Примерное заглавие — «Мой первый шаг в литературу». Обложка вся из многих портретов. Будет листов шесть. Хорошая и очень интересная книга. Авторов молодых и старых выстроим по алфавиту. Уверен, что у книги этой будут и заграничные издания. Договорюсь с «Прогрессом».

Ну, а у нас с Юлей все хорошо. Уже половину отпуска протрахали. Окрепли. Гуляем по аллеям. Вчера была сенсация — зам. министра тяжелого машиностроения поймал щуку на семь килограмм. Все вышли смотреть: не щука — местный крокодил. Других происшествий в нашей отдыхающей жизни нет. «Юность» читают. Все три экземпляра на руках. Один авиационный академик бешено расхваливает Лиханова. Насчет Евтушенко пожимают плечами: что он, исписался, что ли?

Ну, все. Хватит. Сердечный привет Вашим домочадцам, а также Ковальджи и Козлу младшему.

Ваш Б. Полевой

17 сентября 1977.

Дорогой Андрей!

Спасибо за Ваше милое письмо. Меня — старого тверского козла волнует и умиляет, когда повеет вдруг таким дорогим мне тверским козлиным духом.

Ну, срок моего заключения подходит к концу. Еще неделя и все — я дома в «Юности» в привычных треволнениях и заботах.

Признаюсь, ультиматум, поставленный Васей Ливановым, меня очень огорчил: «или 7-й номер или беру рукопись обратно». Я друг его отца. И повесть его мне нравится. Но мы, как СССР, ультиматумов не принимаем. Бери и катись. Только так.

Однажды из-за этого мы лишились романа Богомолова, весьма высоко поднятого печатью. Но я ни на минуту не каялся. «Юность» есть «Юность». Она требует уважения. Но если Ливанов, который сейчас «залупился», остынет и выйдет из состояния эрекции, в 8-м номере напечатаем.

Ваш Б. Полевой

P. S. Даты нет. Но скорее всего это 1979 год.

Дорогой Андрей Дмитриевич!

Мне необыкновенно приятно было получить от Вас доброе письмецо. Письмо друга — это как весенний ветер в затхлую атмосферу больницы.

Все идет по графику и милая наша «Юность» рождается в срок — веселая и бурная. И Черный Кот Вам даже хвоста не показывает. Я прочел все, что прислали. Все добротное, интересное. За исключением Смехова. Это какой-то синтетический рассказ, сплетенный, может быть, и ловко, но из нейлона и капрона. Жизни в нем нет. Литературщина. И тема. Прочтешь и задаешь себе вопрос: «Ну и что?» А ответа в рассказе нет.

Что касается Марковой, — я ее пока задержал. И не потому, что она плоха, а потому, что хочется, чтоб она стала еще лучше. Талантливая девчонка. Ей не грех и помочь, а наш литературный курятник, рассыпав перед ней комплименты, не помог ей всерьез. Давайте мы с Вами этот рассказ примем, запланируем, подредактируем и все будет о...кэй. Я со следующим послом пришлю Вам свои предложения в этом плане...

О себе? Нечего и рассказывать. Привезли меня в

больницу завернутым в одеяло — острое воспаление легких. Потом заявило о своем недовольстве сердце. А сейчас вот заболела нога. Здорово заболела. Но я уже хожу и скоро вовсе выйду. Утешаюсь тем, что нога левая, а так как я левой ногой не пишу — это не страшно.

Всего Вам хорошего!

Ваш Б. Полевой

3 апреля 1980

Дорогой Андрей!

И так — улетаю. Уверен, что под Вашим мудрым руководством флаг «Юности» будет поднят на еще большую высоту, а Черный Кот будет свернувшись дремать от безделья.

Посылаю Вам весьма лестную на Вас рецензию из «Калининской правды» за 26 июля. Молодец Павел. Не забывает тверских козлов.

Привет семье.

Ваш Б. Полевой

19 мая 1980

Дорогой Андрей Дмитриевич!

Докладываю — прибыли на место. Обживаемся. Мы опять там, где Вы уже бывали. Тут сейчас хорошо. Ранняя осень. В пейзаже появляются желтые и багровые краски. И погода, слава богу, хорошая. К писаниям еще не приступил, хотя рука уже зудит. Связь у меня есть. Номер телефона — 140-69-20. Так что я в зоне досягаемости. Очень прошу Вас оформить мой отпуск приказом с 1 сентября. В последние дни не успел все сделать. Посылаю квитанцию за путевку.

Словом, мы с Юлей отдохнем хорошо. Хотя, в общем-то, скучновато.

Ваш Б. Полевой

P. S. Я написал Г. М. Маркову (первый секретарь правления Союза писателей СССР. — *А.Д.*) личное письмо на дом — прошу его участвовать в нашей анкете. Пусть Ковальджи с ним свяжется. Его нам нужно для солидности предприятия.

Сентябрь 1980.

Дорогой Андрей!

Препровождаю Вам мой опус для шестого номера. За жизнь мою приходилось мне писать и сидя, и стоя. А вот лежа писал впервые. Тут над кроватью вешают эдакие столики — очень удобное финское изобретение. На досуге изучил планы сборника. Порадовался. Очень плотный сборник получился. Пожалуй, лучше, чем первый. К комиссии по сборнику у меня несколько советов.

1. Обязательно снимите «Героя социалистического труда». К чему это? Ведь сами же мы изобразили на стене редакции стихи Полетаева...

2. В отделе прозы нет ничего Юлиана Семенова. Все-таки он крестник «Юности», и сейчас весьма популярный писатель.

3. Думается, надо дать хороший, а главное — очень работающий во времени рассказ «Невоенный человек». Это, пожалуй, лучшее, что у нас было о войне за последнее время...

4. И по-моему, надо дать, как мне кажется, «Сигму Р». Что там ни говори, хорошая была повесть.

Еще очень просил бы Вас организовать через наших друзей в «Московском комсомольце» рецензию на «Историю одной любви» Ан. Тоболяка. И не куцую, а настоящую о молодых людях 70-х годов. Это, во-первых, оградит нас от копыт «Литературки», а, во-вторых, эту повесть надо поднимать, как, несомненно, удавшийся портрет молодого человека сегодняшнего дня. Я все еще лежачий. Даже в коридор меня не выпускают. Но я не теряю надежды рано или поздно обнять всех вас и выпить за здоровье «юниоров», увы, стакан компота.

Всего, всего Вам хорошего.

Ваш Б. Полевой.

Апрель 1980

Милый Андрей Дмитриевич!

Спасибо за письмецо. Его переслали мне, увы, в больницу. Я опять подговнял — увезли и положили на обе лопатки. Но сейчас ничего — скоро грозят спустить с койки и я обрету благословенный дар передвижения. Ну, а долеживать в сентябре поеду в Венгерский санаторий. Это лучше, чем «Голицино», куда отправляют на реабилитацию. Так что в сентябре Вам одному придется стоять на вахте.

Рад, что отдых Вам удался. А работа? А Калинин?

Ваш старый и дряхлый Козел

Б. Полевой.

Бэ-э-э! (В самой грустной интонации)

P. S. Девятый номер порадовал.

Октябрь 1980

Дорогой Андрей!

Очень рад Вашему письму. Спасибо за добрые пожелания. На сердце стало спокойней... Капитанский мостик не пуст и румпель в Ваших руках. А то меня мучила совесть — главный внезапно нырнул в больницу. Но оба номера вышли совсем не плохие. Ничего, скоро меня выпустят и козлы опять будут в полном комплекте. Увидимся и поговорим подробнее.

Первый номер — прозу — я перечитал. Она приемлема, но ее надо будет укрепить. Нужно добавить хорошую порцию современности.

Всего Вам хорошего.

Ваш Б. Полевой

10 ноября 1980.

Комментарий. *Это письмо Бориса Николаевича было последним в нашей переписке. Через несколько дней он возвратился из больницы, и мы еще с ним проработали вместе весь декабрь. А незадолго до Нового 1981 года он сказал мне: «Вы не будете возражать, если я на пару недель уеду с детьми в Малеевку на школьные каникулы?» Уехал и, к сожалению, уже не вернулся. Неожиданный инсульт оказался настолько тяжелым, что наш дорогой БН так и не смог оправиться от него... И нам не пришлось больше увидеться с ним.*

P. S. Борис Николаевич всегда радовался успехам своих коллег. Если на имя главного редактора приходили восторженные письма читателей по поводу опубликованного в «Юности» произведения кого-то из наших сотрудников, он непременно поздравлял «именинника», говорил об этом на редколлегии или в приватной беседе и радостно передавал читательское письмо виновнику торжества со своим комментарием.

Как-то и я получил от него нечто подобное. «Дорогой Андрей! С удовольствием переправляю Вам сие послание» было написано знакомыми зелеными чернилами наверху письма, которое прислали учителя 127-й московской школы. А в письме было много добрых пожеланий в мой адрес. Вот несколько слов из того давнего письма, написанного моими читателями и слушателями в январе 1978 года. «Коллектив учителей и учащихся нашей школы благодарит поэта Андрея Дементьева за отзывчивость и чуткость, за то, что он щедро поделился с нами своим ярким поэтическим творчеством и буквально заворожил нас всех. Его стихи не устаешь слушать, как любимую музыку...»

Это письмо я храню до сих пор.

ПОСВЯЩЕНИЯ

УТРО

Ане

Вот и еще один вспыхнул рассвет.
Комната нежится в солнечном глянце.
Сколько уже набежало нам лет,
Я продолжаю все так же влюбляться.

Я продолжаю влюбляться в тебя,
И, как подарок, судьбу принимаю...
Что там за окнами — свет декабря?
Или наивность зеленого мая?

Как ты красива, смеясь иль скорбя.
Встреча с тобой — это Бог или случай?
Я продолжаю влюбляться в тебя,
Так же безумно, как некогда Тютчев.

Так же неистово, как в Натали
Пушкин влюблялся в счастливые годы.
И полыхают над краем земли
Наши года — словно краски восхода.

2007

* * *

Не могу уйти из прошлого,
Разорвать живую нить...
Все, что было там хорошего,
Мне б хотелось повторить:

Возвратить отца бы с матерью,
Вместе с молодостью их,
В дом,
Где стол с крахмальной скатертью
Собирал друзей моих.

И вернуть бы из трагедии
Сына в радостные дни,
Где мы с ним футболом бредили,
Жгли бенгальские огни.

Где дожди сменяли радуги
И года сквозь нас неслись.
Где на счастье звезды падали...
Да приметы не сбылись.

2001

ОТЕЦ

Отец мой сдает.
И тревожная старость
Уже начинает справлять торжество.
От силы былой так немного осталось.
Я с грустью смотрю на отца своего.

И прячу печаль, и смеюсь беззаботно,
Стараясь внезапно не выдать себя...
Он, словно поняв, поднимается бодро,
Как позднее солнце в конце октября.

Мы долгие годы в разлуке с ним были.
Пытались друг друга понять до конца.
Года, как тяжелые камни, побили
Веселое, доброе сердце отца.

Когда он идет по знакомой дороге,
И я выхожу, чтобы встретить его,
То сердце сжимается в поздней тревоге.

Уйдет...

И уже впереди никого.

1975

* * *

Не оставляйте матерей одних.
Они от одиночества стареют.
Среди забот, влюбленности и книг
Не забывайте с ними быть добрее.

Им нежность ваша — это целый мир.
Им дорога любая ваша малость.
Попробуйте представить хоть на миг
Вы в молодости собственную старость.

Когда ни писем от детей, ни встреч.
И самый близкий друг вам — телевизор.
Чтоб маму в этой жизни поберечь, —
Неужто нужны просьбы или визы?!

Меж вами ни границ и ни морей.
Всего-то надо сесть в трамвай иль поезд.
Не оставляйте в прошлом матерей,
Возьмите их в грядущее с собою.

* * *

Матери, мы к вам несправедливы.
Нам бы вашей нежности запас.
В редкие душевные приливы
Мы поспешно вспоминаем вас.

И однажды все-таки приедем,
Посидим за праздничным столом.
Долго будут матери соседям
О сынах рассказывать потом.

А сыны в делах больших и малых
Вновь забудут матерей своих
И слова, не сказанные мамам,
Вспоминают на могилах их.

1969—2005

ПАМЯТИ СЫНА

Ни время,
Ни работа,
Ни друзья
Меня от этой боли не излечат.
А снег летит,
По сумеркам скользя,
И холодит мой одинокий вечер.

Мы все уйдем когда-нибудь во мглу
Иль вознесемся в небо голубое.
Я все равно смириться не смогу
С тем,
Что не встречусь никогда с тобою.

Но ничего мне изменить нельзя.
Уходят дни,
Как музыка из песни...
А снег летит,
По сумеркам скользя.
И так печален свет его небесный.

2006

* * *

Марине

Я лишь теперь, на склоне лет,
Истосковался о минувшем.
Но к прошлому возврата нет,
Как нет покоя нашим душам.

Да и какой сейчас покой,
Когда в нас каждый миг тревожен.
Несправедливостью людской
Он в нас безжалостно низложен.

Прости, что столько долгих лет
Мы жили на широтах разных.
Но ты была во мне, как свет,
Не дав душе моей угаснуть.

И как бы ни были круты
Мои дороги, чья-то ярость, —
Я помнил — есть на свете ты.
И всё плохое забывалось.

1993

* * *

Вот и все. Уже вещи собраны.
Посидим на прощанье, мать...
И молчат ее руки добрые,
Хоть о многом хотят сказать.

Руки мамы... Люблю их с детства.
Где б дорога моя ни шла —
Никуда мне от них не деться,
От душистого их тепла.

Руки мамы. В морщинках, в родинках.
Сколько вынесли вы, любя...
С этих рук я увидел Родину,
Так похожую на тебя.

1959

* * *

Пока мои дочери молоды,
Я буду держаться в седле.
А все там досужие доводы
О годах... — Оставьте себе.

Пока мои внуки готовятся
Подняться на собственный старт,
Я мудр буду, словно пословица,
И весел, как детский азарт.

И пусть им потом передастся
И опыт мой, и ремесло...
А мне за терпенье воздастся,
Когда они вскочат в седло.

2000

КРУГОВАЯ ПОРУКА

Иосифу Кобзону

Круговая порука для дружбы — закон.
Круговая порука надежных имен.

Кто-то мерзость сказал за спиною моей —
Ты ответил от имени старых друзей.
Потому что обиделся ты за меня.
И теперь он боится тебя, как огня.

Мы не столько гусары... Скорей гусляры.
Но приветливы мы и добры до поры.
А настанет пора — за себя постоим.
Вспоминаю при этом Иерусалим.

Мне в друзьях и врагах бесконечно везло.
Побеждала надежность всегда — не число.
Ну, а кто оплошал — да простит его Бог.
То ли он не сумел, то ли просто не мог...

А когда мы начнем уходить в никуда —
Вместе с нами уйдут и любовь и вражда.
И останется только великая грусть
Дружбы нашей с тобой,
Знавшей всех наизусть.

2007

* * *

Наташе

Я не знаю, много ль мне осталось.
Знаю — долгой не бывает старость.

Впрочем, сколько ни живи на свете,
Что-то продолжать придется детям.

Например, вернуть друзей забытых,
Что погрязли в славе иль обидах.

Дать понять врагам, что не простил их.
Я при жизни это был не в силах, —

То ли доброта моя мешала,
То ли гнев мой побеждала жалость...

Я не знаю, сколько мне осталось.
Лишь бы не нашла меня усталость —

От друзей, от жизни, от работы.
Чтоб всегда еще хотелось что-то.

1998

ГАДАНЬЕ ПО КНИГЕ

Анатолию Алексину

Гадаю по книге поэта...
Страницу открыв наугад,
Вхожу в чье-то горькое лето
И в чей-то измученный взгляд.

Мне грустно от этих страданий,
От боли, идущей с лица.
И я, позабыв о гаданье,
Читаю стихи до конца.

И вновь открываю страницу,
Чтоб сверить с судьбою своей
Летящую в прошлое птицу
Среди догоревших огней.

Гадаю по книге поэта,
А кажется — просто иду
По улице, вставшей из света,
Хранящей ночную звезду.

По жизни, ушедшей куда-то,
И памяти долгой о ней.

Иду, как всегда, виновато
По горестям мамы моей.

И весь я отныне разгадан,
Открыт, как вдали облака.
Иду от восходов к закатам,
Пока не погаснет строка.

2000

* * *

Юрию Полякову

Я благодарен дружеской поруке,
Той самой круговой поруке душ,
Когда от бед ты мечешься в испуге,
Надеясь втайне на поддержку дружб.

Я благодарен дружеской поруке,
Когда в опасный или в трудный час
Ты чувствуешь протянутые руки
И бескорыстной доброты запас.

Иначе в нашей суете тревожной
Не выживешь, не одолеешь бед...
Судьба свои натягивает вожжи,
Чтоб не меняли мы надежный след.

А нас влечет крутое бездорожье,
И тайна встреч, и неоткрытый мир...
И в этих вечных поисках тревожных
Нам дружба — как слепому поводырь.

2007

* * *

Зурабу Церетели

Еще холста он не коснулся.
Но холст его преобразил.
Он виновато улыбнулся.
Как будто нас уйти просил.

В лучах волнения и света
Плывут его полутона.
И никого с ним рядом нету.
А есть восторг и тишина.

Играла музыка...
Художник
Шел сквозь печаль и торжество.
О, сколько мир искусству должен!
Хотя не должен ничего.

1993

* * *

Евгению Мартынову

Кому Господь благоволит,
Того Он забирает рано.
И до сих пор во мне болит
Незаживающая рана.

Едва лишь вырвавшись на свет,
Осталась музыка без звука.
И недопетый твой куплет
Куда-то спрятала разлука.

Не много ты успел нам спеть.
Но то, что спето, — не исчезнет.
Оборвала внезапно смерть
На лебединой ноте песню.

А ныне, словно на таран,
Несется пошлость по экранам.
И вряд ли светлый твой талант
Вписался б в этот хор бездарный.

Ах, Лель... Какой была весна,
Когда из сказки ты явился,
Когда влюбленная страна
Ждала тебя, как мать, у пирса.

Я ставлю диск твой...
Сколько лет
Прошло,
Как сердце раскололось...
И вновь я верю — смерти нет,
Когда звучит твой чудный голос.

1998

* * *

Сандаловый профиль Плисецкой
Взошел над земной суетой.
Над чьей-то безликостью светской.
Над хитростью
И добротой.

Осенняя Лебедь в полете.
Чем выше —
Тем ярче видна. —
Ну, как вы внизу там живете?
Какие у вас времена?

Вы Музыкой зачаты, Майя.
Серебряная струна.
Бессмертие —
Как это мало,
Когда ему жизнь отдана.

Во власти трагических судеб
Вы веку верны своему.
А гения время не судит.
Оно только служит ему.

Великая пантомима —
Ни бросить,
Ни подарить.

Но все на земле повторимо.
Лишь небо нельзя повторить.

Сандаловый профиль Плисецкой
Над временем –
Как небеса.
В доверчивости полудетской
Омытые грустью глаза...

Из зала я –
Как из колодца
Смотрю в эту вечную синь.
— Ну, как наверху вам живется? —
Я Лебедя тихо спросил.

1982

* * *

Родиону Щедрину

Я живу открыто.
Не хитрю с друзьями.
Для чужой обиды
Не бываю занят.

От чужого горя
В вежливость не прячусь.
С дураком не спорю,
В дураках не значусь.

В скольких бедах выжил.
В скольких дружбах умер.
От льстецов да выжиг
Охраняет юмор.

Против всех напастей
Есть одна защита:
Дом и душу настежь...
Я живу открыто.

В дружбе, в буднях быта
Завистью не болен.
Я живу открыто.
Как мишень на поле.

1982

* * *

Алексею Абакумову

В этом хаосе добра и зла,
В этом мире горьких одиночеств,
Жизнь твоя свою стезю нашла,
Свой неповторимый почерк.

Ничего трудней на свете нет:
Каждый день прожить,
Как сам задумал.
Быть самим собою
Возле бед,
Суеты
Иль праздничного шума.

Быть самим собою
Вопреки
Всем соблазнам,
Кайфу иль недугу.

Не подать
Предателю руки
И в беде плечо подставить
Другу.

В этом хаосе добра и зла,
В этом мире бед и ожиданий
Жизнь твоя ту высоту взяла,
Что превыше и наград, и званий.

2007

РОССИЯ

С. Баруздину

Нас в детстве ветры по земле носили.
Я слушал лес и обнимал траву,
Еще не зная, что зовут Россией
Тот синий мир, в котором я живу.

Россия начиналась у порога
И в сердце продолжается моем.
Она была и полем, и дорогой,
И радугой, склоненной над селом.

И быстрой речкой, что вдали бежала
И о которой думал я тогда,
Что тушит в небе зарево пожара
Ее неудержимая вода.

Рассветом в сердце пролилась Россия.
Не от того ли и моя любовь
Так неразлучна с ливнями косыми,
С разливом трав и запахом хлебов?

И мне казалось — нету ей предела...
А по весне я видел наяву:

Под парусами наших яблонь белых
Россия уплывала в синеву.

Прошли года. Объездил я полсвета.
Бывал в краях и близких, и чужих,
Где о России знают по ракетам
Да по могилам сверстников моих.

И я поверил — нету ей предела!
И чья бы ни встречала нас страна, —
Россия всюду, что ты с ней ни делай,
В сердцах людей раскинулась она.

1958

СЕНТЯБРЬ

А. Вознесенскому

Нет ничего прекрасней русской осени,
Когда сентябрь и солнечен, и тих.
Давно скворцы свои дома забросили,
И где-то с грустью вспоминают их.

Проходит осень тихо по земле.
Кружатся листья,
Как воспоминанья.
Как искры в остывающей золе,
Мерцают звезды...
Тускло их мерцанье.

Ах, все пройдет —
Жалей иль не жалей.
Все превратится в памятную небыль:
И это одиночество полей,
И тишина покинутого неба.

От злых ветров бросает речку в дрожь.
И в стаю сбились лодки на причале.
И только лес божественно хорош
В цветах любви,
Надежды
И печали.

1968

* * *

В.Е. Максимову

Как трудно возвратиться вдруг
В былую жизнь, к былым потерям.
А что там — ложь или испуг?
И дома нет — остались двери.

И что в минувшем — кроме книг,
Познавшим эшафот Главлита?
И кто услышит давний крик,
Сошедший в душу, как молитва?

Господь нам завещал терпеть
И не держать на сердце камень.
Пока бесспорна только смерть.
А жизнь по-прежнему лукавит.

И все ж спасибо за урок,
Что мы стыдливо извлекаем
Из ваших убиенных строк,
Уже забыв, а был ли Каин?

1993

СОЛНЦЕ САРЬЯНА

А за окном была весна...
Сарьян смотрел в окно и плакал.
И жилка билась у виска,
И горы отливали лаком.

Год или сутки суеты,
Как мало жить ему осталось!
В его руках была усталость,
Печаль просилась на холсты.

А солнце наполняло дом.
Оно лилось в окно лавиной,
Как будто шло к нему с повинной
За то, что будет жить ПОТОМ.

Потом, когда его не будет.
Но будет этот небосклон,
И горы в матовой полуде,
И свет, идущий из окон.

Все было в солнце: тот портрет,
Где Эренбург смотрел так странно,
Как будто жаль ему Сарьяна,
Который немощен и сед.

Все было в солнце: каждый штрих,
Веселье красок, тайна тени.
И лишь в глазах, уже сухих,
Гас и смирялся свет весенний.

«О, только б жить! На мир смотреть...
И снова видеть солнце в доме.
Ловить его в свои ладони
И вновь холсты им обогреть...»

«Прекрасна жизнь!» — он говорил.
Он говорил, как расставался,
Как будто нам себя дарил,
И спрятать боль свою старался.

1970

* * *

Андрею Гредасову

Я друзьям посвящаю стихи.
Словно высветил маки в степи.
Словно выстелил в поле ковер.
И в свой дом их на праздник привел.

Я стихи посвящаю друзьям,
Чтоб души не коснулся изъян.
Не ушла доброта бы от нас.
Чтобы свет ее вдруг не погас.

Я друзьям посвящаю стихи,
Я возьму на себя их грехи.
И заботы, и беды, и грусть.
Ибо знаю их жизнь наизусть.

Я стихи посвящаю друзьям.
И вхожу в нашу дружбу, как в храм.
Чтобы редкие встречи продлить.
И в разлуке нам рядом побыть.

2003

МИРЕЙ МАТЬЕ

В тот вечер мы сидели рядом
С Мирей Матье у русского стола.
И я восторга своего не прятал,
Да и она со мной была мила.

И каждый говорил ей комплименты
И норовил в манерах преуспеть...
Но подошли те самые моменты,
Когда застолью захотелось петь.

Мы затянули весело «Катюшу»,
Почувствовав азарт и благодать.
И вдруг Мирей, едва куплет дослушав,
По-русски начала нам подпевать.

И звонко перекрыла наши глотки.
И мы стыдливо смолкли в тот же миг.
Как жаль, что песни так у нас коротки.
И что Мирей не помнила других.

С тех пор уже немало лет промчалось...
Когда я слышу голос неземной,
Я вспоминаю, радуюсь, печалюсь.
Былое вновь общается со мной.

А среди книг стоит портрет певицы
С размашистым автографом ее.
И кажется, что наша встреча длится,
Храня очарование свое.

2005

* * *

Ане

Я жил вдали от юности своей,
Вдали от красоты тверских пейзажей.
И кроме грусти — ничего не нажил.
И кроме лет — не заимел друзей.

Все это было много лет назад,
Когда в Москву я из Твери уехал,
Когда моя наивность, словно эхо,
Осталась только в памяти цитат.

И непривычно было мне вдали —
Иные встречи, помыслы и лица...
И, если бы не суета столицы,
Мы раньше бы друг друга обрели.

Но все у нас свершилось и сбылось,
И наша жизнь обручена со счастьем.
Мы много лет своих лампад не гасим,
Поскольку не дано светить им врозь.

2001

* * *

Тамаре Гвердцители

Держава застолий
Ночами мне снится.
Скучаю по Грузии —
По загранице.

По мудрым поэтам
В безвизовых встречах.
По шуму воды
Темпераментных речек.

По старым друзьям,
Не сменившим пристрастий.
По тем временам,
Где делились мы счастьем.

И я не предам
Эту память вовеки,
Как русло не предали
Горные реки.

Меж нами граница,
И взгляд Шеварнадзе...

А может быть, все
Возвратится однажды?

И дружба былая,
И давние песни.
Те самые песни,
Что пели мы вместе.

На двух языках
При одном вдохновенье.
И было прекрасно
То тихое пенье.

Мы сядем бок о бок.
Нальем «Мукузани».
И ночь будет длинная,
Словно сказанье.

И нас побратает
Серебряный кубок.
В России светает.
В горах еще сумрак.

2003

* * *

Олегу Комову

Друг познаётся в удаче
Так же порой, как в беде, —
Если он душу не прячет,
Чувства не держит в узде.

Друг познаётся в удаче.
Если удача твоя
Друга не радует — значит,
Друг твой лукав, как змея.

Или же горькая зависть
Разум затмила его,
И, на успех твой позарясь,
Он не простит ничего.

Он не простит... Но иначе
Скажет об этом тебе.
Друг познаётся в удаче
Больше порой, чем в беде.

1982

* * *

Л.И. Швецовой

Погрустим о друзьях.
Вы, наверно, их знали.
Или, может быть, слышали
Их имена.
И хотя их не стало,
Они еще с нами,
Как со мною
Моя перед ними вина.

Погрустим о друзьях...
Мы при жизни дружили.
И сейчас я дружу с ними.
Жаль, что без них,
Когда книги читаю,
Что их пережили.
Когда слышу их песни
О нас, о живых.

Ничего нет надежнее
Памяти сердца.
Мы храним в нем потери
И беды свои.

С наших слез
Начинается в мире бессмертье
Тех, кто жил по законам
Взаимной любви.

Погрустим о друзьях...
О моих и о ваших.
Может, сверху им видно,
Как горестно нам.
Погрустим о друзьях...
Добрым словом уважим.
И останемся верными
Их именам.

2006

Москва 2002 год. «Площадь звезд».
«Пусть летят по небу лебеди...»

Первый вице-мэр в Правительстве Москвы Людмила Ивановна Швецова, первый Президент СССР Михаил Сергеевич Горбачев и Заслуженный артист России Владимир Березин открывают мне именную звезду на «Площади звезд». Апрель 2002 года

Фейерверк над Москвой в честь открытия именной звезды

Народный артист Советского Союза Василий Лановой.
Справа – моя жена Аня Пугач

Народный артист России Александр Градский

С соавтором Аркадием Хораловым на передаче «Виражи времени»

Председатель Российского фонда мира, депутат Государственной Думы Леонид Слуцкий на моем авторском вечере в Москве

Замечательный композитор народный артист СССР Евгений Дога, с которым мы написали известную теперь песню «Всё начинается с любви», давшей название моей новой книге

Для прекрасного художника Александра Шилова написание каждого портрета — долгий и вдохновенный процесс

Два главных редактора. И оба вышли из «Юности». Справа — Павел Гусев («Московский комсомолец»). Рядом Юрий Поляков («Литературная газета»)

Народный артист России Валерий Золотухин после концерта в Твери (2008 год), где зрители восторженно принимали его чтение стихов

Народная артистка России и Грузии Тамара Гвердцители. Наша дружба началась с творчества

В мастерской Президента Российской Академии художеств моего давнего друга Зураба Церетели

Тверь. Юбилейный вечер. Выступает Народный артист России Лев Лещенко. 2008 год

С Иосифом Кобзоном. Я рад нашим совместным поездкам, когда удается пообщаться

Народный художник СССР Илья Глазунов поздравляет меня с выходом новой книги. 2008 год

Июль 2008 года. Людмила Ивановна Швецова — добрый друг писателей и артистов приехала поздравить меня с шестидесятилетием моей творческой деятельности

«Женщины, которых я люблю» — народная артистка России Валентина Толкунова и член Совета Федерации РФ Зинаида Драгункина

Всеобщий любимец Николай Басков, как всегда, «в ударе». Сделал мне сюрприз — примчался перед самолетом поздравить с юбилеем

В день моего 80-летия. Писатель Олег Попцов и Генеральный директор авиакомпании «Трансаэро», самолетами которой я налетал десятки тысяч километров, Ольга Плешакова

Тверь. Юбилейный вечер на Волге. Губернатор Тверской области Дмитрий Зеленин только что вручил мне Знак Почетного гражданина. 2008 год

Тверь. Мои земляки и читатели

«А я без Волги просто не могу...»

Тверь. Юбилейный концерт в самом разгаре.
Несмотря на дождливое лето, на 4 часа выглянуло солнце.
Дома и небо помогает

Тверь. Выступает министр культуры Российской Федерации Александр Алексеевич Авдеев. Июль 2008 года

Тверь. Автографы

На торжества в Тверь приехали Чрезвычайные и Полномочные послы — слева направо — Петр Стегний — нынешний посол в Израиле, Михаил Богданов и Геннадий Тарасов, которые до того представляли Российскую Федерацию в государстве Израиль, где я проработал пять лет с 1997 по 2001 год шефом бюро Российского телевидения. За столом слева — Олег Лебедев с супругой. В дни моих торжеств он был мэром Твери и одним из инициаторов моего Тверского праздника

Тверь. Народная артистка Лариса Долина поет «Лебединую верность»

АНДРЕЙ
ДЕМЕНТЬЕВ
РАБОТА?
с 19 июля
ЦИРК ЗВЕРЕЙ
ФИЛАТОВА
Тел. 32-14-29
ЭКОЛОГИИ
КОРОЛЬ и ШУТ • АГАТА КРИСТИ

Одна из афиш

А МНЕ ПРИСНИЛСЯ СОН

И.Л. Андроникову

А мне приснился сон,
Что Пушкин был спасен
Сергеем Соболевским...
Его любимый друг
С достоинством и блеском
Дуэль расстроил вдруг.
Дуэль не состоялась.
Остались боль и ярость.
Да шум великосветский,
Что так ему постыл.
К несчастью, Соболевский
В тот год в Европах жил.

А мне приснился сон,
Что Пушкин был спасен.

Все было очень просто:
У Троицкого моста
Он встретил Натали.
Их экипажи встали.
Она была в вуали, —
В серебряной пыли.

Он вышел поклониться,
Сказать — пускай не ждут.

Могло все измениться
В те несколько минут.
К несчастью, Натали
Была так близорука,
Что не узнав супруга,
Растаяла вдали.

А мне приснился сон,
Что Пушкин был спасен.

Под дуло пистолета,
Не опуская глаз,
Шагнул вперед Данзас
И заслонил поэта.
И слышал только лес,
Что говорит он другу...

И опускает руку
Несбывшийся Дантес.

К несчастью, пленник чести
Так поступить не смел.
Остался он на месте.
И выстрел прогремел.

А мне приснился сон,
Что Пушкин был спасен.

1976

* * *

Леониду Рошалю

Твое призвание — лечить,
О детской жизни беспокоясь.
Навек одна связала нить —
И доброту, и долг, и совесть...

Твое призванье — рядом быть,
Когда уже держаться нечем.
И ты живешь и будешь жить
Там, где поступки тоже лечат

Все было в жизни — боль и страх,
Надежда и опасность смерти....
Ты помнишь тот Норд-Остский мрак,
Когда лекарством стало сердце
И риск, и мужество твое,
Что от судьбы неотделимы...
Но беды — словно воронье
Кружат над буднями твоими.

Зато как ты бываешь рад,
Когда вдруг солнце в окна брызнет,
И встретит благодарный взгляд
Ребенка, что вернул ты к жизни.

Спасибо, доктор, за урок
Добра.
Но только все мы против,
Чтоб ты годам подвел итог.
Ведь жизнь твоя еще в полете...

2008

ПАМЯТИ БУЛАТА ОКУДЖАВЫ

Окончена великая страда,
И жизнь скатилась, как вода со склона.
Какого это стоило труда —
Не удостоить королей поклона.

Какого это стоило труда —
Вместить весь мир в свое больное сердце.
Разлука начала считать года...
И я хочу в минувшее всмотреться.

Твоя охота к перемене мест
Перемешала за окном пейзажи.
И твой последний роковой отъезд
Ни у кого в душе еще не зажил.

Прости, Булат, мы остаемся жить,
Приписаны к Арбатскому предместью.
Чтоб без тебя — тобою дорожить,
Как дорожил ты совестью и честью.

2000

* * *

Бырганым Айтимовой

В том, что рядом твое крыло,
Я, наверно, судьбе обязан.
Мне на светлых людей везло,
Как старателям — на алмазы.

Мне на светлых людей везло,
Как на музыку — речке Сетунь.
И, когда воцарялось зло,
Я спасался их добрым светом.

Говорят, чтобы сильным быть,
Надо, чтобы душа парила...
Ну, а мне по земле ходить,
У нее набираться силы.

И во власти земных красот
Время жизнь мою подытожит...
Мне на светлых людей везет —
Я ведь с ними светлею тоже.

2001

* * *

Владимиру Суслову

Говорят, при рожденьи любому из нас
Уготована участь своя.
Кто-то взял у отца синеву его глаз
И умчал с ней в чужие края.

Кто-то добрым характером в маму пошел.
Но не в славе теперь доброта.
Как бы ни был наш путь и тернист, и тяжел, —
Все равно жизнь — всегда высота.

Уготована каждому участь своя.
Я о милости Бога молю,
Чтоб в России не гибли ничьи сыновья,
Не скатилась надежда к нулю.

Будьте счастливы, люди, во веки веков,
Если даже все будни круты.
Отболят наши души от новых оков,
От позорных оков нищеты.

2003

* * *

Владимиру Березину

Мир помешался на деньгах.
Теперь всему есть жесткий ценник.
И даже ироничный Гафт,
Жалея, что не нажил денег,
Грустит о временах весенних,
Когда дружили мы взахлеб.
И жили, словно в семьях братья...

А ныне мир, как старый жлоб,
Себя без выгоды не тратит.

Но, слава Богу, есть друзья,
Кому могу я свято верить.
Чью душу погасить нельзя,
Чей свет деньгами не измерить.

Для них превыше всяких фраз,
Превыше всех надежд весенних
Союз сердец, сроднивший нас,
Что никогда нам не изменит.

2008

* * *

Евг. Богату

Мы что-то утратили
В жизни своей...
Хотя так же матери
Ждут сыновей.

По-прежнему дети
Нас учат добру.
По-прежнему светел
Мой лес поутру.

И те же красоты
У белой зимы...
И все-таки что-то
Утратили мы.

Утратили что-то
В других и в себе.
По сердцу работа,
А мысль о рубле.

По сердцу невеста,
Но будущий зять
С ней теплое место
Надеется взять.

Мы были добрее,
Наивней подчас...
А может быть, время
Меняется в нас?

1982

* * *

П. Вегину

Стихи приходят поутру.
Они являются внезапно.
И тут не скажешь:
«Лучше завтра...» —
Хоть лень уму вступать в игру.

И ни гарантий нет, ни правил —
Идет работа наугад.
Как на дорогу сыплют гравий,
Так и слова в строку летят.

— Вначале все легко и смутно,
Как первый лучик на столе.
Но я боюсь, чтоб те минуты
Не оборвались на нуле.

Потом игра ума и чувства
Меня захватывает вдруг.
И каждый звук я слышу чутко,
Как сердца собственного стук.

Стихи спешат нетерпеливо.
Что мне готовит их игра?
Догадку юности счастливой?
Иль запоздалый риск пера?

Но все равно мне дорог каждый
Миг вдохновенья моего.
Не то оно меня накажет —
И вдруг исчезнет волшебство.

На сердце радость и тревога:
Не зря ли все я затевал?
Строка — что горная дорога —
Неверный камень — и обвал.

Стихи уходят, как пришли,
Легко уходят и внезапно.
Над тихой заводью души
Мое перо застыло цаплей...

1978

* * *

Ю. Папорову

Я иногда спохватываюсь вдруг:
Уходят годы —
Сделано так мало.
А жизнь меня и била и ласкала.
Но оглянуться вечно недосуг.

И суета —
Что океан за бóртом...
У каждого из нас такой режим,
Что мы сперва принадлежим заботам,
А уж потом себе принадлежим.

И как бы ни сложилась жизнь вначале,
И что б ни ожидало нас потом, —
Благословляю все ее печали,
Рассвет и вечер
За моим окном.

1979

* * *

Р. Рождественскому

Проходит всё...
И вечный поиск денег,
И трата их, и сочиненье книг.
Проходит всё...
Но никуда не денешь
Своей тоски,
Протяжной, словно крик.
Не я один живу в такой неволе,
Надеясь на какой-нибудь просвет.
Мы рождены, чтоб сказку сделать
Болью.
Но оказалось, что и сказки нет.

Июль 1994 г.

* * *

Р. Чарыеву

Это правда:
Чтобы долго жить,
Надо чаще видеться с друзьями.
Я все продолжаю мельтешить
Встречами, поступками, стихами.

Но однажды брошу все дела,
Сяду в самолет «Аэрофлота»...
Друг не ждал.
Душа его ждала,
Веря в неожиданность полета.

Так же побросав свои дела,
Соберутся милые мне люди.
Около веселого стола
Мы о дружбе говорить не будем.

Только память станет ворошить
Те слова, когда вернусь до дому.
Не затем,
Чтоб после долго жить.
Просто жить не стоит по-другому.

1981

ЗАБЫТЫЕ ПОЭТЫ

Забытые поэты.
Родные имена.
Они умолкли где-то.
Но то — не их вина.

Виновна наша память,
Что слишком коротка.
И продолжает ранить
Знакомая строка.

Снимаю с книжных полок
Забытых мастеров.
Как жаль, что был недолог
Их затаенный зов.

Талантливые строки
Убиты наповал.
И сгинули пророки,
Которым мир внимал.

И если бы не Нобель,
И Бродский бы погас.
И никогда б не пробил
Его бессмертный час.

Забытые поэты.
Чужие времена.
Теперь у интернета
Другие имена.

Теперь другое время.
Они ж остались в том,
Где были все со всеми
Между добром и злом.

Теперь иной читатель.
К поэзии он глух.
Ему бы секс на мате
Да иноземный дух.

Остались за чертою
Родные имена.
Их лирика в простое,
Их правда не нужна.

А мне всего дороже
Души наивный взлет.
Не дай, Господь, продолжить
Печальный список тот.

2008

* * *

Александру Шилову

Ты любил писать красивых женщин,
Может, даже больше, чем пейзаж,
Где роса нанизана, как жемчуг...
И в восторге кисть и карандаш.

И не тем ли дорого искусство,
Что с былым не порывает нить,
Говоря то радостно, то грустно
Обо всем, что не дано забыть?

И о том, как мучился художник
Возле молчаливого холста,
Чтобы, пересилив невозможность,
Восходила к людям красота.

Сколько ты воспел красивых женщин!
Сколько их тебя еще томят...
Если даже суждено обжечься,
Жизнь отдашь ты
За весенний взгляд.

Потому что в каждый женский образ
Ты влюблялся, словно в первый раз.

Буйство красок — как нежданный возглас,
Как восторг, что никогда не гас.

Все минует...
Но твою влюбленность
Гениально сберегут холсты.
И войдут в бессмертье поименно
Все,
Кого запомнил кистью ты.

2001

КРЕСТ ОДИНОЧЕСТВА

Илье Глазунову

В художнике превыше страсти долг,
А жизнь на грани радости и боли.
Но чтобы голос Неба не умолк,
Душа не может пребывать в неволе.

Твой перекресток — словно тень Креста.
Пойдешь налево — поминай как звали.
Пойдешь направо — гиблые места.
А позади молчание развалин.

Но ты остался возле алтаря.
И кто-то шепчет: «Божий раб в опале...»
Другие, ничего не говоря,
Тебя давно на том Кресте распяли.

Минует жизнь... И ты сойдешь с Креста,
Чтоб снова жить неистово в грядущем;
И кровь твоя с последнего холста
Незримо будет капать в наши души.

В художнике превыше страсти долг.
Превыше славы — к славе той дорога.
Но чтобы голос Неба не умолк,
Душа должна возвыситься до Бога.

1992

* * *

Л.К. Татьяничевой

Лесть незаметно разрушает нас,
Когда молчаньем мы ее встречаем.
И, перед ней не опуская глаз,
Уже стыда в себе не ощущаем.

Нас незаметно разрушает лесть.
Льстецы нам воздвигают пьедесталы.
И нам туда не терпится залезть,
Как будто вправду мы иными станем.

А старый друг печалится внизу,
Что он друзей не может докричаться,
Не понимая,
Как мы на весу
В пространстве
Умудряемся
Держаться.

1976

* * *

Валерию Эльмановичу

И я живу в соседстве с завистью,
В ее безжалостном кругу.
Спасаясь, как Астафьев затесью:
«Да я вас всех видал в гробу...»

И эта ярость мимолетная
Не подведет меня и впредь.
Россия — как площадка взлетная,
Да только некуда лететь.

Какими ни были б пророчества, —
Здесь все мое — земля, нужда...
Здесь всенародно одиночество.
И так общительна вражда.

Не жду, чтобы лишила отчества
Меня заморская земля.
И здесь уже мне жить не хочется.
И ТАМ нет жизни для меня.

1992

* * *

Ане

Сколько спотыкался я и падал,
Только чтоб не разминуться нам!
И пока мы вместе,
И пока ты рядом —
Наша жизнь угодна Небесам.

И за этот долгий путь к надежде
Бог вознаградил мои труды:
Старые друзья верны, как прежде,
И враги слабеют от вражды.

Я не Нострадамус и не Мессинг.
Мне не предсказать своей судьбы.
Знаю лишь одно: пока мы вместе,
Будет так, как загадали мы.

Сколько б годы нам ни слали на дом
Горестей, испытывая нас,
Верую лишь в то — пока ты рядом,
Нам судьба за всё добром воздаст.

Я не знаю, мало или много
Впереди у нас счастливых лет.
Но пока мы вместе — не предаст дорога,
Не устанет сердце, не сгорит рассвет.

2001

* * *

А. В.

Ныне в дружбе твоей
Что-то есть от игры...
И когда вдруг случается
Встретиться нам, —
Вспоминаю бильярд...
Мы с тобой — как шары —
Постоим
И расходимся по сторонам.

И ничем не кончается
Эта игра.
Как шары,
Отстучали в досуге слова.
И опять ты спешишь...
«Мне, пожалуй, пора...»
И в ответ я печально
Киваю едва.

А ведь были другие
У нас времена.
Мы дружили влюбленно
Полжизни почти.

Чьи же все-таки нас
Развели имена?
И какие ветра
Замели нам пути?

Я не знаю.
Но горек нежданный итог.
Хорошо бы те годы
Вернулись назад.
Потому что я вижу,
Как ты одинок
Посреди суеты
И дешевых наград.

2005

КОНЦЕРТ В ПИЦУНДЕ

Микаэлу Таривердиеву

Звучит орган в Пицундском храме.
Нисходит музыка с небес.
И что-то происходит с нами,
Коль мир за окнами исчез.

А белый ангел возле клавиш
Творит на людях торжество.
О чем ты души вопрошаешь
Из вдохновенья своего?

Звучит орган в прохладных сводах,
В печальных сводах допоздна...
И возрождается свобода.
И оживает старина.

А сверху смотрят фрески немо
В земном предчувствии чудес.
Восходит музыка на небо,
Едва сошедшая с небес.

1991

* * *

А.П. Белоусову

Когда я возвращаюсь в Тверь,
Где столько пережил и прожил,
Мне кажется — я открываю дверь,
Чтоб оказаться снова в прошлом.

Пройду по улице родной,
Где отчий дом давно разрушен.
И Волга чистою волной
Омоет память мне и душу.

И, наложив на грусть запрет,
С друзьями давними побуду.
И вдруг ступлю на старый след,
И возвращусь в былое чудо.

Когда я приезжаю в Тверь,
Душа моя восторгом полнится.
И всё — от дружбы до потерь —
Живет во мне, болит и помнится.

1998

* * *

Памяти Владимира Мигули

Ты впервые на земле Христа...
Эта встреча не однажды снилась.
Входит в душу Божья красота,
Чтоб душа твоя преобразилась.

Ты ступаешь по Святой земле,
Как, наверно, в музыку входил ты.
И стесняясь, признаешься мне,
Что не знаешь ни одной молитвы.

Потрясенно входишь в Божий Храм...
Ах, Володька, — как судьба жестока!
Через год погаснет твой экран —
Мир любви, надежды и восторга.
Может, ты почувствовал в те дни,
Что осталось жить совсем немного.
И просил судьбу — «Повремени...»
Не решаясь беспокоить Бога.

А пока мы ходим по стране,
Где и наша жизнь брала начало,
С музыкой твоей наедине,
С той, что здесь впервые прозвучала.

1997

В ИЗГНАНИИ

Галине Вишневской

И даже выслали голос,
А имя снесли с афиш.
И жизнь ее раскололась
На прошлое и Париж.

Чужие моря и суши
Делила среди обид.
А как поделить ей душу,
Когда она так болит?

Пусть время за нас доспорит.
Но помню я до сих пор,
Как люди чужое горе
Легко возвели в позор.

Кто знал, как она страдала?
Лишив нас в недобрый час
Своей красоты и дара,
Печально лишаясь нас.

Но сердце, как верный берег,
Где музыка и друзья...
В Россию лишь можно верить,
А жить в ней давно нельзя.

1995

* * *

Владимиру Соловьеву

Люблю талантливых людей.
Они — как луч среди развалин.
И непохожестью своей
Всегда восторг мой вызывали.

Люблю талантливых людей,
Кто может жить без разрешенья
И пережитков, и властей,
Чтоб стать потом для них
Мишенью.

И чем заметнее мишень,
Тем легче на нее наехать.
Ты все-таки жилет надень
Из сплава мужества и смеха.

Люблю талантливых людей.
В наш век их очень не хватает.
А без таланта нет идей.
Нигде — ни в Сочи, ни в Китае.

2007

ПАМЯТИ ВЫСОЦКОГО

Еще одной звезды не стало.
И свет погас.
Возьму упавшую гитару.
Спою для вас.

Слова грустны, мотив невесел,
В одну струну.
Но жизнь, расставшуюся с песней,
Я помяну.

И снова слышен хриплый голос.
Он в нас поет.
Немало судеб укололось
О голос тот.

А над душой, что в синем небе,
Не властна смерть.
Ах, черный лебедь, хриплый лебедь,
Мне так не спеть.

Восходят ленты к нам и снимки,
Грустит мотив.
На черном озере пластинки
Вновь лебедь жив.
Лебедь жив...

1981

* * *

Сергею Безрукову

Театр начинается с души,
С пророчеств иль забытых буден,
Когда нас вдруг закружат виражи
Былых трагедий и великих судеб.

Соприкасаясь собственной судьбой
С иным укладом и чужой судьбою,
На миг перестаем мы быть собой,
Став чьим-то гневом
Или чьей-то болью.

Театр начинается с души,
Распахнутой навстречу вере нашей...
Мы в Мир его намеренно вошли,
Боясь вернуться к суете вчерашней.

Пророком трудно стать в родном краю,
Но верим мы пророчествам театра.
Не потому ль, что вечно жизнь свою
Намерены мы переделать завтра

Театр начинается с души.
Не с вешалки и даже не с аншлага...
Вся тайна — в слове,
Что взошло в тиши.
Вся тайна — в достоверности таланта.

2008

* * *

Николаю Баскову

После всех неистовых оваций,
После всех триумфов и побед
Ты сумел самим собой остаться,
Соловьем, встречающим рассвет.

Я включаю в горькую минуту
Голос твой, спасающий от бед.
И душа моя одолевает смуту.
Это ты ей посылаешь свет.

Милый Ленский, дорогой Карузо,
Не сердись на зависть мелких банд.
Слава тоже может быть обузой.
Но превыше славы — твой талант.

Будь Послом Объединенных Наций,
Чтоб искусством мир объединить.
Музыке хочу в любви признаться.
Нам с тобой еще всю жизнь дружить.

И хотя полвека между нами,
Юн талант и Муза молода.
Я опять перед экраном замер...
Коля Басков...

Коля, будь всегда!

2003

* * *

Павлу Гусеву

Поменяв российский беспредел
На хороший климат и провизию,
Улетаю из Москвы в провинцию,
Чтобы оказаться не у дел.

Не у дел моих старинных дружб,
Без которых жизнь так одинока.
Ты всю эту музыку нарушь
С незаметной хитростью Востока.

И когда я по стране несусь
На своем видавшем виды «Форде»
На моей видавшей виды морде
Лишь одно отчаянье и грусть.

1997
Иерусалим

ФАНТАЗИЯ

Аре Абрамяну

Переплываю озеро Севан...
Для этого мне трех минут хватило.
Поверьте мне, я говорю, как было.
Висел над синим озером туман.

Причудливые формы берегов
И необычны были, и красивы,
И друг спросил:
«Ну, ты уже готов?
Давай поддержим гаснущие силы...»

Он мне плеснул армянского в стакан.
Мы сели с ним за невысокий столик.
«Скучаю я по озеру Севан...» —
И улыбнулся с затаенной болью.

Большая карта озера Севан
Передо мною на стене висела.
И очертанья нашего бассейна
С ней совпадали...

Вот и весь обман.

2003

В БИЛЬЯРДНОЙ

Григорию Поженяну

Здесь, в бильярдной,
Всё полно тобою.
Полно острот.
Ударов,
Суеты...
Зеленое сукно,
Как поле боя,
Где жизнь свою
Разыгрываешь ты.

Ждет проигрыш тебя
Или победа?
Но ставки высоки,
Как имена.
И гений сцены
Ставит на поэта,
Как будто у поэтов есть цена.

Вокруг стола вышагивая круто,
Ты держишь кий,
Как грозное копье.
Последний шар...

И долгая минута.
И долгая надежда на нее.

Разинув рты,
Своих шаров ждут лузы.
И вот он, твой
Решающий удар...
За время,
Что украдено у Музы,
Ты вновь получишь
Крупный гонорар.

О, как горьки все эти гонорары!
Пособие от дьявольской игры
За те стихи, что не берут журналы,
За те стихи,
Что, словно кий,
Остры.

Но вдруг, поняв мое недоуменье,
Ты говоришь:
«Хочу с тобой сыграть...
Как видишь, продается вдохновенье,
Коль невозможно рукопись продать...»

1982

* * *

Ане

Я виноват, что ты одна,
Когда я должен быть с тобою,
С твоей обидой или болью, —
Спокойна ты или грустна.

Я виноват, что ты одна,
Хотя, мне кажется, мы вместе.
С твоими звездами — мой крестик,
С твоей бедой — моя вина.

Я понимаю, что с тобой,
Но говорить о том не стану,
А разолью по рюмкам «Старку»,
И, может, это снимет боль.

Все обойдется как-нибудь.
Все разрешится в лучшем виде...
Пока надень-ка теплый свитер,
И на прогулку — «В добрый путь!»

Я покажу тебе пейзаж,
Похожий на твою Коломну,
Со старой улицей по склону...
Ты красоту ее уважь.

Я знаю, чем ты здесь больна.
И я болезнью этой болен.
Но скоро нас излечит «Боинг»,
Когда ты сядешь у окна.

1997
Иерусалим — Москва

ЖЕНЬКА

Евгению Беренштейну

В то утро море неспокойно было,
И так шумел у берега прибой,
Как будто где-то батарея била,
И волны эхо принесли с собой.

Но вот встает мой давний кореш Женька
И медленно ступает на песок.
Вслед вытянулась тоненькая шейка.
Он краем глаза шейку ту усек.

Мы были с Женькой веселы и юны.
Нам шла тогда двадцатая весна.
Вот он на пену по привычке дунул
И в синий вал метнулся, как блесна.

О, сколько раз уже такое было:
И эта синь, и этот спор с волной.
Но как бы даль морская ни манила,
Он чувствует свой берег за спиной.

Волна то вскинет Женьку, то окатит.
И я плыву к нему наперерез.

И вот уже вдвоем на перекате
Мы брошены волною до небес.

А после, как с любительских открыток,
Выходим мы из кайфа своего.
И море провожает нас сердито,
Как будто мы обидели его.

И падаем на раскаленный берег
Среди бутылок «пепси» и конфет.
И в этот миг миролюбиво верим,
Что лучше моря счастья в мире нет.

1975

* * *

П.П. Бородину

Хороших людей много меньше.
Как мало талантливых книг.
И лучшие люди — средь женщин.
И худшие — тоже средь них.

Хороших людей слишком мало,
Чтоб жизнь наша стала добрей,
Чтоб каждая русская мама
Спокойна была за детей.

Но как бы нас жизнь ни ломала,
В ней некое есть волшебство...

Хороших людей слишком мало.
И все-таки их большинство.

1999

ПАМЯТИ МАШИ ШИЛОВОЙ

Баловень судьбы, русоволосый гений,
Разве мог представить ты себе,
Что из всех немыслимых трагедий —
Эта боль достанется тебе.

Не собьешь ее и не измеришь.
И у горькой жизни на краю,
Ты минувшим у мольберта бредишь
И слезами пишешь дочь свою.

Как она лицом с тобою схожа!
И, печально глядя на портрет,
Просишь Бога: «Дай мне силы, Боже..
Мне никто уже помочь не сможет.
Это я уйти из жизни должен,
А не дочь в свои шестнадцать лет».

И судьба, как сломанная ветка,
Бьется возле пламени лампад...

И восходит образ,
По-девичьи светлый.
Бесконечно грустный,
Как отцовский взгляд.

2003

ВОЗВРАЩЕНИЕ В БУДУЩЕЕ

Дине Рубиной

Теперь твой дом — Иерусалим.
И здесь твое восходит имя.
А память, словно пилигрим,
Идет дорогами твоими.

Но все они вели сюда.
И дело было только в сроках.
Ты в книгах так же молода,
Как молода на тех дорогах.

Пройдет еще немало лет,
Пока печаль тебя отпустит.
Пришлет последний свой сюжет
Тебе родное захолустье.

И вспомнишь в суете своей,
Что где-то бедствует Россия.
Не ты ль у Господа просила
Добра — себе... И счастья — ЕЙ.

Я лишь почувствовал сейчас
Твою нездешнюю ранимость.

И все, что там сближало нас,
Здесь перешло в неодолимость.

Израиль — как одна семья.
Родные души... Чьи-то лица.
Здесь трудно потерять себя,
Как трудно заново родиться.

Забыв про книги и престиж,
Ты убираешь чью-то виллу.
Но это ты себе простишь.
И даже не покажешь виду.

Не потому ли, что талант
Превыше всех обид и тягот.
Судьба тебе вручила грант
Увы, не под российским стягом.

Здесь все нежданно для меня —
От языка и до надгробий.
Не может быть святой земля,
Когда б была она недоброй.

1993

* * *

Владимиру Рецептеру

Мой добрый друг,
Какая жалость,
Что юность наша проходила врозь,
Что в разных городах она осталась
И что так поздно встретиться пришлось.

Твои стихи пеленговал театр.
Ты был загадкой долгой для меня.
И лишь душа, похожая на кратер,
Высвечивалась строками огня.

Живет в тебе печальная отвага
Соединять разрозненных людей.
И что-то есть от Юрия Живаго
В мучительной терпимости твоей.

Ах, если было б все легко и просто
На первый взгляд в удачливой судьбе!
Грущу, что в людях мало благородства,
И радуюсь, подумав о тебе.

1981

* * *

З.Ф. Драгункиной

Не делю людей на «наших»
И «не наших».
Мы пришли на эту землю для любви.
Не затем мой горький опыт нажит,
Чтобы стал чужим я меж людьми.

Сколько было по земле подонков...
Стукачи, фашисты, шулера.
И завис над миром меч Домоклов
На непрочной ниточке добра.

Лишь добро еще спасти нас может
От непонимания и зла.
Все мы очень меж собою схожи,
Лишь бы нас судьба не обошла.

Не делю людей на «наших»
И «не наших».
Интересен в них любой ландшафт.
Если кто-то супротив мне скажет,
Протяну бокал на брудершафт.

Потому что не люблю раздоров.
И стараюсь не держать обид.
И душа чужая, словно город,
Что еще открыть мне предстоит.

2005

* * *

Николаю Сличенко

Возраст никуда уже не денешь.
Ни продать его, ни подарить.
Нет такого бартера и денег,
Чтоб вернуть утраченную прыть.

Не считаю прожитые годы.
Возраст — состояние души.
Правда, ломит спину в непогоду
И пешком не мерю этажи.

Но когда искусство призывает —
В наших душах вспыхивает свет.
Кто тебе тогда года считает...
Возраста у вдохновенья нет.

1999

БЕРНОВО

Марине

Тверская земля с ее далью и реками
До боли похожа на Псковский пейзаж.
Где осень — ветрами озвученный реквием.
А лес — словно вставленный в небо витраж.

Когда приезжал Александр Сергеич,
Устав от столицы, в Тверские места,
Все беды свои почитал он за мелочь.
И душу лечила от них красота.

Старинный Торжок,
Тихий домик Олениных,
И вечно желанный Берновский уют.
Крыльцо, утопавшее в радостной зелени.
И грустно заросший кувшинками пруд.

И все ему по сердцу было в Бернове:
Просторная зала и вид из окна...

Белеют страницы.
Перо наготове.
И слышно,
Как входит к нему тишина.

1990

ПЕСЕНКА ПРО БУЛАТА

Жил когда-то рядом с нами
Добрый *«бард всея Руси»*.
Он оставил нам на память
Десять песен о любви.

И когда они звучали,
Забывали мы печали.
У экрана или в зале
Замирала вся страна.

Вот уже сменился век.
Но все так же кружит снег.
И над шумом дискотек
Песня старая слышна.

Ах, Булат, прости нас, грешных.
Мы вступили в тот предел,
Где не в моде стала нежность,
О которой ты нам пел:

Жизнь твоя осталась в песне,
Значит, мы навеки вместе
На земле иль в поднебесье.
Лишь бы голос твой звучал.

Вот уже сменился век.
Но все так же кружит снег.
И над шумом дискотек
Песня старая слышна.

2003

* * *

В. Шумилову

На берегу Тверцы
Безлюдно и печально.
А по траве замерзшей
Белой вязью
Зима сообщила всем печатно,
Что скоро к нам
Пожалует на праздник.

Все дачники поуезжали в город.
И увезли из леса детский смех.
Разбитому скворечнику за ворот
То дождь летит,
То тихий ранний снег.

Лес полон тишины
И желтых листьев.
Покинули природу птичьи стаи:
Концертный зал
Остался без артистов.
Душа моя
Без музыки осталась.

1977

ПАМЯТИ ДРУГА ЮРЫ ГРИГОРЬЕВА

Ты прости друзьям свой смертный час.
Ты прости — предчувствий не хватило,
Чтобы кто-то, за тобой умчась,
Уберег тебя от черной силы.

У дороги положу цветы,
Где навек твое померкло небо.
Господи, ну как же всё нелепо!
Как жестоко — эта смерть и ты.

Я сказать при жизни не успел,
Как ты в дружбе нашей был надежен.
И до главных помыслов и дел,
Может быть, всего полдня не дожил.

Я тебе при жизни не сказал
Этих слов... Я не успел при жизни.
Кто же думал, что так будет мал
Путь твой — от рождения до тризны.

Кто же знал, что ты в последний раз
Бросил взгляд на свет родимых окон.
На твоей дороге одиноко,
Как в душе у каждого из нас.

Все мы перейдем свою межу.
И, когда я вытяну свой жребий,
Всё, что не сказал тебе, — скажу,
Только бы нам встретиться на небе.

1993

В ТИРЕ

Алексею Пьянову

Я увлекался в юности стрельбой.
Мне нравились бегущие мишени.
И очень был доволен я собой,
Когда валились зайцы и олени.

Из десяти я десять выбивал.
Входя в азарт,
Стрелял без промедленья.
И для меня пустующий овал
Вновь заселяли зайцы и олени.

Выигрывая малые гроши,
Я действовал хозяевам на нервы.
Стрелял в бегущих зайцев от души,
Поскольку зайцы были из фанеры.

Прошли года... Все так же шумен тир.
И вновь оленей догоняют зайцы.

И наш огромный непутевый мир
Вдруг мне живой мишенью показался.

2004

ПЕЧАЛЬНЫЕ СТИХИ

Светлане Бескинской

Янтарную глыбу стекла
Нежданно веселого цвета
Художница мне принесла,
Чтоб в стужу напомнить про лето.

Чтоб в синий январский мороз
В глаза бы мне солнце смеялось.
Чтоб если грустить довелось,
То самую малую малость.

Ах, Света, мой солнечный друг!
Как все наши помыслы зыбки...
Я принял из радостных рук
Печаль твоей поздней улыбки.

И кажется мне иногда:
Стекло это — некое чудо.
И взгляд твой сквозь боль и года
Все вырваться хочет оттуда.

2002

* * *

В. Амлинскому

Среди печали и утех,
Наверно, что-то я не видел.
Прошу прощения у тех,
Кого нечаянно обидел.

Когда бы это ни случилось, —
Вчера лишь иль давным-давно,
Ушла обида иль забылась, —
Прошу прощенья все равно.

Прошу прощенья у любви —
Наедине, не при народе, —
Что ухожу в стихи свои,
Как в одиночество уходят.

И у наставников своих
Прошу прощенья запоздало,
Что вспоминал не часто их.
Затосковал, когда не стало.

А вот у ненависти я
Просить прощения не стану.
За то, что молодость моя
Ей доброту предпочитала.

Не удивляйтесь, что сейчас,
Когда судьба мне время дарит,
Прошу прощения у вас.
Но знаю я — последний час
Обычно не предупреждает.

1983

* * *

Юрию Левитанскому

Как жаль, что мы не подружились...
Но дружбе не присущ аврал.
Ты был похож на старый «Виллис»,
Который все дороги брал.

И наш подъем ты б смог осилить,
Где замыкался общий круг.
Но я уехал из России,
А ты ее покинул вдруг.

Я прилетел с тобой проститься.
И запоздавшие слова
Уже могли и не случиться,
Поскольку смерть всегда права.

Но вопреки ее запретам
Я нарушаю твой покой.
Не запретишь дружить поэтам
Хотя б единственной строкой.

«Вы полагаете?» —
«Да, полагаю...»

1999

ПАМЯТИ РИММЫ КАЗАКОВОЙ

Была все эти годы рядом ты.
И книги рядом, и талант, и сердце.
Поэзия превыше суеты.
Поэзия всегда сильнее смерти.

Ушла из жизни Римма Казакова.
И смерть была нежданна и легка.
И замерло возвышенное слово.
Оборвалась грядущая строка.

Теперь ей жить и на земле, и в небе
Бессмертной жизнью одиноких книг.
Я отслужил в душе по ней молебен,
Поверив в чудо на какой-то миг...

Но смерть есть смерть. Она свое свершила.
А жизнь и Время ей не задержать.
Страна очнулась и, грустя, решила
Ушедшего поэта дочитать.

И книги Риммы разошлись внезапно,
Как будто ждали, чтоб явилась смерть.
Вот так мы все надеемся «на завтра»,
А надо бы при жизни все успеть.

2008

* * *

Азику Сигалу

Всё придет и всё случится.
Но приметы говорят —
Не ищите встреч с волчицей,
Охраняющей волчат.

Не сердитесь по-пустому.
Мы стареем от обид.
Долгий путь к родному дому
Пусть не будет позабыт.

Все придет и все случится
В этой жизни непростой.
Не кончается граница
Между делом и мечтой.

Не спешите быстрой птицей
По годам и по судьбе.
Все придет и все случится.
Знаю это по себе.

1995

ПЕСЕНКА ПРО КЛОУНА

Памяти Юрия Никулина

Каждый вечер в цирке грустный клоун
До упаду веселил народ.
Цирк всегда при клоуне был полон
И смеялся от его острот.

Говорил он — жизнь у нас такая —
Вместе к счастью мы ее толкаем.
И твердил с упрямством попугая:
Все равно я эту жизнь люблю.

Побудь еще... Манеж тебя зовет.
И наши души просятся в полет,
Когда весь цирк перед тобой встает,
Великий чародей.

Клоун был похож на Дон Кихота.
И, когда смеялся от души,
Мы не вспоминали о заботах
И за шуткой шли к нему и шли.

Знал он — все на этом свете зыбко.
И когда-то умолкает скрипка,
Но светла была его улыбка,
Чтобы нам не расставаться с ним.

Побудь еще... Манеж тебя зовет.
И наши души просятся в полет,
Когда весь цирк перед тобой встает,
Великий чародей.

2003

НЕСУ ВИНУ

Л. Бадаляну

За все несправедливости чужие
Несу вину сквозь память и года.
За то что на одной планете живы
Любовь и боль,
Надежда и беда.

Я виноват, что не промолвил слова,
Которое могло все изменить:
Вернуть любовь —
Кто в ней разочарован,
Вернуть надежду —
Если нечем жить.

Будь проклято несовершенство мира —
Наш эгоизм и слабый мой язык.
Прошу прощенья у больных и сирых
За то,
Что я
К вине своей привык.

1992

* * *

Виталию Севастьянову,
рассказавшему мне эту историю

В Мозамбике в просторном посольском саду
Посадили росток от березовой грусти.
И под солнцем чужим набирал высоту,
Словно к дому тянулся,
Тот маленький прутик.

Поливали его, от жары берегли
И однажды под осень,
В средине апреля,
В память русской весны,
В честь родимой земли
Появилась на прутике первая зелень.

И теперь, когда осень спешит в Мозамбик,
Через желтые листья березы российской
Пробивается зелени тихий родник,
И далекое снова становится близко...

Это память России в березе живет.
И, быть может, ей слышатся майские грозы,
Потому она осенью грустно цветет,
И текут по стволу запоздалые слезы.

1995

ВЕСЕННЯЯ ТЕЛЕГРАММА

Риме Гринберг. Вице-мэру. Кармиэль.
Если можешь — приезжай в Иерусалим.
На дворе давно уже апрель —
Я хочу тебя поздравить с ним.

Пусть покинет душу суета...
В синих окнах — Гойя и Сезанн.
И апрельских красок красота
Очень уж идет твоим глазам.

И хотя твой север несравним
С южными пейзажами пустынь, —
Все же приезжай в Иерусалим.
У Стены мы рядом постоим.

Вместе Старым городом пройдем.
И с балкона дома моего
Ты увидишь в полночи свой дом,
Ибо свет исходит от него.

И среди забот и добрых дел
Береги души своей уют.
Вот и все, что я сказать хотел.
Длинных телеграмм здесь не дают.

2000

МОИМ ЧИТАТЕЛЯМ

Когда надежда вдруг провиснет
И вера падает во мне,
Я вновь читаю ваши письма,
Чтоб выжить в горестной стране.

Исповедальная Россия
Глядит с бесхитростных страниц,
Как будто сквозь дожди косые
Я вижу всполохи зарниц.

За каждой строчкой чья-то доля,
Вопрос, обида или грусть.
О, сколько в мире бед и боли!
И как тяжел их горький груз.

И перехватывает горло
От этих трепетных страниц.
Не знаю, кто еще так гордо
Мог выжить и не падать ниц.

Благодарю вас за доверье,
За эти отсветы любви...
И если я во что-то верю,
То потому лишь, что есть вы.

2003

ВМЕСТО ЭПИЛОГА

Итак, я закончил свои воспоминания. Конечно, это далеко не полный рассказ из того, о чем мне хотелось бы поведать вам, дорогие читатели. Почти весь Двадцатый век прошел перед моими глазами, мучил меня своими жестокостями и потерями, обидами и разочарованиями. Радовал бескорыстной дружбой и романтической любовью, возвышал душу мужеством солдат Великой Отечественной, освещал нашу нелегкую жизнь салютами в честь первых космонавтов. Когда-то я написал стихи:

Жизнь соткана из радостей и бед.
Из опыта, что проглядел иль нажил.
Она разделена на «ДА» и «НЕТ».
И тот раздел прошел сквозь судьбы наши.

С годами многое меняется местами. И там, где раньше значилось «ДА» в твоих оценках прожитого и пережитого, жизнь неожиданно вносит свои крутые поправки. Правились общественные поступки, глобальные события, великие имена и даже целые эпохи. С них до сих пор снимают прошлые эпитеты и навешивают другие. Иногда, правда, очень похожие на ярлыки. Но в этом круговороте событий и позднего переосмысления их — всегда остается что-то очень дорогое, личное для каждого из нас, что радует или огорчает, тревожит или приводит в восторг.

Об этом я и пытался рассказать в этой книге...

Кто-то из классиков сказал, что Время — это собранные воедино биографии простых и великих смертных, тех, кто поднял наше Время на свои плечи, чтобы мы могли его лучше разглядеть и почувствовать... И как Вергилий вел Данте через все круги ада, так я пытался провести своего читателя по виражам нашего трагического и радостного Времени.

Андрей Дементьев
2008 год

СОДЕРЖАНИЕ

На виражах

Письма

Посвящения

Литературно-художественное издание

СТИХИ И МЕМУАРЫ

Андрей Дементьев

НИ О ЧЕМ НЕ ЖАЛЕЙТЕ ВДОГОНКУ

Ответственный редактор *Е. Марков*
Художественный редактор *А. Новиков*
Компьютерная графика *И. Новикова, А. Финогенова*
Технический редактор *В. Бардышева*
Компьютерная верстка *О. Шувалова*
Корректоры *О. Благова, Н. Борисова*

ООО «Издательство «Эксмо»
127299, Москва, ул. Клары Цеткин, д. 18/5. Тел. 411-68-86, 956-39-21.
Home page: **www.eksmo.ru** E-mail: **info@eksmo.ru**

Подписано в печать 18.11.2008.
Формат 84×108 $^1/_{32}$. Гарнитура «Петербург».
Печать офсетная. Бумага тип. Усл. печ. л. 26,04 + вкл.
Тираж 12 000 экз. Заказ № 9301.

Отпечатано с предоставленных диапозитивов
в ОАО «Тульская типография». 300600, г. Тула, пр. Ленина, 109.